LIDERAZGO CRISTIANO AL AIRE LIBRE: TEOLOGÍA, TEORÍA Y PRÁCTICA

Cómo usar experiencias de excursiones y campamentos para el desarrollo de liderazgo, evangelización, discipulado y formación espiritual, a través de un aprendizaje vivencial y recursos basados en estudios bíblicos.

Ashley Denton

Prefacio de Robert Coleman
(Autor de Plan Supremo de Evangelización)

LO QUE SE DICE DEL LIBRO LIDERAZGO CRISTIANO AL AIRE LIBRE

"Es relevante saber que el ministerio de Jesús ocurrió en un contexto cultural, lingüístico, religioso, pero también geográfico y físico. Jesús supo utilizar al máximo el potencial de este contexto y precisamente esta es la intención de Ashley Denton en su libro: *El Líderazgo Cristiano Al Aire Libre*, darnos a conocer cómo aprovechar al máximo el contexto del ministerio de Jesús al aire libre como líderes Cristianos hoy. Este libro está basado en una impresionante y profunda investigación de las Escrituras, tomando en cuenta todos los aspectos teóricos del liderazgo y la experiencia al aire libre como el contexto para un ministerio efectivo y una extraordinaria explicación y exposición de los principios más prácticos para que un líder inmediatamente pueda salir a experimentar la grata aventura de guiar su vida hacia un discipulado personal y en el contexto de la vida al aire libre."

—**ROBERT BRUNEAU**, Líder Regional / Sudamérica-Brazil
United World Mission

En un mundo, donde la juventud está interesada en la aventura y en el cuidado de la naturaleza, y donde el ecoturismo se está convirtiendo en una actividad muy común en nuestras comunidades, *Liderazgo Cristiano al Aire Libre* se convierte en un instrumento vital para el estudio profundo de la razón por la cual Dios ha utilizado su creación para enseñarnos a su pueblo, recordarnos quién es él, mostrarnos su amor y llamarnos a él. Ashley Denton no solo nos da las bases bíblicas del trabajo en el yermo, pero nos da instrumentos prácticos de cómo aplicar esta teología en nuestro medio a las generaciones que nos siguen.

—**JUAN CARLOS CEVALLOS**, Wilderness Ministry Institute

"En su libro *Liderazgo cristiano al aire libre*, Ashley Denton logra una verdadera "revelación" al sorprender aún al más experto lector del Nuevo Testamento. Él nos demuestra cuántas veces las enseñanzas y el discipulado de Jesús ocurren al aire libre. Todos hemos visto los increíbles resultados de organizaciones internacionales como Outward Bound, pero en su libro Denton va más allá. Denton nos muestra las bases teológicas para el discipulado y el ministerio al aire libre. Si usted está cansado de las enseñanzas egocentristas que sólo se enfocan en cómo satisfacer al individuo interior, este libro le sorprenderá. Liderazgo cristiano al aire libre hace un llamado a personas de cualquier edad a explorar una vez más los espacios al aire libre, recordándonos que éste es el mundo de Dios y que su creación sigue siendo su taller predilecto."

–TIMOTHY C. TENNENT, Ph.D., Autor de *Christianity at the Religious Roundtable* (El cristianismo en la mesa redonda de la religión) Presidente y Profesor de Cristianismo Mundial del Seminario Teológico Asbury

"Los años de experiencia que Ashley tiene en el ministerio de jóvenes y campamentos de aventura , le permite presentarnos su peregrinaje por medio de las Escrituras en búsqueda de la teología del ministerio al aire libre. Para muchos de nosotros que estamos involucrados en dirigir campamentos y excursiones, este libro cierra una gran brecha literaria en nuestro campo, proveyéndonos de bases bíblicas que validan el ambiente al aire libre como plataforma para hacer ministerio. Con este libro, Ashley Denton nos ha hecho un gran regalo."

–AMY SMALLWOOD, Profesora Asistente de Liderazgo al Aire Libre en la Universidad Simpson; Presidenta de la Asociación Cristiana de Aventura

"*Liderazgo cristiano al aire libre: Teología, teoría y práctica* es el primer texto cristiano realmente completo sobre el liderazgo al aire libre. Debería ser considerado texto obligatorio en cada universidad e instituto que busque formar líderes de campamentos. Este libro es excelente, y beneficiará tanto al líder ya experimentado como a aquellos que desean comenzar a servir en esta área en su congregación, en una organización paraeclesial o en el contexto de misiones. El libro de Denton llena un vacío en la literatura cristiana sobre liderazgo al aire libre. Seguramente será una piedra angular por muchos años. Denton presenta una teología sana, bien organizada, fresca y en un estilo conversacional que moviliza y motiva al lector. Él habla con la autoridad que le da su experiencia y con una fe profunda y apasionada por la verdad de las Escrituras, el amor de Jesús y el poder del Espíritu Santo. ¡Este es un libro de seminario!"

—JIM DOENGES, Director Asistente de Programas de los Ministerios al Aire Libre Solid Rock

"Ashley Denton revela algo que ciertamente hemos perdido de vista: Los seres humanos hemos sabido que desde el principio Dios hizo su creación como un regalo invariable para ayudarnos a tener un encuentro personal con Él, así como conocer los secretos de su Reino y las obras de su mano. En Liderazgo cristiano al aire libre, Ashley nos explica el porqué necesitamos experiencias al aire libre y el ministerio de campamentos. Él nos enseña una teología completa sobre el ministerio de recreación, y luego nos demuestra de manera práctica como implementarla. Liderazgo cristiano al aire libre es más que un libro; es un recurso invaluable para cada seguidor de Cristo, haciéndonos un llamado a vivir y a tener un ministerio sencillo como el de Jesús. ¡Este es un libro de suma importancia y el que recomiendo ampliamente!"

—CHAP CLARK, Ph.D., Autor de Hurt: Inside the World of Today's Teenagers (Heridos: Adentrándose en el mundo de los adolescentes de hoy en día), Profesor de Juventud, Familia y Cultura del Seminario Teológico Fuller

"Ashley Denton marca un hito para todo líder que se dedica al ministerio de campamentos y liderazgo al aire libre, señalando tanto a ministros nuevos como a experimentados el antiguo modelo de cómo Jesús usó su entorno natural para alcanzar y discipular a las personas. Este libro es impresionantemente refrescante."

–**MATT ISMERT**, Director de al aire libre Young Life´s Wilderness Ranch

"Ashley Denton conoce a Jesús, sabe de teología y campamentos, y además entiende a los jóvenes. En su libro *Liderazgo cristiano al aire libre*, él entrelaza los hilos de su conocimiento haciendo un nudo que puede soportar el peso del ministerio al aire libre en cualquier cultura. Más importante aún, el amor a Dios que tiene Ashley, y la forma en cómo le adora a Dios a causa de la maravilla de la creación, y su pasión por los jóvenes hacen de este libro una guía adecuada para cualquiera que aspire a un liderazgo espiritual. Léelo y estarás preparado para triunfar no importa el lugar al aire libre en donde te encuentres."

–**HOWARD BAKER**, Autor de *The One True Thing* (Lo que realmente importa), Instructor de Formación Espiritual del Seminario Teológico de Denver

"Las lecciones en Liderazgo cristiano al aire libre son precisas y universales. Ashley descubre y examina con detalle verdades absolutas que se pueden implementar tanto en el ministerio al aire libre como en el mundo de los negocios. Si tú estás en una posición de liderazgo en el mundo de los negocios, necesitas este libro como guía para sobrevivir la rudeza del mundo empresarial, donde a diario eres probado en todas las áreas, incluyendo tus valores morales. La gente que trabaja en equipo se unifica ante los retos, bien sean en un campamento al aire libre o ante complejos retos en la oficina. ¡Yo recomiendo este libro sin reservas!"

–HAL MASSEY, Ex-vice presidente de la división de integridad de Hewlett Packard

> **El Autor en línea!**
> **Actualizaciones y mas recursos,**
> **Visite la página del libro de Ashley**
> **Denton @ www.outdoorleaders.com**

Copyright © 2011, 2014 por Ashley Denton

Todos los derechos reservados. Se permite el copiar o reproducir citas breves para cualquier uso no comercial, pero no se pueden publicar en la internet sin permiso. Se otorga permiso para citas en forma impresa o para evaluaciones en linea.

Publicado en los Estaos Unidos de America por Smooth Stone Publishing, Fort Collins. www.smoothstonepublishing.com

ISBN-13 978-0-9849165-1-1 (Spanish, paperback)

LIBRARY OF CONGRESS CATALOGUING-IN-PUBLICATION DATA
Denton, Ashley
Cómo usar experiencias de excursiones y campamentos para el desarrollo de liderazgo, evangelización, discipulado y formación espiritual, a través de un aprendizaje vivencial y recursos basados en estudios bíblicos/Ashley Denton/Prefacio por Robert Coleman

LIBRARY OF CONGRESS CONTROL NUMBER: 2010915853

Ashley, Denton, 1970
p.   cm.
Includye referencias bibliográficas e índice

1. Religión. 2. Ministerio Cristiano. 3. Discipulado. I. Denton, Ashley. II. Title. *Referencias bíblicas provienen de la Nueva versión Internacional (NVI) y de la Reina Valera 1960 (RV60)*

Cover Design: Luke Flowers
Editor & Translator (Spanish): Wladimir and Monica Navarro
Editor (English): Jeff Chesemore
Editorial Board (Spanish): Robert Bruneau, Dr. Juan Carlos Cevallos A.
Proofreader: Juan Carlos Cevallos/Copy Editor/Interior Design: Jessica Williams, (English)

A BECKY

Mi mejor amiga, mi esposa, mi guía y compañera en esta aventura de vivir juntos en Cristo. Gracias por llenar nuestro hogar de risas, alegría y oración, tan sólo un reflejo de tu relación con Jesús. En los últimos dieciocho años de nuestro matrimonio me has bendecido con más vida, paz y aventura de la que jamás me hubiera imaginado. He sido bendecido al poder ver muchos paisajes hermosos en mi vida, pero el más bello para mi sigue siendo, verte andar con tu mochila al hombro.

DE LA CASA PUBLICADORA

El libro del Dr. Ashley Denton sobre el tema de Liderazgo al aire libre es el primero en su clase.

Liderazgo cristiano al aire libre: Teología, teoría y práctica ofrece un enfoque relevante e innovador en el desarrollo de líderes, la evangelización, el discipulado y la formación espiritual a través de la experiencia al aire libre. Hoy en día la gente quiere un aprendizaje más vivencial. Este libro reitera la estrategia de discipulado vivencial de Jesús, mostrando cómo incorporar la aventura al aire libre, como parte del ministerio del mismo modo como él lo hizo. Son pocos los libros sobre el tema de evangelización o discipulado que examinan la dimensión de los métodos de enseñanza al aire libre de Jesús como lo hace este libro; se ha cerrado una gran brecha.

Este libro continua el trabajo de Robert Coleman en el clásico *Plan supremo de evangelización*, expandiendo un aspecto de la estrategia de discipulado de Jesús al que se le ha dado muy poca atención. El ambiente al aire libre y el tiempo adecuado eran con frecuencia elementos cruciales de su enseñanza que incentivaban un cambio radical en el corazón de su discípulo. Jesús frecuentemente usaba experiencias al aire libre junto con su enseñanza para facilitar un aprendizaje vivencial. Esto es exactamente lo que la gente busca hoy en día. *Liderazgo cristiano al aire libre: Teología, teoría y práctica* le mostrará una nueva forma de hacer discípulos, que está sustentada en el estilo de enseñanza que Jesús utilizó, haciendo uso del aprendizaje vivencial y de vivencias al aire libre como elementos catalíticos de transformación.

TABLE OF CONTENTS

LIDERAZGO CRISTIANO AL AIRE LIBRE: TEOLOGÍA, TEORÍA Y PRÁCTICA ....

LO QUE SE DICE DEL LIBRO LIDERAZGO CRISTIANO AL AIRE LIBRE ....

A BECKY ....

DE LA CASA PUBLICADORA ....

PREFACIO POR ROBERT E. COLEMAN (AUTOR DE PLAN SUPREMO DE EVANGELIZACIÓN) 13

AGRADECIMIENTOS 15

PRÓLOGO 19

INTRODUCCIÓN: LAS CINCO PIEDRAS LISAS DE LA TEOLOGÍA DE LA VIDA AL AIRE LIBRE 39
    ¿Escogiendo adolescentes?..
    Momentos y condiciones físicas existentes ....
    Condiciones emocionales ....
    Estrés intelectual ....
    Estados del ser...
    El mensaje ....

EL YERMO 57
    ¿Qué es el yermo?..
    Definiendo el yermo..
    Términos usados en el Antiguo Testamento para "yermo"...
    Midbbar...
    Arabah...
    Korbah...
    Yeshimon ....
    Términos usados el Nuevo Testamento usados para el "yermo".
    Eremia y eremos..

SECCIÓN I: TEOLOGÍA 75

CAPÍTULO 1: TEMPO 75

CAPÍTULO 2: EL MOMENTO OPORTUNO Y EL TERRENO 93

CAPÍTULO 3 : PRUEBAS 109

CAPÍTULO 4: CONFIANZA 125

CAPÍTULO 5: CAPACITACIÓN 143

SECCIÓN II: TEORÍA 165

CAPÍTULO 6: RESULTADOS 165

CAPÍTULO 7: CARRETES DE PELÍCULAS 189
    Una planificación anticipada para el objetivo de aprendizaje del DISCIPULADO ....
    Una planificación anticipada para el objetivo de aprendizaje CUIDANDO DE ELLOS y TERAPIA DE AVENTURA ....
    Una planificación anticipada para el objetivo de aprendizaje de DISCIPULADO ....

CAPÍTULO 8: RELACIONES 205

CAPÍTULO 9: RETIROS 225

SECCIÓN III: PRÁCTICA 239

CAPÍTULO 10 : INSPIRAR 239

CAPÍTULO 11 : IMPARTIR 259

CAPÍTULO 12 : INSTUIR 275

CAPÍTULO 13 : IMPLEMENTAR 293

CAPÍTULO 14 : INVOLUCRARSE 313

CAPÍTULO 15: INTEGRAR 333

EPÍLOGO 355

PREFACIO
POR ROBERT E. COLEMAN
(AUTOR DE PLAN SUPREMO DE EVANGELIZACIÓN)

Todos sabemos que los jóvenes, tanto hombres como mujeres, que llevan dentro de sí el Espíritu de Cristo representan la esperanza del mundo. Sin embargo, la pregunta sigue siendo: ¿Cómo llegar a ellos?

Ashley Denton, en este emblemático volumen, busca algunas respuestas en Jesús. Lo que captura nuestra atención inmediatamente es la prioridad dada por Jesús a la formación de algunos de los discípulos que él escogió. Sin ignorar las multitudes, que a veces eran miles, él se concentra claramente en desarrollar el potencial de sus compañeros más cercanos. Durante la mayor parte de esos años, él dedica su vida a ellos y antes de regresar al cielo, él les dice que vayan al mundo y repitan en sus vidas lo que habían aprendido con él: "hacer discípulos" seguidores de Cristo que discipulen a otros, enseñándoles a hacer lo mismo, hasta que mediante su multiplicación, el evangelio alcance a las naciones (léase Mateo 28:19).

Una de las maneras obvias de seguir esta misión, y en especial cuando se trata de los jóvenes, es hacer el trabajo al aire libre, un terreno donde Jesús ministró a menudo. Consciente de este ejemplo, Ashley Denton se ha encaminado a capturar esa dinámica. Fuera de los límites de los centros de instrucción, el ambiente natural se convierte en su aula y en su santuario. Ashley nos presenta una visión amplia para campamentos cristianos en donde se establecen relaciones a través de la confianza, y nos alienta a un fuerte compromiso con Jesús. Esto es aprendizaje vivencial, lleno de aventura y desafíos. El libro también está lleno de recursos de enseñanza acerca de estilos de vida y el desarrollo de líderes usando el modelo de Cristo.

Dando a la presentación un sello de autenticidad, se encuentra la propia experiencia del autor en este trabajo. Él habla no como un espectador sino como un practicante. Durante más de veinte años su ministerio ha sido el de discipular jóvenes alrededor del mundo, y lo que escribe se ha forjado sobre ese yunque. Podemos aprender de un maestro de esta índole.

Este es un estudio refrescante, pertinente y espiritualmente motivador. Alguien que esté buscando formas nuevas de cómo llevar a cabo la Gran Comisión las encontrará aquí. Con alegría, recomiendo esta obra a todos ustedes.

-Robert E. Coleman

AGRADECIMIENTOS

A mi familia

Jesús cuenta la parábola acerca de la importancia de calcular el costo antes de construir un edificio (léase Lucas 14:27-29). Su enseñanza es que él quiere que terminemos lo que empecemos. Mi familia ha jugado un papel integral en ayudarme a llegar a la meta del maratón que ha sido completar este libro. Fue realmente difícil calcular el costo que este libro tendría cuando comencé a escribirlo. Como mi amigo Howard muy sabiamente me dijo (después de terminar el libro claro está): "Si cada nuevo autor supiera lo que realmente toma terminar un libro, habrían muchos menos libros en el mundo." Así que le debo un agradecimiento gigantesco a mi esposa Becky, a mis hijos Will, Claire, Daniel, Hannah y Stephen por no dejarme parar a la mitad de la carrera. No hubiera podido llegar a la meta de no haber sido por su apoyo.

También le quiero dar las gracias a mis padres por darme la libertad de recorrer las Montañas Rocosas de Colorado a una edad muy temprana. Esos días y noches explorando las maravillas de la creación de Dios marcaron mi alma desde pequeño. Gracias también a mis hermanos Jay, Kevin y Kelly, por su constante ánimo a que persiguiera el sueño de ayudar a jóvenes alrededor del mundo a experimentar a Cristo a través de la aventura al aire libre. Gracias a mis abuelos, Edward y Zita Hayden, les agradeceré eternamente todo lo que han orado por mí a diario, no me puedo ni imaginar el impacto que sus oraciones han tenido en mi vida.

A mis mentores

Por la gracia de Dios, he sido bendecido con unos mentores increíblemente sabios y bondadosos. Quiero agradecerles por las maneras tan distintas y únicas que han marcado mi vida: Doug

Self, Ron Henderson, Louis McBurney, Mike Ferguson, Don Hardenbrook, Mark Whitney, Bill Hamilton, Dave Gater, Skeet Tingle, Bill Maston, Howard Baker, Rick Funk, Tom Harcus, Bob Reeverts, Tim Tennent, Peter Kuzmic y Robert Coleman.

A mi comunidad

Estoy rodeado de un maravilloso equipo de trabajo que, cuando trabajamos juntos para expandir el evangelio, constantemente me demuestran la verdadera personalidad de Cristo. ¡Gracias a todo el personal en Nexus International, en Wilderness Ministry Institute y el Centro Internacional para el ministerio juvenil! Quiero darle un agradecimiento especial a Jon Hoppin, Patrick Crossland, Thomas Haines, Janet Wulf y Todd Hunsicker por toda su ayuda, investigación, administración, edición, fotografía y el desarrollo de la página web. Otro agradecimiento que me sale del corazón es para la facultad del Seminario Teológico Fuller, así como para el Seminario Teológico Gordon Conwell. Gracias por ayudarme a aprender a pensar teológicamente y a hacer las preguntas correctas. También quiero darle las gracias a los estudiantes y a la facultad del Seminario Teológico de Denver por ayudarme a agudizar mi pensamiento y presentación de la teología, teoría y práctica del liderazgo al aire libre. Gracias también a la iglesia Mountain View Community Church de Fort Collins en Colorado por su apoyo incondicional hacia nuestra familia y ministerio.

A mis amigos internacionales

Una de las cosas más emocionantes de la investigación teológica es que nos permite un foro para expresar abiertamente algunas de nuestras más profundas y sinceras preguntas acerca de Dios y de cómo él opera en el mundo. El tener amistades de varias culturas me ha mostrado que todos luchamos con algunas de las mismas preguntas, sin embargo, algunas de nuestras preguntas son únicas a nuestra cultura. Soy continuamente humillado por lo que

Agradecimientos

aprendo de otros hermanos que han crecido en culturas diferentes a la mía. El aprender teología en el contexto de relaciones internacionales sólo ha profundizado mi admiración por Dios. Su palabra es viva, eficaz y relevante para todos los pueblos, todo el tiempo.

Por eso agradezco a cada uno de mis amigos de estos diferentes países o regiones: Australia, Bosnia-Herzegovina, Canadá, Asia Central, China, Costa Rica, Croacia, República Checa, Dinamarca, Inglaterra, Francia, India, Indonesia, Japón, Líbano, Malasia, México, Mongolia, Nepal, Nueva Zelandia, Filipinas, Rumania, Samoa, Singapur, Sudáfrica, Suecia, Tailandia, Turquía y Uganda. Cada uno de ustedes ha enriquecido mi vida mostrándome las maneras en que Dios expresa su belleza a través de las culturas, cada uno me ha ayudado a crecer en mi adoración y amor por Dios. Aun la forma como me he propuesto escribir este libro, desde una perspectiva bíblica, ha sido influenciada por mi amistad con ustedes. Cada vez más, me doy cuenta de que la mejor manera de edificarnos los unos a los otros en el cuerpo de Cristo a nivel mundial, es que anclemos firmemente nuestras relaciones y conversaciones en el fundamento eterno de la Palabra de Dios, la Biblia. Por estas razones mi esperanza y oración es que las perspectivas teológicas ofrecidas en este libro sirvan de puente entre culturas, y que sean de aliento a líderes de diversas tradiciones.

PRÓLOGO

"Y hay también otras muchas cosas que hizo Jesús, las cuales si se escribieran una por una, pienso que ni aun en el mundo cabrían los libros que se habrían de escribir." —Apóstol Juan (Juan 21:25)

Jesús promovió el aprendizaje vivencialvivencial haciendo muchas de sus enseñanzas al aire libre. ¿Sabía usted que más de la mitad de las enseñanzas de Jesús relatadas en la Biblia ocurren al aire libre? Los Evangelios del Nuevo Testamento contienen aproximadamente 366 unidades de enseñanzas coherentes llamadas perícopas.[1] Estas unidades son grupos de versos que forman una unidad de pensamiento utilizado para la enseñanza pública. Con frecuencia, la Biblia tiene un encabezado al comienzo de estos bloques de enseñanza para ayudar al lector a entender el principio y fin de ese pasaje en particular. Por ejemplo, si usted busca Mateo 5 en muchas traducciones encontrará que tiene el encabezado "Las Bienaventuranzas," lo que indica una unidad de enseñanza de Jesús. Si usted observa cada bloque de enseñanza de Jesús en el Nuevo Testamento, usted descubrirá que más del 50% de ellos tuvieron lugar al aire libre, mientras que el 16% ocurrió en lugares cerrados. Del 34% restante se desconoce el lugar particular en que ocurrieron, aunque por el contexto, la mayoría de estos pasajes bíblicos pueden haber sucedido al aire libre también.[2] En un marcado contraste, la mayoría de las prédicas y enseñanzas de hoy en día ocurren en lugares cerrados donde se pueden usar pocas analogías de la naturaleza.

Algunas personas pueden inclinarse a pensar, "¿Qué importa el lugar en dónde uno enseñe? Lo que importa es el contenido, no el lugar." En los últimos veinte años, he usado el ambiente natural extensamente para enseñar la Escritura, y ellas nos muestran que Jesús valoraba mucho la enseñanza vivencial del aire libre. Muchos evangelistas y maestros de la Biblia *hablan* acerca del ambiente exterior o el contexto al aire libre en el que Jesús enseñó, pero pocos de nosotros *practicamos* el enseñar de la manera que Jesús lo hizo: *al aire libre*.

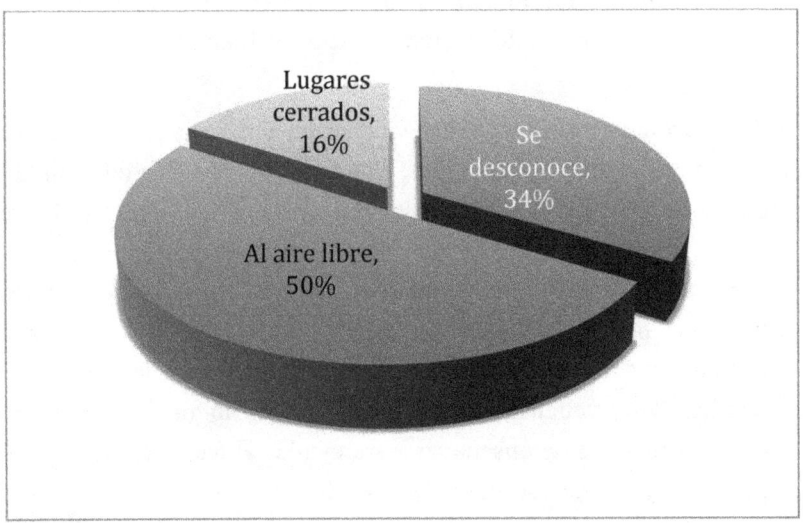

Por dos décadas he intentado poner en práctica los principios del *Plan supremo de evangelización* de Robert Coleman en mi ministerio entre jóvenes, estudiantes universitarios y adultos. La idea de Coleman de seguir el patrón de ministerio de Jesús es increíblemente simple, y a la vez sumamente profunda. Al enfocarse en entrenar a unos *pocos* en Cristo, su ministerio se multiplica cuando los pocos que usted ha entrenado son transformados, y a su vez ellos van y hacen lo mismo con otro pequeño grupo. A través de los años, esto le puede expandir su ministerio por cientos.

Fue profundamente ingenioso que Jesús escogiera a doce de sus discípulos con los cuales invirtió la mayoría de su tiempo. Él sí interactuó con las multitudes, pero el enfoque de sus esfuerzos era para unos pocos.

Poco después de que tomé la decisión de seguir a Cristo en la secundaria, tuve la increíble bendición de tener varios hombres que invirtieron sus vidas en mí, enseñándome por medio de su ejemplo lo que significaba seguir a Jesús. Yo no lo entendía en ese entonces, pero ellos me estaban demostrando ese patrón de discipulado que descubrió Coleman a principios de la década de los '60. Y ahora, veinte años más tarde, y por la gracia de Dios, en mi propio ministerio yo continúo invirtiendo en las vidas de otros de la misma manera en que esos hombres lo hicieron en mí. Ellos me demostraron cómo se hace un discípulo, y al experimentarlo de primera mano hasta puedo decir que lo llevo en mi sangre.

Este libro ha sido creado como compañero para *El plan supremo de evangelización* con un desarrollo sencillo. Este libro expande el capítulo del libro de Coleman llamado "Demostración," el cual detalla la importancia del *ambiente natural y contexto de aventura* en el que Jesús condujo gran parte de su entrenamiento ministerial. Jesús usó la creación como base para sus enseñanzas con tanta frecuencia, que creo que podemos ver el ambiente al aire libre como *su principal aula de clases*. Colosenses 1:15-20 nos cuenta que Jesús hizo toda la creación, así que no hay que sorprenderse cuando vemos que él utiliza lo que creó como el escenario para demostrar el carácter de la Trinidad y los caminos del Reino de Dios. En un mundo cada vez más urbanizado, existe una necesidad creciente de estar afuera, al aire libre, en lugares donde la creación está inhibida, y esperando para enseñarnos por medio de la paleta de colores inédita de Dios. La gente de hoy en día está ocupada, fuera de ritmo e incapacitada para experimentar la paz de Cristo. Aún en la iglesia, nos sentimos tentados a expandir programas en vez de ampliar las almas.

El ritmo de la vida de Jesús fue de descanso y trabajo. Él trabajó arduamente para suplir las necesidades de la gente y llevar a cabo el trabajo que el Padre Celestial le encargó. Sin embargo, él se retiraba regularmente al aire libre para renovarse y conversar con el Padre. Con frecuencia él llevaba a sus discípulos hacia lugares al aire libre para restaurarlos, prepararlos y luego regresarlos a transformar la civilización. Al estudiar este tema del aire libre en el Nuevo Testamento, no es sorpresa que veamos el mismo patrón emerger en el Antiguo Testamento, el cual fue el libro de oraciones de Jesús así como su manual de entrenamiento de liderazgo. En las Escrituras hebreas vemos que Dios llevó a su pueblo al desierto para prepararlos y convertirlos en su familia, y luego usarlos para bendecir a toda civilización. Sus pruebas y conflictos produjeron carácter y comunidad, lo que los haría la sal y la luz para los pueblos del mundo. Así como Jesús tomó este patrón del Antiguo Testamento retirándose regularmente al aire libre, nosotros también debemos detenernos y considerarlo. El combatir las ocupaciones con más programas no va a transformar las almas de la gente. *Pero el desarrollar un ritmo de retiro como el de Jesús sí lo hará.*

Aunque para los cristianos el liderazgo al aire libre o ministerios de campamento parece un campo bastante nuevo, en realidad ha existido *por mucho tiempo*. Aunque ha estado oculto por siglos, como un diamante en bruto, es sencillamente un estilo de ministerio que refleja la manera en que Dios desarrolló a sus aprendices a través de la historia antigua. Hasta la fecha en que escribo, aún hay muy pocos materiales escritos que provean un fundamento teológico y filosofía bíblica del liderazgo al aire libre. Espero que esto cambie, puesto que el interés en este campo está creciendo rápidamente, ya que hay un auge de gente tomando consciencia por el ambiente, y que están hambrientas de tener un aprendizaje vivencial.

Prólogo

Sinceramente, me preguntaba si habría necesidad de un libro como este. Existen numerosos libros seculares, artículos y diarios apoyando el éxito del liderazgo al aire libre y la educación vivencial como disciplinas útiles para el desarrollo de líderes creativos, valientes y entrenados con habilidades excepcionales para tomar decisiones. Sin embargo, estos recursos seculares de fácil disponibilidad solo se remontan a unos cien años aproximadamente, y a unos pocos grandes precursores del liderazgo al aire libre. Cito algunos de estos excelentes materiales en este libro. Pero sin quitarle crédito a estos "precursores del liderazgo al aire libre moderno" y al enfoque increíblemente atrevido que le han dado a la educación vivencial, ofrezco un fundamento teológico con una perspectiva un poco más antigua. Queremos llegar a sus verdaderas raíces. Pienso que Kurt Hahn de la organización Outward Bound y Paul Petzoldt de National Outdoor Leadership School aprobarían mi investigación crítica sobre los orígenes de este muy apreciado campo.

Jesucristo nunca se refirió a sí mismo como un "líder al aire libre." Pero al estudiar cuidadosamente cómo él produjo líderes catalíticos de la talla de los doce discípulos, encontramos que en mucha de su metodología utilizó los elementos de la aventura al aire libre y el aprendizaje vivencial. Aunque Dios no se refiere a sí mismo como a un "educador vivencial," encontramos un sin número de momentos oportunos para enseñar en los que él propicia y facilita un intercambio con algunos de los líderes más reconocidos e influyentes del mundo; hombres y mujeres como Moisés, Abraham, Sara, Jacob y José por mencionar unos cuantos. Cada uno de ellos fue dramáticamente transformado a través de aventuras y experiencias propiciadas por Dios mismo. El objetivo del aprendizaje vivencial es lograr como resultado una transformación que marque la diferencia a largo plazo en la vida del individuo. No es sorprendente que los resultados declarados por Dios siempre se cumplieran. Su objetivo era formar un grupo familiar de seguidores leales que luego lo glorificarían y le darían a conocer en el resto del mundo. ¡Ese resultado aún se está desarrollando hoy en día incluso en lugares donde la gente es perseguida por su lealtad a Jesucristo! Los resultados declarados por Dios siempre se cumplen y el aprendizaje vivencial es una de las maneras con las que él obtiene un compromiso radical.

Muchos líderes cristianos de actividades al aire libre, de muchas culturas diferentes, me han preguntado por qué hay tan pocos libros y artículos escritos desde una perspectiva bíblica sobre el liderazgo al aire libre y sobre el aprendizaje vivencial. Al no tener muy buenas respuestas decidí embarcarme en este viaje de exponer las raíces del liderazgo al aire libre desde una perspectiva teológica, teórica y práctica. En mi humilde búsqueda, he encontrado que la gran parte de los principios empleados hoy en día por los mejores líderes al aire libre del mundo y sus respectivas organizaciones encuentran sus orígenes en principios tomados de la creación de Dios. Así que con la Biblia como nuestro libro de texto, me he propuesto proveer un fundamento bíblico y algunos pasos prácticos para profundizar en el conocimiento de este campo y sus orígenes, que se remontan mucho antes a este siglo y a sus grandes líderes recientes.

Un problema concreto: Los jóvenes deben ser priorizados

Para sentar las bases del porqué los ministerios de aventura al aire libre y sus líderes son necesarios hoy en día, primero quiero que miremos a las necesidades y oportunidades de alcanzar a los jóvenes, quienes generalmente, aunque no exclusivamente, son los más atraídos para participar en la aventura al aire libre. Es importante aclarar que con esto no estoy ignorando la necesidad de gente más adulta que también requiere experiencias al aire libre para el descanso, reflexión y formación espiritual. Pero los jóvenes son nuestro futuro. Para aquellos de nosotros que estamos un poco más adultos y hemos recorrido más en este viaje, debemos servir como puntos de enlace para estos jóvenes pioneros, y prepararlos para zarpar hacia nuestras comunidades y el resto del mundo con visión y nuevas ideas. Sin embargo, para que ellos puedan lograr esto necesitan la confianza y capacitación para suplir las necesidades urgentes de nuestro muy necesitado mundo. Así que, sin reservas, dedico este libro a los jóvenes. Enfatizaré la necesidad de levantar, entrenar y enviar a líderes jóvenes hacia la Gran Comisión, proveyéndoles experiencias de formación espiritual al aire libre de la misma manera que lo hizo Jesús con sus jóvenes discípulos.

Para comenzar hagamos una revisión de dónde proviene históricamente el ministerio de jóvenes y dónde se encuentra en el presente. Desde este punto de vista, será más fácil entender el porqué los ministerios de aventura al aire libre son particularmente relevantes para alcanzar a los jóvenes en su cultura posmoderna de hoy en día. ¡Así que tome su diario y emprendamos camino!

Los jóvenes han sido con frecuencia el catalizador para prender la chispa de avivamiento y renovación en la sociedad: "En la década de 1840, Bennet Tyler escribió un libro donde analizó veinticuatro avivamientos ocurridos durante el período de 1797 a 1814. En su opinión, quince de esos avivamientos fueron iniciados por jóvenes."[3] A principios del siglo veinte, Edwin Starbuck señaló lo siguiente: "Esto lo podemos decir con certeza, que los avivamientos espontáneos son un fenómeno distintivamente adolescente."[4] Dean Borgman, un amigo y experto en este tema, afirma que tanto las conclusiones de Tyler como las de Starbuck se refieren al Primero y Segundo Gran Avivamiento ocurridos entre 1790 y 1840.

Una tarde de 1806 un joven estudiante del Colegio Williams de Massachusetts tuvo que refugiarse de una fuerte tormenta tras la cual decidió retar a su grupo de oración con una visión. Su visión era ver más estudiantes dejando las comodidades de sus hogares por el avance del evangelio en otras culturas. Esa reunión informal dio paso a un grupo misionero reconocido llamado la Sociedad de los Hermanos del Colegio Williams y del Seminario Teológico Andover.[5]

Estos eventos fueron los precursores de un período único en la actividad misionera que fue conocida como el "Movimiento de Jóvenes Voluntarios." Quien llevó las riendas de este movimiento fue un apasionado líder llamado John Mott. Él estaba convencido de que "no había un trabajo más importante en la tierra que influenciar a jóvenes."[6] En el verano de 1886, doscientos cincuenta y un jóvenes de una docena de universidades se reunieron en la Conferencia del Monte Hermón en Massachusetts, para aprender acerca de la necesidad de un compromiso renovado hacia las misiones. Dwight Moody llamó a esta reunión el primer estudio bíblico inter universitario de los Estados Unidos de Norte América. Después de haber sido invitados a aceptar el reto, cien estudiantes se comprometieron a ir a cualquier lugar y nación que hubiera necesidad de llevar ¡la luz del evangelio![7]

Al igual que con otros movimientos, el progreso del Movimiento de Jóvenes Voluntarios comenzó a volverse lento debido a la apatía de algunos. Francis Clark, el fundador del Movimiento Cristiano "Endeavor," notó esta apatía y sintió que los jóvenes no estaban siendo retados lo suficiente. Como consecuencia comenzó a presentarles una nueva visión con la profunda perspectiva de que "la vida de Cristo y sus enseñanzas son especialmente atractivas para los jóvenes: Si Jesús es bien presentado, es natural y prácticamente inevitable que una persona joven se sienta atraída por él y que lo acepte como Patrón de vida y Guía."[8]

Jim Rayburn, el fundador de Young Life se inspiró en esta gran y convincente visión de Francis Clark. Uno de los dichos más famosos de Rayburn dice: "Es un pecado aburrir a un niño con el evangelio." Es probable que su creencia en la importancia de una proclamación atractiva del evangelio provenía de la afirmación socio-teológica de que los jóvenes están particularmente abiertos al evangelio debido a su sencillez, celo y espíritu aventurero, así como también su admiración por las cualidades personales de humildad de Jesucristo. Clark escribió lo siguiente en su libro *Cristo y la juventud*:

> Así como es inevitable que el hierro sea atraído por un imán o que la aguja de la brújula apunte al polo, así de inevitable debe ser que los jóvenes sean atraídos por Cristo. Sólo la naturaleza pervertida, embotada o preocupada de la juventud es la que se resiste a esta atracción... Convertirse a Cristo no es un evento tan inusual o anormal. Es tan natural como que las flores se abran ante los maravillosos rayos del sol o un pájaro entona su canto en tiempo de apareo. Ganaríamos mucho si esta verdad fuera comprendida en su totalidad: que el desarrollo natural, normal y esperado de un joven es que se vuelva a Cristo (según nuestro parecer) antes de los dieciocho años.[9]

Esta fue una de las declaraciones más conmovedoras de Clark que contribuyó significativamente al desarrollo del ministerio de jóvenes como un enfoque viable para la iglesia, especialmente en países occidentales en donde sus escritos eran accesibles. Clark se apasionó por este tema al ver la apatía que estaba envenenando al movimiento YMCA (Asociación Cristiana de Jóvenes, por sus siglas en inglés), el cual alguna vez fue un gran catalizador. A raíz de esto, él se dispuso arduamente a convencer a las iglesias y ministerios locales a tomar más seriamente la responsabilidad de presentar a los jóvenes a Jesús y ayudarlos a crecer en su fe. Él escribió lo siguiente:

> Yo creo que los padres, los maestros de escuela dominical y los pastores deberían esperar de aquellos de quienes ellos son responsables que se conviertan en comprometidos seguidores de Cristo antes de la edad legal de adultez. Debería ser considerado extraño, anormal y casi una cosa inexplicable el que un joven o una jovencita crezca en nuestras familias cristianas, en nuestras escuelas dominicales, entre los sonidos de la iglesia y no llegue a ser cristiano. Esto no echa por tierra la idea de la conversión, ni sustituye la confirmación por la regeneración pero sí muestra que existe un tiempo de cosecha en el ambiente espiritual, y que la cosecha no ocurre al final de la temporada cuando el grano ya ha madurado; y así como la planta de maíz ha completado su ciclo de cosecha, el hombre viejo está esperando a reunirse con sus antepasados. Más bien

la cosecha debe ocurrir en el otro extremo de la vida, cuando el alma joven, generosa y alerta se pregunta ansiosa "¿Señor qué quieres que yo haga?," y al oír la respuesta de su Maestro dice: "Heme aquí Señor, envíame a mí."[10]

Otro joven líder con cualidades únicas fue Percy Crawford, quien tenía un enfoque muy agudo para alcanzar a los jóvenes con el evangelio. Él fue pionero en el arte de contextualizar el mensaje del evangelio para la cultura juvenil de su época. Quizás la contribución más profunda que Crawford hizo al desarrollo del ministerio de jóvenes contemporáneo fue su uso de música actual y popular.[11] Él creía que la música secular podía ser redimida para usos sacros. La juventud escucha y canta música secular y esto inevitablemente afecta su visión del mundo. Por tanto, él pensaba que mejor era redimirla para la gloria de Dios en vez de luchar contra ella.

Recuerdo más de una excursión con grupos de jóvenes en las que ellos cantaban para no enfocarse en el cansancio de la escalada. Pensando en las canciones que a los jóvenes les gusta cantar, es asombroso ver cuántas canciones de hoy en día tienen un elemento de valor espiritual. En su época Crawford retó a líderes de jóvenes a recuperar la música secular como una herramienta sagrada para dirigir a los jóvenes a Cristo, quien al fin y al cabo es el cumplimiento total de todos sus anhelos. Además de su novedosa perspectiva sobre la importancia de la música, él también revolucionó la manera de predicar a los jóvenes usando un estilo vivo y agradable, con lenguaje claro y sencillo.[12] En capítulos subsiguientes en las secciones "momentos oportunos para enseñar" y "enseñanza oportuna" enfatizo este estilo de enseñanza cuando estamos al aire libre.

En la década de los 1930, un joven estudiante de ingeniería llamado Jim Reyburn comenzó a sentir un llamado de alcanzar a los jóvenes como su primer ministerio en la iglesia Presbiteriana:

>...el consejo de un pastor de Dallas (USA) lo desafió a poner en práctica un tipo de ministerio revolucionario. El desafío implicaba poner a un lado el desarrollar programas juveniles, invitar a adolescentes a asistir a la iglesia y a los grupos de

jóvenes. El desafío exigía que uno saliera de la iglesia hacia donde estaban los jóvenes. Allí uno debía conocer, escuchar, reír y aprender. De las relaciones que se formarían nacería un nuevo tipo de programa.[13]

Tras la estela de influencia que dejaron Mott, Clark y Crawford, Rayburn entrenó a cada uno de sus jóvenes evangelistas a "ganarse el derecho de ser escuchados con un ministerio de presencia." Rayburn y aquellos que con él trabajaron usaban el canto, el humor y el relatar el evangelio con historias, convirtiéndolo en un verdadero arte.[14] Poco después del cambio radical que introdujo Rayburn para hacer trabajo juvenil, basado en programas, a hacer trabajo de campo, Billy Graham ayudó a desarrollar un modelo similar llamado Vida Estudiantil. Ellos también tenían como objetivo alcanzar a los jóvenes en su área: el campus universitario.

Preocupación por la juventud hoy

Llegando hasta la cultura juvenil de hoy, debemos considerar algunas modas entre los jóvenes tanto de países desarrollados como en vías de desarrollo. En el libro de Chap Clark, *Heridos: Adentrándose en el mundo de los adolescentes de hoy en día*, él cita una investigación reciente muy importante sobre adolescentes. Él afirma que los adolescentes, particularmente los de culturas occidentales, están creciendo con un abrumador sentido de *abandono y dolor*. Por tanto, él sugiere que los ministerios de jóvenes deberían enfocarse en tres objetivos: 1) Desarrollar ambientes propicios para los jóvenes; 2) Proveer a los jóvenes relaciones estables y seguras donde se sientan realmente amados; y 3) Ayudar a que los jóvenes experimenten relaciones auténticas y cercanas con adultos que se interesen en ellos.[15]

A medida que nos adentramos a considerar el porqué las experiencias al aire libre son particularmente relevantes hoy en día, los hallazgos hechos por Chap Clark nos proveen una buena base para mostrarnos las verdaderas necesidades de mucha gente joven. Este libro demuestra cómo el ministerio de aventura al aire libre directamente suple esas necesidades.

En el resto del mundo también está ocurriendo un cambio demográfico único. La población juvenil está creciendo desbordantemente. A medida que he trabajado, entrevistado y aprendido de líderes de jóvenes en más de veinticinco países, cada vez me he convencido más de la necesidad de la iglesia de reafirmar su compromiso con la juventud. Debemos enfocarnos en hacer discípulos de jóvenes para que se conviertan en los empresarios sociales y líderes espirituales que sus comunidades desesperadamente necesitan.

Por ejemplo, al escuchar a líderes cristianos de toda Asia a través de los últimos años, muchos concuerdan que la necesidad más apremiante de hoy en día es tener una estrategia para solucionar el *vacío de liderazgo* que hay dentro de la iglesia en Asia. Hwa Yung es un misionero en Singapur que nos describe el problema del liderazgo en la iglesia de Asia: "Prácticamente existe un vacío completo aquí... porque hay una escasez de líderes ancianos y sabios en esta parte del mundo, hay una insuficiencia de mentores que entrenen a los líderes más jóvenes."[16]

Considere usted esta alarmante estadística: El 94% de los recursos financieros de la iglesia en América del Norte son gastados en sus propios ministerios y sólo el 6% es designado para misiones, aunque ¡tan sólo el 5% de la población del mundo vive en América del Norte![17] ¡Eso significa que aproximadamente el 95% de la población juvenil del mundo vive fuera de América del Norte y sólo el 6% de los recursos financieros de la iglesia en América del Norte son invertidos en la mayoría del mundo!

Este es un gran desafío, pero no estoy presagiando desastres. Si seguimos el ejemplo de Jesús, la mejor manera de seguir adelante es empezar poco a poco. Jesús comenzó por discipular a doce. Nosotros podemos hacer lo mismo hoy. Si nuestro objetivo es desarrollar una nueva ola de líderes jóvenes que se involucren en misiones a nivel global (como en los días radicales del "Movimiento de Jóvenes Voluntarios" hace más de cien años), debemos renovar nuestro compromiso con el modelo de aprendizaje de Jesús, como la manera de prepararlos y sostenerlos en las misiones. Entonces, ¿por dónde empezamos? Por poner en práctica la manera personalizada de evangelización del Maestro. Durante el resto de este libro nos embarcaremos en una travesía para descubrir la predilección de Jesús de entrenar a sus discípulos por medio del aprendizaje vivencial al aire libre. En su época él hizo uso de la creación, la versión antigua y tangible de YouTube, para mostrarles muchas escenas de lo que significaba vivir una vida radicalmente transformada. Al no tener YouTube o conexión de internet como herramientas para jugar e ilustrar cosas relevantes del reino de Dios, él decidió que el mismo teatro Technicolor de la creación, con todas sus lecciones objetivas y concisas, era suficiente. ¡Eso es mucho mejor que un televisor de pantalla plana!

Odres nuevos

Uno podría decir, "Sí, pero Jesús vivió en una sociedad agraria. ¿Haría él lo mismo hoy en día en nuestras comunidades urbanas tan cambiantes?" Yo respondería: "Sí, especialmente en medio de un mundo cada vez más urbanizado en el que la gente no tiene contacto con la creación, la estrategia de Jesús para cambiar las necesidades de las vidas de las personas aún debe ser emulada." Debido al fundamento teológico que presentaré en este libro creo que él haría lo mismo hoy en día. Creo que él pasaría mucho tiempo al aire libre buscando maneras de llamar la atención de la gente a través de experiencias que les removieran el sarro de sus desgastadas almas.

No tenemos razones para creer que su visión o metodología han cambiado. Lamentablemente, lo que sí parece haber cambiado es la falta de compromiso de nuestra parte en hacer discípulos como él hizo a través del discipulado. Sí, quizás estoy generalizando, pero ciertamente me parece que hemos desarrollado una fascinación por los programas. Por alguna razón, tenemos la tendencia de invertir la mayoría de nuestro tiempo, energía y dinero en modelos de evangelismo y discipulado atractivos. Solemos usar la estrategia de "si lo construimos ellos vendrán" en vez de la estrategia "ellos vendrán si los vamos a buscar." La iglesia necesita resistir este cambio constantemente y más bien imitar el modelo de discipulado de Jesús.

Jesús no vino a darle un sello de aprobación al statu quo

Después de los cuatrocientos años de silencio que le siguieron al ministerio profético de Malaquías, Jesús entró en la historia con una gran explosión para cambiar radicalmente la postura predominante interior de Israel a una manera de vivir más misional y con enfoque hacia otros. Los judíos, que vivían bajo la opresión del gobierno romano, eran marginados y el fruto de esa opresión los alejó de la trayectoria que Dios había trazado para ellos como nación de que fuese un pueblo de Dios con un enfoque misionero hacia otros. Esta fue su primera comisión a través de Abraham (léase Génesis 12:1-3). A través del tremendo dolor de ser una nación invadida, su enfoque se volvió interno; en vez de alcanzar al mundo se retiraron de la misión dada por Dios de ser "la luz a las naciones."

Debido al temor y al orgullo, todos tenemos esta tendencia de volvernos hacia nuestro interior. Sin embargo, Jesús inauguró su ministerio con un odre nuevo lleno de una visión que da vida para transformar vidas, comunidades, tribus, clanes, ciudades y naciones en todas partes del mundo. Su manera de transformar vidas fue del tipo encarnacional (relacional) más que del tipo atracción. En tan sólo tres años, él desarrolló aproximadamente cien discípulos devotos que continuaron su ministerio después de su ascensión. Ellos lograron multiplicar la cantidad de sus seguidores después de su partida imitando su modelo de cambio.

La naturaleza nos explica su estrategia con esta lección: los pequeños y aparentemente insignificantes granos de levadura, que parecieran no poder hacer nada, pueden inflar y darle una nueva forma a todo un trozo aplastado de masa de trigo. De la misma manera Jesús escogió a algunas pocas personas, quizás jóvenes adolescentes o en sus veintes, para llenar al mundo con el virus del evangelio para el que no hay vacuna. Yo creo que el enfoque de Jesús hacia líderes jóvenes fue estratégico. Explico por qué: después de la ascensión, en vista de que estos líderes eran tan jóvenes, ¡ellos pudieron hacer más discípulos durante las siguientes tres o cuatro generaciones! Esto solidificó un movimiento que ahora se ha expandido a casi todos las etnias del mundo. Estos líderes jóvenes, que habían sido sellados por su presencia, pudieron continuar contando la historia por varias generaciones, hasta que ese incipiente movimiento forjó un vasto cañón de iglesias nuevas, a través del cual el río del evangelio ha continuado fluyendo desde entonces para todas las generaciones. El discipular a los jóvenes para que hagan de Cristo su todo en todo, aún es la gran producción cinematográfica de la iglesia. Este no es el tiempo para que la iglesia se tome una larga siesta invernal dejando el evangelismo a un lado. ¿Será tolerable que siete mil etnias en este mundo aún estén completamente inalcanzadas por el evangelio? La pregunta no es "si debemos" sino, "¿cómo debemos" desarrollar efectivamente a más líderes jóvenes que proclamen con entusiasmo y valentía las buenas nuevas del mensaje de Jesucristo a los que aún no le conocen?

Odres viejos

Al responder esta pregunta debemos primero mirar la intención de Jesús de que sus discípulos llevaran el evangelio a toda la creación (léase Marcos 16:15). Hay gran abundancia de literatura que habla sobre el evangelismo, el discipulado y el liderazgo. La palabra liderazgo se ha convertido en una palabra de moda para la iglesia del siglo veintiuno. Existen numerosas conferencias, seminarios, grupos para eclesiásticos, oradores motivacionales, etc. que prometen ayudar a diferentes grupos a aprender cómo alcanzar a la gente con el evangelio. Sin embargo, Todd Johnson nos provee una muy importante perspectiva sobre la historia reciente de los esfuerzos misioneros de la iglesia. Si la tomamos en serio, su investigación nos deja pocas alternativas. Si realmente vamos a proclamar el Reino de Dios abriendo nuevos caminos y renovando campos misioneros anteriormente "alcanzados," hoy debemos dar prioridad a las misiones dirigidas hacia los jóvenes. Johnson menciona varios planes globales llevados a cabo en los últimos cien años. En 1900 fue "La evangelización del mundo en esta generación"; en 1963 fue "El Plan maestro de evangelización"; y en 1986 fue "Un millón de misioneros nativos" por mencionar sólo algunos de la docena de planes globales recientes.

Aún con los frutos significativos que resultaron de estos planes, Johnson ofrece alarmantes observaciones sobre el estado de las misiones hoy en día. Sus estudios nos llevarán de nuevo a nuestra discusión de cómo alcanzar a los jóvenes de cada ciudad por medio del desarrollo de líderes a través de aventura al aire libre. Johnson escribe:

> Existe una fuerte tendencia de recrear planes sin hacer mención de planes anteriores. El problema más significativo de estas listas de planes es el paso del tiempo. Uno puede ver esto en el libro de Samuel Zwemer Campos misioneros desocupados de África y Asia (1911). Él escribió este libro en respuesta a una petición de hacer una encuesta concisa sobre la tarea incompleta de la Conferencia Mundial Misionera en Edimburgo en 1910. Muy poco ha cambiado desde que se publicó el libro hace más de 100 años. Su descripción de la tarea inconclusa de 1911, que abarca desde Marruecos hasta Indonesia, es todavía verdad hoy en día.[18]

Él asegura que aún con los notables éxitos de muchos de estos planes misioneros globales, más del 90% de todo el evangelismo cristiano es dirigido a grupos de gentes con gran influencia cristiana. No está abriendo nuevos caminos con grupos no cristianos. Mientras este sea el caso, la gente que aún no conoce el evangelio seguirá sin conocerlo.

Prólogo

Yo he observado que mucho de los materiales y entrenamiento disponibles para ayudar a líderes en desarrollar planes de evangelismo y discipulado global se enfocan en tres cosas: 1) ¿Cómo enseñó Jesús? (método/estilo); 2) ¿Qué enseñó Jesús? (contenido); y 3) ¿Porqué enseñó Jesús? (propósito). Dos de los ejemplos más ampliamente aceptados son *La iglesia con propósito* y *40 Días con propósito* (existen muchos más también). Nosotros completamente aceptamos que estos tres aspectos de la enseñanza de Jesús son importantes de entender para entrenar discípulos con un enfoque misional.

Sin embargo, con tantos y tan excelentes recursos a la disposición, ¿por qué estamos haciendo tan pocos avances a nivel global para alcanzar a los jóvenes? Sostengo que una posible razón sea la falta de énfasis en discipular a los jóvenes de la manera que Jesús lo hizo. Algunas veces nos conformamos con programas o eventos en vez de enfatizar las relaciones a largo plazo. Al desarrollar relaciones con jóvenes no podemos sólo enfocarnos en qué estamos enseñando sino también tenemos que prestarle atención al *contexto* (entorno y tiempo). Al preparar a sus discípulos para que lo siguieron de por vida, Jesús parecía tan preocupado con *el entorno y el tiempo* (dónde y cuándo) de su enseñanza, así como con el *"qué y el por qué"* de su enseñanza. En otras palabras, las enseñanzas y los métodos de Jesús fueron relacionales y por naturaleza vivenciales: Él fue el Maestro en el uso de *entornos novedosos e instrucciones bien precisas para crear una necesidad de querer saber más* entre aquellos que lo seguían. Esto fomentó confianza en sus relaciones y creó una plataforma para la transformación radical porque la gente sabía que él se preocupaba por ellos. El presidente Teodoro Roosevelt pronunció una frase que los trabajadores de jóvenes saben que es muy cierta entre la juventud: "A la gente no le importa lo que sabes hasta que ellos sepan que tú les importas." Jesús parecía actuar de este modo en sus relaciones.

Jesús no sólo estaba tratando de enseñar buen contenido, porque el buen contenido no cambia al mundo. Él estaba tratando de cambiar vidas a través del discipulado que es intensamente vivencial por naturaleza. Su misión era hacer discípulos no sólo predicar. Para mejorar el proceso de hacer discípulos hoy en día, no sólo debemos mirar qué enseñó, sino cuándo y dónde lo enseñó, que con frecuencia fue en un entorno al aire libre.

Aprendizaje vivencial que cambia vidas

En los últimos veinte años mi esposa y yo hemos trabajado primordialmente con estudiantes de secundaria y universitarios. Hemos llevado cientos de jóvenes y sus líderes a campamentos con enfoque evangelístico, y hemos propiciado oportunidades para que ellos escuchen el evangelio y crezcan en su fe tanto en grupos pequeños como grandes. Cuando vemos el fruto de este ministerio, por la gracia de Dios, muchos de los jóvenes cuya fe se ha afianzado más y ha sido fructífera, son aquellos que han participado en actividades al aire libre o viajes misioneros de corto plazo. ¿Por qué sucede esto? El común denominador es que estos jóvenes que participaron en estas actividades al aire libre o viajes misioneros tuvieron un encuentro con Dios en un ambiente de enseñanza y modelo vivencial. Lo que contribuyó grandemente a su transformación fue *el entorno en el que aprendieron*, por ejemplo, el ambiente al aire libre o en el contexto del servicio en comunidad a los demás.

He liderado más de treinta y cinco grupos de jóvenes (con cantidades de diez a quince personas) en excursiones de una semana entera al aire libre, sumando más de trescientos sesenta y cinco días de dirigir y entrenar a otros en este contexto. Estos viajes me han llevado de América del Norte a otros diez países más y el número sigue creciendo. Hemos observado que el *momento oportuno para enseñar y el ambiente de la misma* son elementos críticos en el proceso de aprendizaje. Sin embargo, los paradigmas contemporáneos de enseñanza se enfocan sólo en el *estilo de comunicación*. El énfasis de los entrenamientos de líderes cristianos está en adquirir habilidades de comunicación para capturar la imaginación de la gente a través de la retórica inteligente. La debilidad de este paradigma es que la mayoría de la enseñanza de hoy en día ocurre en *entornos cerrados*, como por ejemplo, el edificio de una iglesia, el salón de clases dominical, a través de la televisión o programas de video, etc.

Cuando Jesús enseñó a sus discípulos él lo hizo mayormente en entornos realmente dinámicos que estaban en constante estado de movimiento. De lo que podemos entender, sus historias e ilustraciones usualmente no eran hechas con la sola intención de explicar su punto, sino que él construía sus enseñanzas para sembrar semillas de vida en los corazones de las personas con el contexto de una experiencia real que estuvieran viviendo en ese momento o que hubiesen vivido recientemente. Su marco de referencia era genuino y fresco.

Estoy fascinado con la frecuencia con que Jesús llevaba a sus discípulos en *viajes* para poder propiciar momentos de enseñanza de las situaciones que les sucedieran. Él enseñó en los caminos, en los campos, en las barcas, en el patio de templo y al descansar en los jardines. Yo creo que si usted mira el entorno de la enseñanza de Jesús, y trata de discernir el impacto que tiene el aspecto vivencial del proceso de aprendizaje, usted puede que descubra maneras más frescas de alcanzar los corazones de las personas hoy en día.

Cuando Jesús enseñó él no estaba interesado en dar información a la gente. Más bien él se entregaba a *sí mismo*. La información es pasiva, en cambio un *mensaje* evoca e invita a una respuesta. Jesús magistralmente hizo que la gente respondiera. Hoy en día es ampliamente aceptado que el aprendizaje aumenta cuando también aumentan el estrés y la tensión. En otras palabras, *nuestros sentidos se agudizan y están más involucrados en el proceso de aprendizaje cuando somos sacados fuera de nuestra zona de confort*. Jesús fue el Maestro por excelencia de cómo provocar suficiente estrés a los que le observaban (especialmente a sus discípulos) para que ellos pudieran empezar a hacer preguntas que vinieran desde lo más profundo de su ser. Aunque nunca los llevó a su límite máximo. Existe un punto en el que si la persona está demasiado estresada, la curva de aprendizaje se reduce ya que su enfoque cambia al de su supervivencia. Un estudio reciente sobre el valor de las experiencias estresantes apoya este pensamiento:

> [Existe] un apoyo empírico y alentador de la filosofía del entrenamiento con la inoculación del estrés de la manera que lo implementa el programa Outward Bound. Pareciera que los retos extremos pueden y hacen a la gente más fuerte particularmente cuando se aplica el ungüento del apoyo social.[19]

Durante su ministerio Jesús llevó estratégicamente a sus discípulos en viajes de "inoculación de estrés" para profundizar su fe. El patrón de enseñanza de Jesús combinaba una retórica convincente con experiencias auténticas. Estudios indican que la gente olvida el 55% de las palabras que han oído a las seis horas de haberlas oído y que olvidan el 80% de lo que han oído a los tres días de haberlo oído.[20] Creo que muchos afirmarían que muy pocas personas son cambiadas radicalmente sólo oyendo el mejor de los sermones: Esto también era cierto entre las multitudes que seguían a Jesús. Ellos oían, quedaban maravillados, se marchaban y después de un rato olvidaban lo que Jesús había dicho o hecho. Así que, en contraste, Jesús conectaba lecciones objetivas y experiencias de aprendizaje con lo que él estaba enseñando. El aire libre fue el ancla que él escogió para moldear a sus discípulos. Hoy en día debemos renovar este antiguo estilo de discipulado si pretendemos levantar líderes jóvenes con espíritu misionero para una vez más poner al mundo de cabeza con las buenas nuevas.

INTRODUCCIÓN: LAS CINCO PIEDRAS LISAS DE LA TEOLOGÍA DE LA VIDA AL AIRE LIBRE

Renacer al aire libre

Como estudiante de arquitectura paisajista en la Universidad de Arizona, desarrollé una apreciación por el desierto. Al tratar de sobresalir en mis proyectos de diseño, pasaba incontables horas viendo paisajes y trabajando en mi estudio para diseñar espacios que pudieran proveerle descanso y renovación a la gente. Al tratar de diseñar espacios de descanso, me pasaba días en mi estudio sin dormir, tratando de perfeccionar mis dibujos; ¡que irónico que me desvelara diseñando espacios de descanso y renovación! (Debo admitir que en ese entonces se había convertido en mi obsesión).

Habiéndome criado en las montañas de Colorado, crecí con una verdadera apreciación por el arte natural de la creación de Dios, así que siempre trataba de reflejar, en todos mis diseños arquitectónicos, la creatividad de Dios que veía. Mientras mis diseños se parecieran más a un hábitat de los que se ven en la naturaleza, parecían ser más atractivos para mis críticos profesores y compañeros. Quizás usted haya experimentado esto al caminar por un jardín bellamente diseñado, o al disfrutar de un patio bien diseñado. Mientras más parecidos sean estos espacios a la creatividad que vemos en la naturaleza, mayor descanso parecieran proveer. Así que, después de haber sido entrenado por cuatro años en el estudio de diseño, preparándome para graduarme y comenzar un trabajo en una empresa de arquitectura paisajista, Jesús me hizo ver que, aunque yo sabía mucho *acerca* de él por medio de mi observación de la creación, yo aún no le *conocía* personalmente. Pero en la soberanía de Dios, su gracia y tiempo perfecto, él cambió mi mundo completamente, y finalmente me orientó hacia él mismo y logró salvarme de mi orgullo y rebeldía. El apreciar su belleza no era suficiente; él quería que yo le perteneciera. Uno de los efectos más importantes que ocurrieron después de entregar mi vida a Cristo fue un cambio vocacional. Aunque, sin lugar a dudas, amaba la arquitectura, Jesús tenía otros planes y me llamó a alcanzar con el evangelio a los jóvenes de la escuela secundaria. El Señor me llamó a dejar atrás lo que parecía ser una carrera exitosa y me invitó a ser parte del ministerio Young Life (Vida Joven) para hacer discípulos de gente joven; comenzando con los jóvenes pertenecientes a la sub-cultura *gótica* quienes se reunían en el restaurante local Wienerschnitzel.

Al trabajar con los jóvenes de Tucson, Arizona, empecé a tener un anhelo de llevarlos de excursión a la montaña para que experimentaran la belleza y perspectiva que nos ofrece la naturaleza. Llené una solicitud para ser guía de excursiones del campamento "Wilderness Ranch" en la ciudad de Creede en Colorado y fui aceptado. La primera semana del verano dirigí a un grupo en el que estaba Becky. Nos hicimos amigos rápidamente y nos casamos un par de años mas tarde. ¡Esa es la mejor decisión que jamás haya hecho!

Aún después de mudarnos a la ciudad de Aurora en Colorado, para dirigir un ministerio juvenil suburbano en las escuelas secundarias "Aurora Central," "Eaglecrest" y "Smoky Hill," seguimos haciendo excursiones con jóvenes cada verano. Para ese entonces el campamento "Wilderness Ranch" estaba llenísimo, así que empezamos a orar acerca de cómo llevar más jóvenes del área de Denver a los campamentos. Pronto comenzamos a sentir que el Señor nos estaba dando una visión, así que dimos un paso de fe y empezamos un ministerio de excursiones a la montaña para servir a los jóvenes del área. Empezamos con poco, pero para el segundo verano, ¡más de trescientos jóvenes y líderes habían experimentado excursiones dirigidas al aire libre en Colorado! Obviamente, esto fue la idea del Señor. Después de varios años, nuestra visión siguió creciendo y comencé a viajar para ayudar a

INTRODUCCIÓN

líderes de jóvenes en otros países, exponiéndolos a los beneficios de llevar a gente joven en excursiones al aire libre. ¡La aventura aún continúa!

Descubrimentos fortuitos

Durante los cinco años de la investigación para este libro me encontré con algunos descubrimientos inesperados. Aunque no es sorpresa que al indagar más profundamente siempre se descubran cosas maravillosas. Quizás sea una de las pequeñas recompensas que Dios nos da por nuestro esfuerzo de indagar. Por ejemplo, cuando estaba por terminar el libro, me topé con las palabras del Apóstol Juan al final de su Evangelio: "Y hay también otras muchas cosas que hizo Jesús, las cuales si se escribieran una por una, pienso que ni aun en el mundo cabrían los libros que se habrían de escribir" (Juan 21:25). Me quedé sentado en completo silencio, maravillado y con los ojos cargados de lágrimas al darme cuenta de que, yo con dificultad había estado tratando de escribir un libro durante cinco años para *decir algo que Juan resumió en treinta y dos palabras*. Durante los tres años que Juan caminó junto a Jesús, lo vio usar experiencias y lecciones objetivas constantemente para enseñar acerca de los secretos del Reino de Dios tanto de palabra como en acción. Es más, había tantos ejemplos en los que Juan se pudo haber inspirado para escribir su relato del Evangelio, que no cabrían en el mundo entero los libros que se pudieran haber escrito.

Este pequeño libro es uno más para añadirle a esa interminable biblioteca. Estas páginas son tan solo un intento de enviar una señal de humo a los líderes cristianos de hoy en día, para que no olvidemos que el estilo de enseñanza de Jesús fue mayormente vivencial. Aunque pueda parecer un poco dramático, al escribir este libro me siento un poco como el personaje Pippin de la trilogía *El Señor de los anillos* quien encendió la señal de fuego en la cima de las Minas Tirith pidiéndole ayuda a los guerreros de

Rohan en un momento crítico. De la misma manera que las señales de fuego fueron encendidas en toda la cordillera hacia Rohan, en respuesta a la alarma de Pippin, así estoy invitando a los líderes de cada continente para que vean los efectos de programas ministeriales anticuados, y a que junto conmigo enciendan una cadena de señales de fuego que abarquen ambos hemisferios, para comenzar un regreso masivo al evangelismo al estilo de Jesús, hombro a hombro, vivencial, con aventura y relacional.

En su libro *El anillo de la verdad: El testimonio de un traductor*, el autor J.B. Phillips recuenta varios de sus descubrimientos fortuitos en el proceso de escribir su versión moderna para estudiantes del Nuevo Testamento. *El también descubrió que hay recompensas al indagar más profundamente.* ¿Le ha ocurrido alguna vez que usted está estudiando algo que le es muy familiar o está recorriendo un camino que ha recorrido antes pero que por alguna razón se detuvo a fijarse en los detalles? Cuando hacemos esto, algunas veces vemos verdaderos tesoros escondidos que solo los pueden apreciar aquellos que son lo suficientemente valientes como para detenerse. Una de las amistades de Phillips, el autor C.S. Lewis, describió una anécdota que vivió cuando era niño, y estaba observando cuidadosamente el terrario casero de su hermano. Fue inmediatamente sorprendido cuando se dio cuenta de que dentro de su alma había un deseo de conocer al que sabía los misterios de la vida que brotaban de este jardín miniatura. Lewis lo describe así:

> Un día de verano, repentinamente, sin aviso y como si saliera desde las profundidades de los siglos y no de años, me llegó el recuerdo de una mañana en la casa vieja cuando mi hermano trajo su pequeño jardincito al vivero. Es difícil encontrar palabras suficientemente fuertes para describir la sensación que me invadió: quizás la frase del poeta inglés Milton 'la enorme felicidad' del Edén está en algún lugar cercano aquí, se asemeje un poco. Claro que fue una sensación, un deseo; pero, ¿deseo de qué? Ciertamente no por una lata llena de musgo... Tan solo tomó un pequeño momento, pero en cierto sentido, todo lo demás que jamás me había ocurrido se volvió insignificante. [21]

INTRODUCCIÓN

Al estar traduciendo pasajes bíblicos conocidos Phillips hizo un descubrimiento fortuito. Aunque parezca sencillo él dice que finalmente se dio cuenta de que *Dios se preocupa personalmente por nosotros*. El apóstol Pablo escribió, "Echando toda vuestra ansiedad sobre él, porque él tiene cuidado de vosotros." (1 Pedro 5:7). Qué sorpresa tan encantadora y sorprendente es descubrir que el Padre Celestial sí se preocupa por usted y por mí y que está listo y dispuesto a poner todas nuestras cargas sobre sí mismo. Eso es un alivio y un verdadero soplo de aire fresco. *Los caminos conocidos pueden revelar sorpresas profundas y transformadoras si nos detenemos lo suficiente como para observar los detalles.*

Cuando yo estaba en la universidad también fui sorprendido por la misericordia de Dios cuando fui confrontado con la realidad de mi pecado, que no solo me afectaba a mí, sino que realmente lastimaba a otros también. Mientras la culpa me agobiaba, un matrimonio me levantó y comenzó a pasar tiempo conmigo para ayudarme a recoger los pedacitos en los que había quedado mi vida. Ellos eran personas muy ocupadas pero decidieron invitarme a salir con ellos en cada una de sus citas de pareja un año entero. Durante ese tiempo me mostraron con sus acciones, su honestidad y sus propios testimonios que yo no era un caso perdido. Me enseñaron que quizás Dios tenía un plan para mi vida más allá de mis fracasos y de las heridas que le hubiera ocasionado a otros. Phillips nos dice, "No estamos en posición alguna de juzgarnos a nosotros mismos; simplemente debemos dejárselo a Dios quien es nuestro Padre y es más grande que nuestros corazones y lo sabe todo."[22] Ese fue un descubrimiento fortuito que cambió mi vida. Ahora, de la misma manera que J.B. Phillips tuvo unos cuantos descubrimientos fortuitos al traducir el Nuevo Testamento para estudiantes, me gustaría compartir algunos de los descubrimientos que yo he hecho al preparar este pequeño libro.

Descubrimiento #1: Los primeros discípulos de Jesús eran jóvenes

Es fascinante considerar el sistema de educación de los antiguos hebreos. Para el momento en que Jesús nació, la nación judía era prácticamente una nación dentro de otra. Ellos tenían sus propias leyes, su propio sistema de educación, sus propios almacenes de comida y su propio calendario. Ellos aprendían el Shema (léase Deuteronomio 6:4-9; 11:13-21 y Números 15:37-41), varias historias y proverbios bíblicos, oraciones e himnos.[23] Luego a los seis años comenzaban a asistir a una escuela elemental judía llamada *Beit Torah*. Su *Hazzan* (maestro) les enseñaba porciones de las Escrituras hebreas (del Génesis a Malaquías), pero especialmente el Pentateuco (los primeros cinco libros de la Biblia).

Al cumplir los doce o trece años ya se habían memorizado el Pentateuco. La mayoría de los estudiantes se graduaban pasando a ser aprendices del oficio de la familia. Quizás esto fue lo que hizo Jesús al aprender de su padre el carpintero. Los niños que eran muy sobresalientes en la escuela tenían la oportunidad de aprender de un *Soferim* (escriba) en una escuela de Escribas llamada *Beit Talmud*. Estos niños pasaban aproximadamente tres años continuando sus estudios, y memorización del resto de las Escrituras Hebreas. También recibían entrenamiento sobre literatura teológica y religiosa avanzada, tanto oral como escrita.[24] La última etapa de educación para los estudiantes de élite era ser aprendices de un rabino por los próximos quince años aproximadamente, hasta convertirse en rabinos ellos mismos.

Esta época de su educación se conocía como *Beit Midrash*. En este ambiente académico tan riguroso, un estudiante se volvía íntimamente familiar con la interpretación de las Escrituras de su rabino, y a su vez promovía y llevaba el batón de las enseñanzas e interpretaciones de su rabino a otros. El término rabino, o rabí, sencillamente significa "mi maestro." Durante los tiempos de Jesús, "rabino" era un título que se le daba al jefe de cualquier oficio. Por ejemplo, algunos maestros religiosos eran llamados rabinos, así como también lo podía ser el jefe de los tejedores. Incluso el jefe de los gladiadores era llamado "rabino."[25] Esta manera de dirigirse a alguien era común al referirse a maestros, pero no fue sino hasta el tiempo de Jesús que se usó exclusivamente para referirse a un maestro.[26] Una característica en común de todos los tipos de rabinos, era el tener aprendices que diligentemente buscaban aprender y dominar ese oficio.

Cuando Jesús se convirtió en rabino a la edad aproximada de treinta años, él también siguió el modelo de tener estudiantes aprendices jóvenes (discípulos), sin embargo, lo hizo con un marcado contraste al de los demás rabinos "religiosos." Otros rabinos religiosos seguían el modelo de *Beit Midrash* y escogían sólo *estudiantes de élite* quienes hubiesen cumplido con la educación más estricta disponible en la comunidad judía. Sin embargo, al parecer ninguno de los primeros discípulos de Jesús habían tenido el privilegio de una educación de élite. Ellos estaban lejos de ser élite, ellos eran trabajadores de diversos oficios. Aquí fue donde Jesús rompió el molde de una manera única. En vez de escoger a los estudiantes graduados con honores de las escuelas *Beit Talmud* más prestigiosas, él fue a una playa y escogió a unos pescadores con muy poca educación para que fueran parte de su primer grupo de aprendices. Otra manera de hacer las cosas radicalmente diferente al sistema fue que él escogió a sus discípulos; ellos no lo escogieron a él. Él fue hasta donde ellos estaban; él los escogió; él les dijo que dejaran sus redes, que dejaran sus ocupaciones y que comenzaran a seguirlo. Ellos no fueron a donde él para pedirle si podían ser sus pupilos. Tampoco tuvieron que pasar por un proceso de selección... ellos se convirtieron en sus escogidos por la autoridad de su llamado.

¿Escogiendo adolescentes?

En los tiempos de Jesús la comunidad judía reconocía la adolescencia como un período especial de la vida de una persona.

Se solía apartar como un tiempo especial para tomar responsabilidades políticas y religiosas; y se iniciaba con ceremonias especiales. El autor B.A. Hinsdale escribe:

> Muchas tradiciones y leyendas judías representan al héroe tomando su primera gran decisión en la vida al principio de su adolescencia. Según la leyenda, Moisés se fue de la casa de la hija del Faraón a la edad de los doce años, y de la misma edad era el niño Samuel cuando escuchó la voz de Dios en la noche.[27]

Jesús comenzó su ministerio público cuando él tenía alrededor de treinta años. Sus discípulos debieron haber sido más jóvenes y es probable que Pedro haya sido el mayor entre los discípulos, ya que fue designado como líder del grupo. Aunque no sabemos sus edades específicas, podemos suponer que eran jóvenes y que deseaban hacer algo importante con sus vidas.

Los jóvenes hoy en día también están buscando una visión significativa para su futuro. El mundo de los juegos de video y los "reality shows" en la TV sólo han profundizado su hambre y necesidad de vivir experiencias que produzcan una verdadera transformación y les dé una visión convincente, mostrándoles el principal propósito de sus vidas. Afortunadamente, en la Palestina del primer siglo no existían juegos de video tan adictivos como "Grand Theft Auto IV" y "Soul Calibur," pero eso no significa que no tuviesen distracciones y dificultades igualmente preocupantes. Las distracciones eran la riqueza, la pobreza, la religión, las leyes fariseas y la ocupación militar romana. Al observar Jesús la cultura de su época, se propuso una estrategia sorprendente para alcanzarlos: *Escogió un grupo de jóvenes para poner el mundo de cabeza; usó su entorno natural como salón de clases y utilizó el elemento de la aventura para producir en ellos un compromiso radical hacia su misión.*

Los jóvenes siempre han necesitado alejarse de las distracciones para poder dar descanso a sus almas y para aprender a pensar claramente. Observando como Jesús invirtió en sus jóvenes discípulos, vemos que sus necesidades básicas eran las mismas que las de los jóvenes de hoy. Los estudios recientes de Chap Clark sugieren que los ministerios de jóvenes deberían enfocarse en tres objetivos: 1) Desarrollar ambientes propicios para los jóvenes; 2) Proveer a los jóvenes relaciones estables y seguras donde se sientan realmente amados; y 3) Ayudar a que los jóvenes experimenten relaciones auténticas y cercanas con adultos que se interesen en ellos.[28] Esto fue lo que Jesús hizo. Aparentemente *el pasar tiempo en actividades al aire libre* con los doce, fue una de las principales maneras con las que logró este objetivo. La enseñanza vivencial logra este objetivo, pues ofrece escenarios naturales para la toma de decisiones que enseñan a los jóvenes como evitar las distracciones emocionales tan triviales que con frecuencia los consumen. Las excursiones o campamentos al aire libre logran sacar lo mejor de la gente, enfrentándolos con sus miedos y con las percepciones erradas que puedan tener de Dios mismo. A través de este libro veremos como el ambiente al aire libre ayuda a cortar los enredos que estrangulan la gran visión que Dios tiene para nuestras vidas.

Descubrimiento #2: Jesús dirigió excursiones al aire libre

Jesús enseñó a lo largo de caminos, en las cimas de las montañas, en barcas y al descansar en los jardines. Él usó el elemento de la aventura para producir fe. El propósito de Jesús era desarrollar líderes bien formados que fueran resistentes a las tentaciones del mundo. Dios, con frecuencia, permitió que ocurrieran circunstancias atemorizantes para probar la fe de sus seguidores, y así mostrarles que no había nada que fuese muy difícil para él hacer por ellos. *Jesús, copiando un patrón del Antiguo Testamento, con frecuencia orquestó experiencias atemorizantes en ambientes naturales para hacer crecer su fe.* Por ejemplo, después de un largo y agotador día de ministerio, Jesús instruyó a sus discípulos a ir al otro lado del lago para que descansaran:

> Pero se levantó una gran tempestad de viento, y echaba las olas en la barca, de tal manera que ya se anegaba. Y él estaba en la

popa, durmiendo sobre un cabezal; y le despertaron, y le dijeron: Maestro, ¿no tienes cuidado que perecemos? Y levantándose, reprendió al viento, y dijo al mar: Calla, enmudece. Y cesó el viento, y se hizo grande bonanza. Y les dijo: ¿Por qué estáis así amedrentados? ¿Cómo no tenéis fe? Entonces temieron con gran temor, y se decían el uno al otro: ¿Quién es éste, que aun el viento y el mar le obedecen? (Marcos 4:37-41)

La traición de una tormenta furiosa puso a prueba su fuerza hasta el punto que ellos pensaban que iban a morir. Despertándose en la popa del barco, Jesús habló al viento mandándolo a detener su furia y las olas se calmaron. ¡Qué experiencia tan espeluznante debió haber sido ser testigo de una conversación entre Jesús y su creación! Jesús, intencionalmente, orquestó esta experiencia al aire libre para mostrarles que, aunque no tenían ninguna razón para desconfiar de él, todavía les faltaba fe. ¿Acaso podrían haber aprendido la misma lección en un salón de clases en el templo? O como en este caso, ¿era necesario usar el mar como salón de clases y el momento preciso de una tormenta furiosa para transformar sus corazones? Al parecer las Escrituras nos indican que sí fue necesario.

Jesús nos muestra que el ambiente natural es un lugar donde Dios nos sigue llamando la atención. Si Jesús escogió el aire libre como el lugar ideal para transformar a sus discípulos en líderes dinámicos, ¿no será igualmente crítico, especialmente en este mundo cada vez más urbanizado, que los jóvenes tengan un encuentro con él a través de experiencias al aire libre? Hoy en día debemos redescubrir este método antiguo de discipulado el cuál produjo líderes como Noé, Abraham, Sara, Moisés, Jacob, David, Pedro, Santiago, Juan y Pablo. Cada uno de ellos fue llamado y radicalmente moldeado por Dios en diferentes ambientes naturales.

INTRODUCCIÓN

Descubrimiento #3: Cinco piedras lisas de la teología de la vida al aire libre

El desarrollo de un fundamento teológico adecuado para el liderazgo cristiano al aire libre y campamentos de aventuras, requiere mucho más que sólo mencionar unos cuantos versos de la Escritura que parecieran apoyar este tipo de ministerio.

El proceso de hurgar bajo cada piedra de las Escrituras para trazar el tema de la aventura al aire libre a través de la Biblia fue arduo pero emocionante. El primer paso fue identificar todos los versos en las Escrituras que *ilustraban explícitamente el cambio o transformación personal que se hubieran dado a lugar como resultado de una experiencia al aire libre*. A partir de esto desarrollamos una rejilla teológica por medio de la que filtraríamos todos los pasajes. Observamos de quién se trataba el pasaje. Si se trataba de un individuo, un grupo pequeño de personas o una gran multitud. Después observamos en *dónde* ocurrieron los hechos relatados. Si ocurrieron en tierra o en el mar; en el desierto, a la orilla de un río, en una cueva o en un jardín. También observamos si la transformación ocurrió mientras caminaban: en el camino, a través del desierto, en los desfiladeros y valles, o si por el contrario ocurrió en un lugar estacionario: en un campamento, un asentamiento o en algún otro tipo de lugar.[29]

Momentos y condiciones físicas existentes

Luego exploramos el momento específico de los eventos transformadores. Observamos si la transformación ocurrió al individuo o a la comunidad durante un momento sin estrés, o si por el contrario la transformación ocurrió debido a algún tipo de presión estresante externa. Por ejemplo, las condiciones ambientales que contribuyeron al cambio de corazón o de perspectiva: si fue durante una tormenta, en una montaña o en un desierto ardiente. Después observamos más específicamente para determinar qué condiciones físicas estaban presentes durante el evento transformador. Observamos si tenían calor, frío, si estaban mojados, sedientos, hambrientos o cansados.

Condiciones emocionales

Además de las condiciones físicas del momento, rápidamente descubrimos que existía un sinfín de *condiciones emocionales* presentes en estos individuos que pueden haber contribuido a la transformación. Por ejemplo, evaluamos si el miedo, el dolor, la confusión, o si conflictos personales contribuyeron al aprendizaje durante esa experiencia.

Estrés intelectual

También nos percatamos de que, en varios de los casos, había un tipo de estrés intelectual presente durante la experiencia, y que contribuyó al cambio radical del corazón del individuo. Por ejemplo, observamos si la gente estaba *aprendiendo algo nuevo, o estaba recordando algo que ya sabía pero en medio del peligro lo había olvidado.*

Estados del ser

Al analizar la importancia del *momento* de enseñanza en el trabajo transformador de Dios, descubrimos tres tipos de "estado del ser" que ocurrieron comúnmente en las experiencias al aire libre. Siguiendo la línea teológica usada por Walter Brueggemann en *El mensaje de los Salmos*, observamos si el individuo o grupo estaban en un estado cómodo del ser dónde están aparentemente *orientados* y "bien" en su situación. O si estaban experimentando un sentido de *desorientación* cuando estaban siendo retados y sacados de su zona de confort. Por último, observamos si era evidente en el pasaje si el individuo o grupo *habían atravesado* una experiencia desorientadora, y ahora estaban descansando en

INTRODUCCIÓN

un lugar de *nueva orientación* viviendo el crecimiento y la madurez a consecuencia de esa experiencia.

El mensaje

Luego, hurgamos más a fondo para considerar el *mensaje* que estaba siendo enseñado durante estas experiencias al aire libre. ¿Qué estaba enseñándole Dios a la gente? Descubrimos varios temas en común como: el Reino de Dios, la figura paternal de Dios, la ética y la cristología. ¿Por qué Dios estaba enseñándoles estas lecciones en ese momento en particular? ¿Cuál fue el propósito o el objetivo de la lección? Los tres objetivos más comunes que Dios enseñó a su pueblo durante sus experiencias al aire libre fueron: 1) Cambiar su dirección espiritual; 2) Guiarlos para que cambiaran su perspectiva; y 3) Para suplir sus necesidades inmediatas. Al parecer, en cuanto a los cambios de dirección se refiere, Dios enseñó con frecuencia un mensaje en un entorno al aire libre para cambiar la visión que la gente tenía de Dios, para cambiarles la visión que tenían de sí mismos, para cambiar su visión de la comunidad, y para cambiar su visión sobre las naciones (sobre el mundo gentil). Él cambio de visión sobre las naciones frecuentemente les llevaba a descubrir que, su identidad como hijos de Dios conllevaba la responsabilidad de ser misioneros: de llamar a las naciones que se habían alejado de Dios a que regresaran a una relación con él.

A medida que Dios les proveyó una perspectiva nueva a aquellos que estaban experimentando estas vivencias al aire libre, era como si la esencia del mensaje les raspara lo más interno del alma, revelándoles una de tres cosas: 1) El origen de la gente históricamente; 2) Un inventario honesto de dónde estaban ellos en cuanto a su orientación hacia Dios; o 3) Un recordatorio de hacia dónde se dirigirían en el futuro si no respondían a él en obediencia. Cuando yo llevo a la gente en mis excursiones al aire libre, es fácil ilustrar estas lecciones con un mapa topográfico, o en una vista panorámica elevada desde donde podemos ver el progreso que hemos hecho en nuestra jornada. Cada excursión al aire libre tiene un punto de partida y un destino: cada uno requiere de un agudo sentido de entendimiento de dónde estás, de dónde vienes y hacia dónde vas. Más adelante en este libro, veremos con más detalle cómo propiciar momentos oportunos para enseñara través de estas lecciones objetivas al aire libre.

En el desarrollo de esta rejilla teológica para entender las categorías principales de las transformaciones ocurridas en estos pasajes bíblicos, descubrimos cinco principios generales que son el marco de referencia para nuestra *teología de la vida al aire libre*. En un sentido general, todas las experiencias bíblicas al aire libre que explícitamente describen o indican que la transformación ocurrió en el desierto, caben dentro de los siguientes cinco temas, que hemos llamado "Las cinco piedras lisas de la teología de la vida al aire libre."

Cuando el joven David tomó cinco piedras lisas y las puso en su bolsa antes de enfrentar a Goliat, él sabía que tenía la habilidad de derrotar al gigante ya que había practicado lanzando piedras toda su vida. *No eran las piedras las que iban a ganar la batalla, pero sí su destreza con las piedras y el favor de Dios.* Él tenía la confianza que la batalla era del Señor. Mi visión para los líderes cristianos de actividades al aire libre, es que también tengamos este mismo nivel de destreza para guiar efectivamente a la gente en sus experiencias espirituales. Que así como David, que sólo tenía cinco pequeñas piedras para llevar a cabo su objetivo, espero que al aprender los cinco temas de esta teología, los líderes de actividades al aire libre se vuelvan más efectivos. Espero que puedan enfocarse en sobresalir en su destreza como líderes espirituales, sin tener que depender de mucho equipo o accesorios. Así como David hizo, necesitamos practicar las cosas elementales una y otra vez para que tengamos la confianza y la destreza tal, que podamos manejar aún los retos más inesperados.

Sin más preámbulos, ¿cuáles son estas cinco piedras lisas de las transformaciones al aire libre que ocurren en la Biblia? Le llamaremos a la primera piedra TEMPO: El ritmo o tempo del ministerio de Jesús comenzó con un retiro, lo que puso en marcha el trabajo que el Padre tenía preparado para él. Jesús valoraba mucho el *retiro* y lo usaba para la reflexión, para la estrategia y para cambiar visiones equivocadas. La segunda piedra es MOMENTO OPORTUNO Y TERRENO: *El entorno físico y el momento adecuado en el que la enseñanza ocurre* son aspectos de vital importancia para el llamado que Dios le hace a un individuo o a un grupo de personas. Tercero, vemos una recurrencia de PRUEBAS: Las pruebas tiene un propósito... *el entorno al aire libre fue un lugar especial para probar y establecer el carácter de la gente*. Cuarto, el desierto fue el *lugar utilizado para desarrollar* CONFIANZA. La identidad de Jesús y la de su pueblo fueron establecidas en base a una confianza incondicional hacia Dios. Por último, el entorno al aire libre fue usado como un laboratorio para el CAPACITACIÓN de liderazgo. Estos cinco temas conforman el esqueleto de este libro.

Descubrimiento #4: El entorno de la Gran Comisión

El descubrimiento fortuito más sorprendente de todos durante este estudio fue encontrar un pasaje "veta madre" en la Biblia que contiene todos estos cinco temas perfectamente compactados. ¿Sabe usted cuál es este pasaje? ¡El de la Gran Comisión! El relato de la Gran Comisión en el Evangelio según Mateo nos provee un uso conciso de todos estos cinco temas organizados para nuestro estudio sobre la teología de aventura al aire libre.

Estos temas serán entretejidos a través del libro, aunque algunos capítulos se enfocarán más específicamente en cada tema. Por ahora, este es un breve resumen de cómo estos temas están compactados en la Gran Comisión: Primero, Mateo 28:16 dice, "Pero los once discípulos se fueron a Galilea, al monte donde Jesús les había ordenado." En otras palabras, ellos se *retiraron* (TEMPO) para obtener la perspectiva de su misión, y para escuchar la estrategia de Jesús de cómo llevar a cabo su comisión.

Segundo, vemos los elementos del entorno físico y el momento (MOMENTO OPORTUNO Y TERRENO) trabajando en conjunto al Jesús enviarlos *al monte*. Este fue un lugar específico, un monte que probablemente habían ya subido con Jesús anteriormente. El pasaje continúa diciendo: "Y cuando le vieron, le adoraron; pero algunos dudaban." Aquí vemos un ejemplo conciso de como Jesús estaba *probando y estableciendo carácter entre sus discípulos* (PRUEBAS) en el entorno de un monte al aire libre. De la misma manera, Dios probó a Moisés en la montaña, transformó su corazón y su semblante, para luego bajar al valle con un carácter forjado para liderar al pueblo de Israel, sin importar sus tendencias rebeldes.

Mateo continua su relato: "*Y Jesús se acercó y les habló diciendo: Toda potestad me es dada en el cielo y en la tierra.*" En su estilo típico, Jesús va directamente al punto, claramente restableciendo su propia *identidad* (CONFIANZA), y afirmando de una manera inolvidable que su identidad ¡está ahora basada sobre la confianza en aquél que tiene toda la autoridad en el cielo y en la tierra! Su identidad está segura en él. Jesús concluye su Gran Comisión con estas palabras: "*Por tanto, id, y haced discípulos a todas las naciones... y he aquí yo estoy con vosotros todos los días, hasta el fin del mundo.*" Quizás este texto sea la máxima más clásica de liderazgo (CAPACITACIÓN) que ha usado la iglesia a través de toda la historia.

Jesús tenía un tempo en su vida, un ritmo de retiro. Él usó el *terreno al aire libre y el tiempo oportuno para enseñar*, para instruir a sus discípulos sobre los secretos del Reino de Dios. A través de *pruebas* él estableció una *confianza* permanente en sus seguidores. Él estaba *entrenándolos* para que fuesen leales y resistentes, y que pudieran cumplir fielmente su Gran Comisión. Las Escrituras revelan que el entorno al aire libre fue primordial para su estrategia.

INTRODUCCIÓN

Nota Editorial: En la lengua inglesa la palabra "wilderness" cambia de significado según sea su contexto. Por esto el autor, en el texto original en inglés, utiliza el término "wilderness" para definir una variedad de lugares y situaciones, y también lo usa como adjetivo calificativo. En inglés la palabra "wilderness" también se intercambia con el término "outdoor" (al aire libre) y algunas veces con la palabra "desert" (desierto). Debido a la complejidad del concepto, la palabra "wilderness" no se puede expresar en la lengua castellana con una sola palabra. Por esta razón, y con el permiso del autor, hemos escogido usar varios términos para expresar este concepto tan complejo. Por razones de semántica, y para ayudar al lector a entender de mejor manera la intención del autor, hemos definido la palabra "wilderness" como "yermo" cuando su uso sea en relación directa a un lugar inhóspito o desolado. Así mismo, el concepto "wilderness" ha sido englobado en la expresión "al aire libre" la cual utilizaremos entre comillas cuando sea en referencia directa a la palabra "wilderness," y sin comillas cuando sea en referencia al ambiente natural o al término "outdoor." Sin embargo, para obtener una definición más precisa en algunos ejemplos, se utilizaron términos como: desolación, lugares desolados, naturaleza, creación de Dios, entornos silvestres, etc.

EL YERMO

La historia del yermo...

Trepando entre las rocas, zigzagueando entre arbustos desérticos y el pasto silvestre, Jesús estiraba sus pies para asegurarse que pisaba firme cuando finalmente alcanzó la cima. El viento soplaba con acordes menores, y la tormenta sonaba como el tema de apertura de una película de misterio. Él se sentó en silencio y cual águila miraba fijamente el pequeño bote enclavado por el viento en la mitad del lago, mientras que sus amigos remaban desesperadamente. Él estaba esperando, esperando y esperando. "Padre, ¿debo ir ahora?," preguntó. Recibió una respuesta suave "Todavía no," lo que lo preocupaba aún más. Él no disfrutaba ver a sus amigos sufrir, pero en la sabiduría profunda del Padre, él sabía que ellos necesitaban esta experiencia para sacarlos del pozo de la incredulidad.

Finalmente, siendo azotado por el viento y en el medio de la oscuridad, Jesús se puso de pie, amarró sus sandalias y se preparó para bajar a la orilla del agua. Bajar fue un alivio. Él sabía que pronto sus amigos serían liberados del doloroso apuro con el que habían estado luchando. Con la arena entre los dedos caminó entre la espuma de las olas. Luego, con tan sólo pensarlo pisó el brillante reflejo del agua y recorrió el resto del camino hacia la tambaleante barca. Parándose sobre las mismas olas que amenazaban con volcar la pequeña embarcación repleta de hombres aterrorizados, él pretendió caminar cerca de ellos, mientras luchaban por no perecer. Uno de ellos vio una sombra y gritó aterrado del miedo "¡Es un fantasma! Pero enseguida Jesús les habló, diciendo: "¡Tened ánimo; yo soy, no temáis!" (Mateo 14:26-27). Dios utilizó la desolación en estas aguas bravas para despojarlos de sus caretas y exponer la esencia de quienes ellos eran realmente. Estos hombres estaban realmente necesitados de mucha fe. Su visión humana estaba nublada y les estorbaba para liberar su fe. Ahora, después del estrés de esta aventura, Jesús los tenía en la palma de sus manos. Él se acercó a ellos cuál alfarero a su rueda. El propósito de Dios es moldear a sus discípulos en vasijas para un propósito noble. Así como las ovejas tiemblan cuando su pastor les va a esquilar... Dios usa la desolación que sentimos en la naturaleza junto con todas sus aventuras y circunstancias terribles para permearnos de fe y confianza. Jesús los amó lo suficiente como para esperar en la montaña lo necesario para hacerlos llegar a un punto de desesperación. Después vino a rescatarlos, y su gigantesca incredulidad se derrumbó ante el rostro y abrazo amoroso de su Maestro quien tiene toda autoridad sobre la creación.

Cuando Jesús creó el mundo, en perfecta comunión con la Trinidad, creó desiertos, lugares desolados y solitarios. Muchos de estos paisajes han sido poblados densamente, pero aún se conservan algunos lugares que ofrecen silencios ininterrumpidos para estar quietos y conectarnos con Dios. La tierra ya no es una superficie llena de lugares salvajes e inhóspitos, es también un globo lleno de mega ciudades y de extensa urbanización. Pero, en gran parte del mundo, aún se pueden encontrar lugares solitarios. Necesitamos de esos lugares.

¿Qué es el yermo?

Con tan gran variedad de lugares al aire libre en nuestro mundo, ¿cómo podemos comparar nuestro ambiente local con la definición bíblica de yermo? Si vivo cerca de una selva en Brasil, ¿se parecerán mis encuentros en el yermo con los que se encontraron los personajes bíblicos que deambulaban por desiertos completamente secos? ¿Será que el andar por los parajes de los exuberantes montes de los Fiorlands de Nueva Zelandia se puede comparar con las travesías que los antiguos hebreos hacían por las tierras desérticas? Acaso el término "yermo" describe soledad o se refiere específicamente a la geografía, el clima, la flora, la fauna, etc. Estas son preguntas importantes. Para tener un fundamento teológico confiable para los ministerios "al aire libre," necesitamos una definición de yermo para que podamos relacionar nuestras experiencias con las experiencias en el yermo que encontramos en la Biblia.

Los autores bíblicos usaron varios términos para definir yermo como un lugar desértico, tierras desoladas o inhabitadas. En un artículo escrito por Robert Funk, él usa una definición geográfica para describir el término yermo como aparece a través de las Escrituras hebreas y el Nuevo Testamento:

> De acuerdo a la cantidad de precipitación anual... la parte baja del Valle Rift amerita la descripción de desierto. Por otra parte, ésta área desértica cubre la parte baja del valle con la forma de una 'U' invertida, que se eleva hacia la colina en el lado oeste hasta casi llegar a Jerusalén; abarca todo el sur de Judá y la parte este de la meseta central... Aparte de algunos asentamientos que sobreviven con elaborados sistemas de riego y puestos militares, el desierto de Judá nunca ha sido habitado. Aunque es importante resaltar, que aún hoy en día, ésta área todavía es dominada por los beduinos, pobladores nómadas del desierto.[30]

Definiendo el yermo

Necesitamos parámetros para definir yermo, de otro modo llamaremos a cualquier ambiente natural como yermo. El peligro de este enfoque es que si cualquier ambiente externo es considerado yermo, entonces nada será considerado yermo. Por el contrario, yo creo que la Biblia utiliza el término yermo para describir lugares con cualidades únicas. *Por lo tanto, definiremos yermo como lugares cuya proximidad a la civilización es remota y están muy poco habitados.* Yermo es cualquier lugar en donde la creación natural predomina en el paisaje, por lo que está lo suficientemente retirado de la civilización, como para que nuestros sentidos estén más influenciados por la fuerza de la naturaleza que por las comodidades de la civilización. Para efectos prácticos, utilizaremos tres estándares para describir lugares yermos, que a nuestro entender, son paralelos de la definición del yermo en la

Biblia: 1) Las referencias bíblicas para el término yermo son en relación al desierto o tierras desoladas e inhabitadas por el hombre; 2) los estándares de la Ley del Yermo de los Estados Unidos de América de 1964, escrita por Howard Zahniser, que describe yermo como paisajes prístinos que "no han sido perturbados por el hombre"[31] ; y 3) los estándares del Instituto de Medicina en Áreas Agrestes" (ó WMI por sus siglas en inglés) de la Escuela Nacional de Liderazgo en Experiencias Al Aire Libre (NOLS por sus siglas en inglés) especifican que si una persona está a más de una hora de asistencia médica, esto se considera "yermo." Por consiguiente a la hora de proveer ayuda médica y administrar primeros auxilios, las prioridades a considerar son diferentes debido a los riesgos de exposición al ambiente y al clima. Esta es una definición más práctica y útil puesto que es más cuantificable.

En el Nuevo Testamento "yermo" se refiere al desierto del Sinaí o de Judea (no sólo Judá), incluyendo la parte baja del Valle del Jordán y así como las laderas orientales del valle también. Esta descripción es importante para nuestra teología del yermo porque debemos entender que "yermo" como se menciona en el Antiguo y Nuevo Testamento es un lugar específico y no una metáfora. Esta distinción tiene implicaciones enormes para nuestra teología. En última instancia, deseamos ver más líderes cristianos cambiando la forma en cómo enfocan la formación espiritual y el discipulado al implementar más el aprendizaje vivencial y las experiencias al aire libre. Así que este capítulo es muy importante para fortalecer nuestro argumento de que un enfoque primordial en la metáfora del yermo y "nuestra propia experiencia personal al aire libre" no es suficiente fundamento si estamos comprometidos a poner en práctica el modelo de aprendizaje de Jesús. Él raramente aludió a "experiencias espirituales personales al aire libre" con sus discípulos. Por el contrario, él los llevó al verdadero yermo físico para estirar sus músculos espirituales e incrementar su capacidad de liderazgo.

EL YERMO

En las Escrituras, el término yermo es usado con frecuencia para describir un lugar específico más que un término en general. Sin embargo, el "yermo" es usado en la Biblia de vez en cuando como metáfora. Según se considera en el Medio Oriente yermo es usado en ocasiones con la connotación de que no es un lugar específico, pero esto es poco común en el texto bíblico.[32]

Desde una perspectiva global, McCloskey y Spalding proveen una perspectiva contemporánea en la manera que yermo se usa interculturalmente:

> El término "yermo" es usado primordialmente en América del Norte, Australia, Nueva Zelandia y Sudáfrica. En otros lugares el término "tierra salvaje" puede que sea usado más comúnmente para el tipo de terreno identificado en este inventario, pero no existen definiciones aceptadas de este término. En algunos lugares, tierra salvaje incluye terrenos con caminos de tierra y niveles limitados de explotación de recursos.[33]

Ellos también ofrecen un análisis más profundo en cuanto al valor intrínseco del yermo y su importancia en términos ambientales. También nos dan una descripción de cómo la comunidad internacional describe su preocupación y afecto por lugares silvestres:

> En contraste, el término "yermo" goza de una definición más concreta en los lugares en donde se usa así como en el creciente grupo de textos que desarrollan sus valores. Sus valores pueden agruparse en cuatro grandes categorías: (i) biológica: como referencia y reserva genética para medir cambios; (ii) geofísica: para amortiguar el cambio climático y para mejorar la función de las cuencas hidrográficas; (iii) recreacional: como lugar para el descanso, la aventura y el redescubrimiento, y (iv) moral: como lugar en donde otras fuerzas y las criaturas pueden buscar su destino sin el dominio del hombre; e incluso en algunos casos, es el verdadero territorio habitado por algunas tribus indígenas.

Términos usados en el Antiguo Testamento para "yermo"

Existen cuatro palabras principales en el lenguaje hebreo que son utilizadas en el Antiguo Testamento para describir el yermo. Estas son: *midbbar, arabah, korbah* y *yeshimon*. En el griego existen dos palabras (con la misma raíz) usadas en el Nuevo Testamento: *eremia y eremos*. En las páginas restantes de este capítulo estudiaremos estos términos usados para desierto o yermo para así lograr un mayor entendimiento de cómo usar el término "yermo" hoy en día.

Midbbar

"Pero he aquí que yo la atraeré y la llevaré al desierto, y hablaré a su corazón." —Oseas 2:14

Midbbar es un nombre especial para el yermo, el cual es usado para describir el valle profundo del Jordán que se extiende desde el lago Tiberias hasta el golfo de Akabah. Esta palabra está particularmente asociada al valle bajo el nivel del mar al norte y sur del mar Muerto también conocido como el Gran Valle del Rift. Midbbar es la palabra más comúnmente usada para describir el "desierto" en la Biblia. Describe un paraje primordialmente usado para apacentar ganado. La palabra significa "conducir" de llevar rebaños de ovejas. Estas regiones midbbar se encontraban cerca de las ciudades, pero eran definitivamente tierras inhabitadas. Midbbar también describe la ubicación de las peregrinaciones de Israel en el desierto en la parte norte de la península del Sinaí.

¿Pero cómo se veía? Para aquellos que no hayan pasado mucho tiempo en el desierto, pudieran imaginar un tierra vasta y baldía de arena como el desierto del Sahara. Pero para la gente de Israel, el desierto más cercano a esa descripción quedaría a varios días de camino en Arabia. Más bien, el escenario de fondo del peregrinaje de Israel era terreno rocoso, con algunas plantas silvestres resistentes y con muy pocas fuentes de agua. La lluvia era escasa pero cuando caía el desierto volvía a la vida. Las plantas, hierbas y flores que pacientemente han esperado por la lluvia brotan y germinan gozosas casi de la noche a la mañana. La visión de Isaías de la renovación de Israel era una imagen sacada de lo que él hubiera visto en el desierto después de la lluvia: "Se alegrarán el desierto (midbbar) y la soledad (tsiyah); el yermo (arabah) se gozará y florecerá como la rosa." (Isaías 35:1).

EL YERMO

Considerando la escasez de plantas desérticas en esta región, es realmente un milagro que durante cuarenta años millones de Israelitas hayan sobrevivido a través del yermo. El hecho que hubiera suficiente comida para que su ganado sobreviviera quizás sea el más grande de los milagros, debido a la escasa lluvia y vegetación de esta región del mundo. Los hebreos habían venido de un lugar cerca al delta de Nilo donde había abundante cantidad de tierras aptas para la cosecha y para alimentar a millones de personas, pero ahora en el desierto del Sinaí no había tierra fértil alguna. Tenían que depender del Señor para proveerles cada alimento, cada lluvia y cada primavera para que tanto ellos como su ganado pudieran beber.

Midbbar es también usado para describir montañas, valles y las verdes llanuras alrededor de la ciudades de Palestina, donde Israel finalmente se asentó después de la muerte de Moisés cuando cruzó el río Jordán hacia la Tierra Prometida. Jesús eventualmente viajaría por tierras desiertas como estas con sus discípulos. Este paisaje, donde pastores nómadas podrían pastar su ganado libremente, le permitía a Jesús múltiples oportunidades para usar analogías (metáforas o imágenes) sobre pastores y ovejas. Alfred Ely Day escribe lo siguiente para describir estas regiones:

> Para obtener agua, los pastores y sus ganados viajaban largas distancias hacia pozos, arroyos o riachuelos tratando de llegar a ellos cerca del mediodía, para descansar aproximadamente una hora en las sombras de las peñas o quizás debajo de algún techo sobresaliente.[34]

Después de escapar de Egipto, fue en este tipo de paisaje que Moisés pastaba el ganado de Jetro su suegro. Él llevó su ganado hasta el lado oeste del yermo hasta que llegó al monte de Horeb, el monte de Dios (léase Éxodo 3:1). Después de que Dios los comisionara a pedir la liberación de Israel de su cautividad en Egipto, Moisés y Aarón se presentaron ante el Faraón. Sintiendo la responsabilidad del cuidado de los hebreos ellos pronunciaron el célebre oráculo: "Jehová el Dios de Israel dice así: Deja ir a mi pueblo a celebrarme fiesta en el desierto." (Éxodo 5:1) Dios estaba liberando a Israel en el desierto para que comenzara a experimentar la libertad y seguridad que proviene de servirle solo a él (Éxodo 7:16). Esto no sería una "fiesta" como la entendemos nosotros, pero sería una larga celebración de dependencia absoluta en Dios. El yermo sería un lugar duro y poco acogedor, pero el Señor los estaba llevando en esta experiencia para refinar su confianza en él. Yo también visualizo las experiencias al aire libre de la misma manera; no son una fiesta constante, porque no todo es diversión ya que los retos en el yermo son inevitables, pero si son un tipo de *celebración prolongada*. Es como una gran baile pero sin máscaras, en el que los participantes experimentan el despertar de una nueva libertad en sus almas, a través de experiencias transformadoras que les enseñan a depender de Dios aún para las cosas más básicas de la vida.

Durante su travesía por el desierto, el Señor los tenía guardados y seguros en la palma de su mano, pero su fe sería puesta a prueba al no encontrar agua por muchos días (léase Éxodo 15:22). Después de mucho protestar y quejarse, actitud que revelaba la inmadurez de su nueva fe, "ellos miraron hacia el desierto, y he aquí la gloria de Jehová apareció en la nube." (Éxodo 16:10) Es importante hacer una pausa y realmente entender el significado de que durante su cautividad en Egipto los hebreos se dejaron arrastrar por el politeísmo, alejándose así de su lealtad hacia un solo Dios. El regresar al monoteísmo (la adoración a un solo Dios) de sus ancestros como Adán, Abraham, Isaac, Jacob y José era toda una nueva experiencia para ellos, porque así como los egipcios de ese tiempo, ellos también habían caído en el politeísmo. En retrospectiva podemos ver que, esta larga experiencia en el desierto fue ordenada por Dios para realmente poner a prueba el compromiso de ellos solamente con Dios, a fin de que, un día, grupos de personas pudieran ser bendecidas por lo que ellos aprendieron del único Dios verdadero, Jehová. Nuestro Dios amante de la aventura atizó todos sus recursos para asegurarse de que el pueblo hebreo tendría por siempre, arraigado en el seno de sus comunidades, el conocimiento de él y el camino a la salvación eterna solamente a través de él. Cuando los riegos eran altos, el yermo fue uno de los instrumentos favoritos de Dios para garantizar una transformación permanente en la comunidad. No hay ninguna razón para pensar que esto no es así hoy en día.

A través de pruebas y ensayos, Israel vagó durante muchos años en total dependencia de Dios para la satisfacción de sus necesidades básicas. Con suspiros de alivio, justo antes de entrar en una tierra en la que fluye leche y miel (léase Josué 5:6), Moisés reveló el propósito definido que Dios tuvo en mente durante los años en que estuvieron vagando:

> Y te acordarás de todo el camino por donde te ha traído Jehová tu Dios estos cuarenta años en el desierto, para afligirte, para probarte, para saber lo que había en tu corazón, si habías de guardar o no sus mandamientos (Deuteronomio 8:2)

Esto me recuerda de lo que se siente cuando se regresa a las comodidades de la civilización después de una intensa aventura con un grupo. Es un alivio tener comodidades, pero muy a menudo algo ha cambiado en mi alma como consecuencia del tiempo a solas vivido con Dios en su creación. El ser retados a salir de nuestra zona de confort, nos ayuda a ver lo que está verdaderamente en nuestros corazones para poder orientarnos de vuelta hacia la fidelidad de Dios.

Muchos años después de este evento en el yermo, las doce tribus de Jacob finalmente se asentaron en la Tierra Prometida. Ellos se habían asentado en Palestina, pero sus pruebas aún no habían terminado. En una de sus frecuentes escaramuzas con los filisteos, se nos presenta a un joven pastor de rebaño que vivía en la *midbbar* (desierto) cuidando las ovejas de su padre Isaí (léase 1 Samuel 17:28). Cuando Isaí envía a David a las líneas de batalla, observamos que Dios había formado a este joven guerrero a través de sus experiencias en el yermo para tener el coraje y la fe para ser el futuro líder de Israel.

Este pastor curtido por el yermo, David, escribió la mayoría de los Salmos. Curiosamente, las palabras "yermo" y "desierto" en los Salmos son la mayoría de las veces las traducciones de la palabra *middbar*, esta tierra desolada y solitaria para conducir rebaños con la que David estaba bien familiarizado. Durante los últimos tres mil años, los Salmos han servido como el libro principal de oración para que las personas adoren y se acerquen a Dios. Es interesante señalar que el pastor-autor principal de este libro de oración pasó la mayor parte de su juventud vagando a través de estos áridos paisajes (*midbbar*) conduciendo ovejas. Él habría pasado muchas de sus noches calentándose al lado de un fuego bajo cielo estrellado de la noche. Algunos ejemplos de los salmos del desierto escritos por David (y Asaf) nos muestran cómo un terreno de rocas y animales silvestres fue instrumental en forjar un pueblo de fe:

¡Cuántas veces se rebelaron contra él en el desierto,
Lo enojaron en el yermo! (Salmos 78:40).

Voz de Jehová que hace temblar el desierto;
Hace temblar Jehová el desierto de Cades (Salmos 29:8).

Hendió las peñas en el desierto,
y les dio a beber como de grandes abismos (Salmos 78:15).

Destilan sobre los pastizales del desierto,
y los collados se ciñen de alegría (Salmos 65:12).

Vuelve el desierto en estanques de aguas,
y la tierra seca en manantiales (Salmos 107:35)

Previendo el Día del Señor y el regreso de Cristo, Isaías también profetizó cómo su redención sería como transformar un duro y desolado desierto en un nuevo Edén:

Ciertamente consolará Jehová a Sion; consolará todas sus soledades, y cambiará su desierto en paraíso, y su soledad en huerto de Jehová; se hallará en ella alegría y gozo, alabanza y voces de canto (Isaías 51:3)

Dios está dedicado a transformar las almas de las personas. Y el desierto es uno de sus instrumentos preferidos para producir el tipo de cambio que pone y ajusta a su gente con su diseño. El desierto puede ser un sitio duro y desolado (yermo), pero este produce una confianza serena en aquellos que son entrenados por él.

Arabah

Además de aprender una nueva palabra, usted puede impresionar a sus amigos cuando juegue Scrabble, al aprender que hay otro término que se suele usar para "desierto" en la Biblia: *arabah*. Esta palabra se refiere a una región ubicada en una depresión geográfica, un amplio valle al norte y al sur del mar Muerto. Es la depresión más profunda y caliente en el mundo. *Arabah*, se usa algunas veces como nombre propio, y se escribe Arabá en castellano; es un término que se refiere a la ubicación concreta del valle del Jordán. Es traducido por la palabra "desierto" en Isaías 40:3; Jeremías 5:6; 51:43, etc. . La palabra arabah, que describe esta región, tiene una connotación de esterilidad debido a la dureza de este clima. Por lo general se traduce "campos" o "estepa." Por ejemplo, hay varias referencias a los "campos de Moab," que era la ubicación del campamento de Israel en el lado oriental del río Jordán sólo opuesto a la ciudad de Jericó.

Antes de encargarle a Josué el cruzar hacia la Tierra Prometida con el pueblo, Moisés murió en el monte Nebo, el cual se encuentra en la región denominada *Arabá* (traducida en el texto en castellano como "campos"): "Subió Moisés de los campos de Moab al monte Nebo, a la cumbre del Pisga, que está enfrente de Jericó; y le mostró Jehová toda la tierra de Galaad hasta Dan." (Deuteronomio 34:1) Curiosamente, el "mar Muerto," tal como la entendemos hoy en día, también fue llamado el mar de Arabá (Josué 3:16).

La conocida profecía de Isaías que Juan el Bautista cita justo antes del bautismo de Jesús, usa esta palabra hebrea *arabah* para referirse a la soledad: "Voz que clama en el desierto: Preparad camino a Jehová; enderezad calzada en la soledad (arabah) a nuestro Dios." (Isaías 40:3) Es una distinción importante el notar que esta palabra arabah se usa aquí porque el ministerio de Juan el Bautista de hecho se desarrolló en este mismo lugar, a lo largo del Jordán, en la región muy seca y desértica mencionada como arabah en todo el Antiguo Testamento. Esta profecía anunciada aproximadamente setecientos años antes del nacimiento de Juan el Bautista, no fue sólo específica acerca de la preparación del camino por Juan el Bautista para el ministerio de Jesús, sino también fue *específica en señalar una ubicación determinada de la región en la que esta profecía se llevaría a cabo.* Y Jesús cumplió esta profecía a través de su bautismo en el Jordán, en la región de *arabah* tal como lo dijo Isaías. ¡El cumplimiento de la profecía no podría haber sido más preciso!

Korbah

Korbah es una palabra menos usada normalmente, pero contiene un fuerte sentido de sequedad y desolación. Es comúnmente traducida como "soledades," "desolación" y "desierto." Por ejemplo, Isaías recuerda a Israel, "No tuvieron sed cuando los llevó por los desiertos; les hizo brotar agua de la piedra; abrió la peña, y corrieron las aguas." (Isaías 48:21) Más tarde, Isaías describe una visión de una situación de renovación y restauración aparentemente imposible que se asemeja a un desierto que de repente es salpicado de vida y color extraordinario, que se asemejan al Edén.

Esto también es lo que Dios hace cuando él realiza una nueva creación, cuando una persona cruza de la muerte a la vida a través de la fe en su Hijo Jesús. Es como el ser llevado de una tierra desolada y árida a un Edén, lleno de imágenes, sonidos y vida que hacen que nuestros sentidos se despierten a su diseño original. Al fin, somos salvados de la árida desolación de vivir solos en rebeldía contra Dios. De acuerdo a la visión profética de Isaías, *la reconciliación con Dios es más ¡dramática y milagrosa que la conversión de un desierto sin vida a un huerto del Edén!*

> Ciertamente consolará Jehová a Sion; consolará todas sus soledades (korbah), y cambiará su desierto (midbbar) en paraíso, y su soledad (arabah) en huerto de Jehová; se hallará en ella alegría y gozo, alabanza y voces de canto (Isaías 51:3)

EL YERMO

Yeshimon

Otra palabra de menos uso pero importante es *yeshimon*, que significa literalmente, "estar vacío." La mayoría de las veces representa "el desierto" en castellano, denota las extensiones de tierra desolada en la parte oriental y occidental a orillas del mar Muerto (mar de Sal). Se aplica especialmente a la península de Arabia, el más terrible y remoto de todos los desiertos (con el que los Israelitas estaban bien familiarizados), y es un nombre muy apropiado para esa región. Adicionalmente, la palabra *yeshimon* sin el artículo se encuentra en unos pocos pasajes bíblicos de poesía en la que se presenta como, "desierto."35 Otra notable ocurrencia de esta palabra está en Números 23:28: "Y Balac llevó a Balaam a la cumbre de Peor, que mira hacia el desierto." Esto me recuerda lo impactante que es llevar a un grupo de personas a la parte superior de un pico para ofrecerles un poco de perspectiva. Balaam le dio a Balac una perspectiva impresionante.

Describiendo la protección amorosa de Dios para con Jacob en el desierto (yeshimon), Moisés recitó una canción que se convertiría en una canción de remembranza conocida, pasando de generación en generación: "Le halló en tierra de desierto (midbbar), y en yermo de horrible soledad (yeshimon); Lo trajo alrededor, lo instruyó, Lo guardó como a la niña de su ojo." (Deuteronomio 32:10) Del mismo modo David utiliza esta palabra en recuerdo de cómo Dios se puso al frente de su pueblo: "Oh Dios, cuando tú saliste delante de tu pueblo, cuando anduviste por el desierto (yeshimon)." (Salmo 68:7)

Dos cosas que son deseadas por los peregrinos que vagan por un desierto son el *agua* y un *terreno suave* para caminar. Un camino rocoso se vuelve un poco tedioso después de un rato de andar por él. Los músculos se fatigan y los tobillos duelen de tanto subir y resbalar por las piedras. Hay dos pasajes que usan la palabra *yeshimon* para describir muy bien este contexto. El Salmo 106:14 describe la sed insatisfecha de Israel en el desierto: "Se entregaron a un deseo desordenado en el desierto (midbbar); Y tentaron a Dios en la soledad (yeshimon)." Y el pasaje de Isaías

43:19 ofrece una visión de esperanza para un indulto eventual: "He aquí que yo hago cosa nueva; pronto saldrá a luz; ¿no la conoceréis? Otra vez abriré camino en el desierto (midbbar), y ríos en la soledad (yeshimon)." Mediante fuertes desafíos, las experiencias en el desierto nos enseñan a ver lo que más anhelamos. Un buen vaso de agua fría o una "carretera en el desierto" bien mantenida, serían sin duda, un cambio bienvenido en un día difícil entre la maleza de la montaña, pero el Señor tiene un regalo aún mayor para aquellos que pertenecen a él. Él envió a su Hijo, que dio su vida para ser esa misma agua y ese camino en el desierto en el que podemos caminar. Cristo colgado en la cruz de madera no fue solo un acto de heroico martirio. Más que eso, el cambió la realidad en el cielo y en la tierra para siempre.

Santiago nos recuerda también que las pruebas, aunque sean inconvenientes, no son del todo malas porque en realidad nos ayudan a aumentar nuestra resistencia y perfeccionar nuestros deseos de estar alineados con lo que desea el Espíritu de Dios (léase Santiago 1:2; Gálatas 5:17). Las experiencias en el yermo nos enseñan lo que debemos desear: Dios.

A aquellos que pongan su fe y lealtad en Jesús, de repente se les aparecerá por debajo de sus pies un sendero estrecho que les mostrará el camino que deben seguir. A diferencia de las religiones mundanas que promueven buenas obras para ganar acceso a la vida después de la muerte, Jesús de Nazaret nos mostró un camino diferente. Irónicamente, no hay *forma ni manera* de ganarnos la entrada al favor de Jesús. Por el contrario, nos sorprende el saber que él mismo es el camino, y no nuestras buenas obras. Esperemos entonces que las experiencias en el yermo nos hagan desear el *beber* de la Fuente que nunca deja de satisfacer y anhelar el caminar por ese camino o terreno *suave* (Cristo) mientras andamos en este viaje peligroso llamado vida. Un líder cristiano capacitado en experiencias al aire libre, puede utilizar estos momentos de conciencia despierta para enseñar a sus participantes que el Sendero Nivelado y el Agua Viva son Jesús: "Las fieras del campo me honrarán, los chacales y los pollos del avestruz; porque daré aguas en el desierto (yeshimon), ríos en la soledad, para que beba mi pueblo, mi escogido." (Isaías 43:20)

Términos usados en el Nuevo Testamento para el "yermo"

Eremia y eremos

Tal como David, en el Antiguo Testamento hay una miríada de otros líderes formados en el desierto. Un par de nuevas figuras en el Nuevo Testamento también fueron profundamente impactadas por su ministerio en el yermo. El trasfondo del ministerio de Juan el Bautista fue el yermo. Hablando de Juan, Lucas escribe: "Y el niño crecía, y se fortalecía en espíritu; y estuvo en lugares desiertos hasta el día de su manifestación a Israel." (Lucas 1:80) Más adelante, el apóstol Pablo reanudaría su ministerio en el desierto de Arabia, de manera que Dios lo estableciera a él sobre nuevas bases con comprensión cristalina del evangelio y de cómo Jesús cumplió las profecías mesiánicas (léase Gálatas 1:16-18). Una y otra vez, la soledad con Dios en el yermo parece ser un instrumento de fortalecimiento espiritual de algunos de nuestros líderes de la fe más famosos.

En todo el Nuevo Testamento dos palabras, eremia y eremos, se utilizan para describir yermo o desierto. Éstas se centran principalmente en la falta de población de una región, en vez de en un lugar de escasa vegetación o descripciones topográficas agrestes. Es importante que entendamos esto por si tenemos que responder a algunas de las preguntas planteadas al principio de este capítulo, por ejemplo, ¿se considera como "yermo" a una selva exuberante o la Biblia no deja espacio para ese tipo de consideración?

Debido a que eremia y eremos generalmente denotan un lugar donde hay pocos habitantes, es evidente que podemos hacer ese paralelo exegético. Los escritores del Nuevo Testamento utilizan estos términos para describir lugares desiertos, regiones solitarias y sin labrar, tierra despoblada apta para pastoreo de rebaños. Es interesante el hecho de que, cuando estas palabras son personificadas en el Nuevo Testamento las mismas describen a personas que han sido abandonadas por otros, o que se ven privadas de ayuda o protección, especialmente de los amigos y de la familia. Por ejemplo, estas son las palabras que definen un rebaño abandonado por su pastor o, en un caso raro, una mujer descuidada o abandonada por su esposo.[36] En todos estos casos, el significado primario de eremia y eremos describe lugares desiertos, regiones áridas, la soledad (léase Mateo 12:43; Lucas 11:24).[37]

El evangelista Marcos utiliza estas palabras cuando él escribe: "Pero ido él, comenzó a publicarlo mucho y a divulgar el hecho, de manera que ya Jesús no podía entrar abiertamente en la ciudad, sino que se quedaba fuera en los lugares desiertos; y venían a él de todas partes." (Marcos 1:45) Y Mateo escribe: "Cuando anochecía, se acercaron a él sus discípulos, diciendo: El lugar es desierto, y la hora ya pasada; despide a la multitud, para que vayan por las aldeas y compren de comer." (Mateo 14:15) El denominador común de estos lugares naturales al aire libre es un ambiente relativamente desolado y deshabitado por el hombre.

Por lo tanto, ¿cuáles son las claves teológicas conclusivas que podemos extraer de estos estudios de palabras? Louw y Nida nos ofrecen una explicación muy útil y concisa de cómo interpretar las palabras "yermo" y "desierto" en el Nuevo Testamento con integridad bíblica, y una aplicación contemporánea y relevante:

> En todo el NT eremia y eremos se concentran principalmente en la ausencia de población, más que en un lugar de escasa vegetación, aunque los dos aspectos están estrechamente relacionados ecológicamente con el medio ambiente en el Medio Oriente. En la mayoría de los idiomas, el equivalente más satisfactorio a eremia y eremos es una palabra o frase que sugiere un lugar en donde viven pocas personas, si acaso. Tales expresiones son en general mucho mejor que una palabra que significa "sitio desolado" o "un lugar de arena," ya que en algunos idiomas tales expresiones podrían significar sólo un espacio claro del bosque o en una playa de arena a lo largo de un río. En el caso de las traducciones que se realizan a las personas que viven en zonas selváticas, sin embargo, tal vez sea

necesaria una nota al pie de página que describa el significado de un eremia en los tiempos del NT.[38]

Por lo tanto, para aquellos que viven en un lugar que tenga acceso a bellas zonas silvestres llenas de flores silvestres y cascadas efusivas, es perfectamente adecuado el conectar su experiencia en el desierto con aquella de antepasados errantes por el desierto en la Biblia. Estas son regiones solitarias. Y para aquellos que tienen acceso a selvas para tener experiencias de aventura, lo mismo es verdad. Incluso las experiencias en el yermo, donde se incluye agua, como kayak de mar, vela, rafting, pueden colocar esta definición al buscar oportunidades para la soledad lejos de la civilización en un paisaje netamente natural. Mateo nos dice que, cuando Jesús necesitó procesar y sufrir la pena de la muerte de Juan el Bautista, "Oyéndolo Jesús, se apartó de allí en una barca a un lugar desierto y apartado; y cuando la gente lo oyó, le siguió a pie desde las ciudades." (Mateo 14:13) Todos necesitamos un lugar aislado de vez en cuando.

SECCIÓN I: TEOLOGÍA

CAPÍTULO 1: TEMPO

Un ritmo de dedicación y descanso

Mi maestro de banda de quinto grado me enseñó la importancia del tempo en la música. Yo quería ser el baterista de una banda de rock porque me parecía que golpear los tambores era fácil. ¡Cuán equivocado estaba! Tuve que aprender a tener ritmo y a mantenerlo durante toda la pieza, para que los demás miembros de la banda pudieran orquestar sus diferentes partes armoniosamente. Cuando los bateristas disminuían el tempo, el director nos detenía a todos y nos reiteraba la importancia de nuestro papel en mantener el ritmo. Teníamos que aprender a concentrarnos en el ritmo, en vez de escuchar a todos los demás instrumentos. Para mantener el tempo es necesario ignorar las distracciones. Creo que no fue sino hasta el séptimo grado que finalmente lo entendí, y qué diferencia hizo. Después de un concierto de Navidad quedé muy emocionado cuando terminamos de tocar todas nuestras canciones lo mejor que pudimos. El aplauso final me hizo sentir alivio y una gran sonrisa en mi rostro.

Si no establecemos algún tipo de tempo o de ritmo en nuestra vida espiritual, todo lo demás queda desbalanceado. Uno de los patrones más sorprendentes de la vida de Jesús fue su ritmo. El tempo que él modeló para sus discípulos fue sorprendentemente simple. El movimiento de su ministerio estaba compuesto de dos estrategias básicas. Comenzaba con el reposo, la reflexión y el *retiro* con el Padre. Luego de este jardín tranquilo de comunión con el Padre celestial, emprendía su jornada cual copa rebosante hacia las ciudades palestinas, pueblos y aldeas, con una capacidad increíble para desempeñar el arduo trabajo al que fue llamado. En los términos más sencillos, *su tempo fue un patrón de retirarse para estar a solas con Dios, y luego abordar a la civilización con el mensaje y el ministerio del evangelio.*

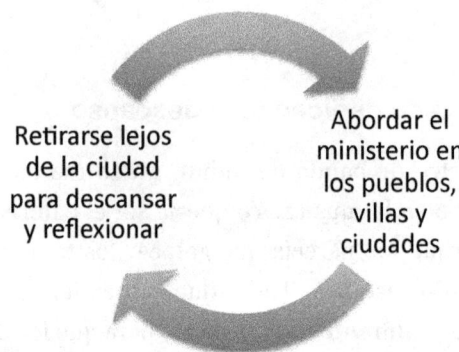

El ritmo de ministerio de Jesús de Nazaret normalmente comprendía en abordar a las multitudes, para luego retirarse hacia el desierto con su pequeño grupo de seguidores para renovación y descanso. Él se alejaba para reflexionar, para recordar, para obtener una mejor perspectiva, y para desarrollar estrategias. Él claramente les demostró este ritmo a sus discípulos, para que ellos lo siguieran llevando a cabo aún después de su partida, y por una buena razón: este ritmo era sostenible y promovía la salud y la longevidad de sus seguidores. Jesús sabía cómo ser un maratonista: el paso con el que él entrenó sus discípulos a "correr" era sostenible. El ritmo de trabajo y descanso de Jesús nos demuestra un principio vital hoy en día: que el *punto de partida*

correcto para ministrar a otros comienza en el *descanso*, no en el exceso de ocupaciones.

Dios nos permite un modo de vida diferente

Jesús abordaba a la gente como el pastor que reúne ovejas perdidas, para luego retirarse a buscar la comunión renovadora del Padre. Él no se excedía, ni hacía que otros se excedieran en el ministerio. También vemos este patrón en el Antiguo Testamento en donde Dios le enseñaba a su pueblo a *ser un pueblo de descanso*. En Éxodo 16:22-36, el Señor provee maná extra durante la observancia del día de reposo o del sábado para enseñarle a su pueblo este principio. En este relato, Dios puso el pueblo a prueba en el desierto para establecer en ellos la obediencia al día descanso, al sábado y enseñarles así este tempo: Entonces el Señor le dijo a Moisés: "Voy a hacer que les llueva pan del cielo. El pueblo deberá salir todos los días a recoger su ración diaria. Voy a ponerlos a prueba, para ver si cumplen o no mis instrucciones." (Éxodo 16:4)

Moisés enseñó al pueblo al aire libre, en el desierto, que el sábado no era un día ordinario, sino un día de retiro, para el descanso: "Cómanlo hoy sábado —les dijo Moisés—, que es el día de reposo consagrado al Señor. Hoy no encontrarán nada en el campo. Deben recogerlo durante seis días, porque el día séptimo, que es sábado, no encontrarán nada." (Éxodo 16:25-26) Sin embargo, algunas personas fueron a recoger en el séptimo día, en contra del mandamiento del Señor. Ellos se salieron de tempo como lo hice yo en quinto grado cuando tocaba la batería. El director (Dios) detuvo la música para reprenderles también: En su respuesta a su desobediencia, descubrimos la seriedad con la que el Señor quiere que seamos *un pueblo de descanso y retiro*. Su reprimenda logró una hermosa *transformación* en el pueblo por un período de tiempo:

> Así que el Señor le dijo a Moisés: ¿Hasta cuándo seguirán desobedeciendo mis leyes y mandamientos? Tomen en cuenta que yo, el Señor, les he dado el sábado. Por eso en el día sexto les doy pan para dos días. El día séptimo nadie debe salir. Todos deben quedarse donde estén. (Éxodo 16:28-29)

El profesor Nahum Sarna comenta:
> No todas las personas estaban disfrutando del sábado. Algunos salían en búsqueda de maná. Una vez más, el tema de cómo Dios pone a prueba la obediencia del pueblo reaparece. "¿Hasta cuándo se negaran a guardar mis mandamientos?" Dios les da una doble porción de pan, pero nos exige un modo de vida diferente.[39]

Limitación

Ahora vamos a explorar varios sub-principios relacionados con este ritmo que encontramos a través de la Biblia. Temprano en la historia bíblica, Dios usó el aire libre, el desierto, como un lugar especial para enseñar a su pueblo que *las limitaciones y los límites personales son buenos y necesarios debido al orgullo y al pecado*. Por medio del descanso y el retiro, aprendemos a respetar nuestras limitaciones humanas. Dios habla en serio cuando le pide a su pueblo que acepte sus limitaciones en lugar de tratar de ser como Dios, quien no tiene límites. En el relato de la historia de Babel, vemos las consecuencias de la falta de límites que llevan al hombre a abusar del poder y del orgullo (véase Génesis 11:1-9). Con un lenguaje universal la posibilidad de desastre era inevitable, debido el hambre de poder del hombre y su propensión al orgullo. Por tanto, Dios instituyó la limitación del lenguaje (muchos idiomas en lugar de uno universal) sobre la humanidad. De inmediato los dispersó por toda la tierra, para protegerlos del poder de su naturaleza pecaminosa. El profesor Sarna comenta:

> La humanidad ha abusado de los beneficios del parentesco y comunicación inmediata, cambiándolos por fines indignos y vanagloriosos, en su desafío a la voluntad de Dios de que toda la tierra sea poblada. A menos que se tomen medidas de prevención, no habrá límites para los planes arrogantes del hombre.[40]

Una vez más, en el desierto de Sinaí, Dios en su amor y misericordia, instituyó limitaciones buenas y necesarias para Israel a través de su siervo Moisés. Los Diez Mandamientos (léase Éxodo 20) nos enseñan a gozarnos en las limitaciones establecidas en el contexto de la comunidad para nuestra *protección* y *libertad*, mientras vivimos en un mundo pecaminoso. El salmista declara, "Abre mis ojos, y miraré las maravillas de tu ley." (Salmos 119:18) Las personas claramente aprenden este principio de la limitación en el contexto de experiencias al aire libre. Al experimentar la fatiga y sus limitaciones físicas, las personas a menudo son más capaces de comprender su dependencia en Dios, y por lo tanto son más receptivos hacia su gracia. Robert Coleman lo afirma diciendo: "Los momentos de debilidad humana nos ofrecen oportunidades para aprender verdades espirituales más profundas. Usualmente las personas que experimentan angustia física están más conscientes de sus propias limitaciones, por consiguiente tienen una mayor receptividad hacia la gracia divina."[41]

Las experiencias al aire libre naturalmente nos enseñan límites. Uno puede llevar sólo cierto peso en la espalda, remar sólo cierta distancia y vivir sin alimentos y agua sólo durante un tiempo limitado. Al escalar una cima uno debe respetar el borde de un precipicio, y más si soplan vientos de 80 kilómetros por hora. Así también, debemos resguardarnos en un campamento de playa para hacer una expedición de mar en kayak, si las olas están muy fuertes. Por esto, el aire libre es el lugar ideal para que la gente pueda comprender lo bueno que son los límites de un Dios amoroso. Por ejemplo, un campista compartió sus reflexiones sobre lo que aprendió del principio de limitación: "¡Toda la experiencia fue fantástica! A través de todo el viaje, estuve aprendiendo cómo relacionarme con otros y con Dios, aprendiendo acerca de mí mismo, mis límites y mis posibilidades."[42]

Recordar

Otro principio de retiro que Jesús demostró a sus discípulos fue el del recordar. Necesitamos que nos recuerden verdades eternas a menudo, y probablemente por la falta de distracciones, el estar al aire libre era un lugar favorito de Jesús para forjar algún recuerdo. En Génesis 15:1-21, el Señor hizo un pacto con Abraham y le *recordó* de su bendición. Otro momento importante en la historia de Israel ocurrió después de que Moisés nombró a Josué para sucederlo en liderazgo. Después de atravesar milagrosamente el río Jordán en tierra seca, Dios indicó a Josué que estableciera un monumento de piedras a las orillas del río Jordán, para recordarles a las siguientes generaciones la fidelidad del Señor al proveerles una salida segura hacia la tierra prometida (léase Josué 4:6-7). Fue también en esta ceremonia conmemorativa en el río Jordán que Dios le recordó a Israel de *Missio Dei* (su misión de alcanzar a todos los pueblos del mundo a través de Israel):

> Porque Jehová vuestro Dios secó las aguas del Jordán delante de vosotros, hasta que habíais pasado, a la manera que Jehová vuestro Dios lo había hecho en el mar Rojo, el cual secó delante de nosotros hasta que pasamos; para que todos los pueblos de la tierra conozcan que la mano de Jehová es poderosa; para que temáis a Jehová vuestro Dios todos los días. (Josué 4:23-24)

En la declaración más exhaustiva del Antiguo Testamento sobre las peregrinaciones históricas de Israel en el desierto, Josué demuestra este principio del *recordar* al reiterarle a Israel las lecciones que aprendieron a través de sus viajes en el desierto (léase Josué 24:1-28). El autor describe el viaje de Abraham a la tierra de Canaán, el viaje de Jacob y Esaú a Egipto, y la misión de Moisés de sacar a los hebreos fuera de Egipto, aun cuando los carruajes del Faraón los persiguieron hasta el mar Rojo. Atravesaron el mar Rojo hacia el desierto, y al cruzar el Jordán el Señor les entregó a Jericó en sus manos, sacando a muchas personas fuera de esa tierra. Después del discurso conmemorativo de Josué en el desierto, el pueblo dio gloria a Dios diciendo: "Y el pueblo respondió a Josué: A Jehová nuestro Dios serviremos, y a su voz obedeceremos." (Josué 24:24) Después de *recordarle* a Israel la fidelidad de Dios para con ellos, Josué envió a cada familia a sus hogares, cada una a su heredad.

En el Nuevo Testamento, Juan el Bautista se destaca como el profeta que prepara el camino del Señor en el desierto (eremos), llamando a la gente a *recordar* la santidad de Dios y el pecado del hombre (léase Mateo 3:1-6). El mensaje de arrepentimiento que predicaba en el desierto evocaba a los profetas de la antigüedad. Su mensaje contrastaba con los otros profetas errantes de su día, cuyos mensajes falsos no coincidían con los profetas mayores y menores de las Escrituras hebreas. Él sobresalió por dos razones: 1) porque predicaba un mensaje de *transformación*, y 2) El *lugar desértico* desde el que predicaba contrastaba con la rutina y comodidad que las personas experimentaban en sus vidas normales urbanas. En la medida que la gente viajaba fuera de las ciudades para escuchar a Juan el Bautista predicando y recibir el bautismo del arrepentimiento en el río Jordán, su mensaje contrastaba con el de los falsos profetas del día porque hizo un llamamiento al *arrepentimiento y transformación del corazón*, y porque él proclamó su denuncia desde el desierto, y no desde las comodidades de la ciudad. Su mensaje era diferente. Él era diferente. Y el lugar desértico desde donde enseñaba, hizo *recordar* a la gente, del viaje que sus antepasados obstinados pasaron a través del desierto. Él gritaba: "y no penséis decir dentro de vosotros mismos: A Abraham tenemos por padre; porque yo os digo que Dios puede levantar hijos a Abraham aun de estas piedras." (Mateo 3:9) El método de Juan el Bautista y su mensaje hicieron estragos en las actitudes complacientes que surgieron de la comodidad de una vida cosmopolita. Del mismo modo, pasar tiempo en la naturaleza al aire libre hoy puede tener el mismo efecto de liberación en nuestra alma.

El tema de recordar las peregrinaciones por el desierto está entretejido a través de todo el libro de Hebreos. Sólo un breve vistazo a los primeros seis capítulos de Hebreos establece el principio siguiente: *continuidad del hombre en el seguimiento de Cristo es la prueba de la realidad de su fe*. Hablando de los antepasados endurecidos de Israel durante el tiempo de sus peregrinaciones en el desierto, el escritor dice, "Porque también a nosotros se nos ha anunciado la buena nueva como a ellos; pero no les aprovechó el oír la palabra, por no ir acompañada de fe en los que la oyeron." (Hebreos 4:2) Israel a menudo comenzó bien, pero no terminó bien. Tristemente, a veces veo ese patrón en mi vida también, ¿y tú? Las actividades al aire libre son una forma segura de un desafío de propensión a rendirme cuando las cosas se ponen difíciles. Sin embargo, en el entorno de recibir aliento comunitario perseveramos y sostenemos lo que empezamos, aprendiendo que las recompensas de la perseverancia son siempre valiosas en la economía de Dios.

El escritor de Hebreos conecta directamente a Josué, líder del Antiguo Testamento, como un arquetipo de Jesús. Ambos, Josué y Jesús, son los mejores ejemplos de quienes terminaron lo que empezaron. La continuidad y la perseverancia en sus vidas son clara evidencia de su fidelidad a Dios y la misión dada a cada uno de ellos. Así como Josué valientemente les llevó de la desolación hacia la tierra prometida, Jesús lleva a la gente de la íngrima desolación del pecado a la seguridad eterna del Paraíso con Dios. El autor F. F. Bruce nota:

> El lector de la Biblia en griego ha tenido (y todavía tiene) una ventaja sobre el lector de la Biblia en castellano porque para él "Josué" y "Jesús" no son dos nombres sino uno; él podría distinguir entre nuestro Señor y a su homónimo más ilustre de los días del Antiguo Testamento, y al mismo tiempo apreciar algunas de las implicaciones del hecho de que son homónimos. El paralelo entre el "Jesús" del Antiguo Testamento, que llevó a sus seguidores al Canaán terrenal, y Jesús el Hijo de Dios, que conduce los herederos del nuevo pacto a su herencia celestial, es un tema sobresaliente en la tipología cristiana antigua.[43]

Una comunidad temporal

La Fiesta de los Tabernáculos (Hagha-Sukkot) es una celebración para recordar la dependencia de Israel en Dios mientras ellos vagaron por el desierto durante cuarenta años, viviendo en carpas relativamente pobres. El autor Josías Derby proporciona un estudio útil de la Fiesta de los Tabernáculos, el cual apoya nuestra afirmación acerca de la importancia del beneficio de la formación de recuerdos obtenida en las experiencias al aire libre. Él escribe:

> La justificación para la construcción de una suká (tienda, tabernáculo) y el vivir en ella durante los siete días de Hagha-Sukkot (Fiesta de los Tabernáculos) se establece en Levítico 23:43: "para que sepan vuestros descendientes que en tabernáculos (sukkot) hice yo habitar a los hijos de Israel

cuando los saqué de la tierra de Egipto. Yo Jehová vuestro Dios." La pregunta que viene a la mente: ¿qué es tan notable o importante acerca de la manera en que los hijos de Israel fueron forzados a vivir durante sus cuarenta años de permanencia en el desierto? ¿Por qué es necesario celebrar una observancia especial cada año, generación tras generación, como un recordatorio? Por otra parte, ¿por qué tiene que ser celebrado por siete días, a partir del decimoquinto día del séptimo mes (Tishri); es decir, a finales del verano (Levítico 23:33)? Además, ¿por qué el texto dice [he causado que habiten] en lugar de simplemente [habitaron]?[44]

Derby, continúa con una descripción de sus tiendas de campaña y sus prendas de vestir de viaje, y su significado teológico:

La suká, se afirma, es una cabaña frágil y no podría haberles dado mucha protección a los israelitas en el desierto, si no fuera por la presencia de Dios en medio de ellos, la verdadera fuente de su protección. Por lo tanto, la suká es un recordatorio de nuestra completa dependencia de Dios, porque la vida es muy frágil... La Torá nos está diciendo que toda la estancia de los israelitas en el desierto fue milagrosa, bajo la protección del Todopoderoso. Y este fenómeno vale la pena ser recordado y celebrado con una... fiesta. Dado que no podemos replicar el maná, ni las bien preservadas prendas de vestir del desierto, entonces construimos el suká como símbolo de esta supervivencia milagrosa.[45]

Cuando dirigimos grupos de personas en actividades al aire libre en lo agreste, típicamente vivimos en carpas durante varios días, y a veces hasta toda una semana. Hay razones prácticas y teológicas para hacerlo, tal como el recordar nuestra dependencia de Dios en todos los sentidos. Es importante para los judíos que la Fiesta de los Tabernáculos es anual y dura una *semana*. Uno no tendría la misma experiencia en el festival de *Hagha-Sukkot* si estuviera durmiendo en la comodidad de su casa por la noche, y sólo jugando juegos en su tienda durante el día. Lo mismo sucede con las personas que experimentan la naturaleza al aire libre. Hay algo especial acerca de tener más tiempo en alojamientos provisionales lo cual forja confianza en Dios. Esto lo digo en broma, pero piensen en esto: el planificar un viaje *anual* para acampar una semana con su familia o amigos es en realidad *una idea bíblica*. No se sienta culpable por darse el tiempo para que esto suceda, ¡es bíblico!

En el yunque de la comunidad temporal en el desierto, Israel aprendió que cuando Dios habla, él no cambia lo que dice. Al aire libre, a través de tiempos de reflexión y de escritura en un diario, a menudo se nos recuerda lo que *Dios nos ha hablado personalmente* en el pasado, tanto reciente como el lejano. La práctica regular de tiempos de tranquilidad durante el viaje crea espacio para que las personas puedan pensar y recordar las formas en las que han visto trabajar a Dios, o le han oído hablar en el pasado. Su palabra es viva y eficaz, dándonos forma como arcilla en la mano del alfarero.

Otros tres pasajes nos dan un mayor entendimiento de que el *aire libre es un lugar especial donde Dios nos habla*. Al hablar de las experiencias transformadoras de vida de Moisés en el desierto con Dios en el monte Sinaí, el discípulo del primer siglo, Esteban, predica del carácter vivo de la palabra de Dios: "Este es aquel Moisés que estuvo en la congregación en el desierto con el ángel que le hablaba en el monte Sinaí, y *con nuestros padres*, y que recibió palabras de vida que darnos." (Hechos 7:38) El apóstol Pedro afirma, "siendo renacidos, no de simiente corruptible, sino de incorruptible, *por la palabra de Dios* que vive y permanece para siempre." (1 Pedro 1:23) Y el profeta Isaías predica: "así será mi palabra que sale de mi boca; no volverá a mí vacía, sino que hará lo que yo quiero, y será prosperada *en aquello* para que la envié." (Isaías 55:11)

Si Dios ha hablado con usted, su palabra no ha cambiado. Porque nuestra carne es débil, a menudo podemos ser engañados por nuestros sentimientos, y así fácilmente cambiar de parecer u olvidar lo que Dios nos ha dicho. Al dirigir una actividad al aire libre, una vez que su grupo ha tenido tiempo suficiente para disponer su alma a escuchar en algún sitio al aire libre, se les puede pedir considerar: "¿Te ha hablado Dios claramente acerca de alguno de los problemas con los que estás luchando actualmente?

¿Has caído, con el pasar del tiempo, en incredulidad aun cuando Dios ya le ha hablado a usted sobre este problema?" Necesitamos experiencias regulares al aire libre para recordarnos de lo que Dios ha hablado.

Estrategias reveladas del Reino de Dios

Otro principio que podemos deducir de las excursiones al aire libre de Jesús con los discípulos, es que el ambiente al aire libre es un lugar único y especial en el que los nuevos conceptos del Reino de Dios son comunicados a menudo, y la estrategia del Reino de Dios es revelada. Una de las cualidades que es dada a cada uno de nosotros como portadores de la imagen de Dios, es que somos capaces de pensar y planificar con el propósito de crear y producir algo bueno y fecundo, a través de nuestros esfuerzos. Los seres humanos naturalmente planean y desarrollan estrategias para el crecimiento. A Adán le fue dada la tarea de nombrar cada animal que Dios creó e iniciar una estrategia o plan para gobernar y dominar la tierra. En Génesis 4, vemos el *ingenio y la estrategia* destacándose en primer lugar en los hijos de Lamec. Jabal se convirtió en "... padre de los que habitan en tiendas y crían ganados." (Génesis 4:20) Su hermano Jubal se convirtió en "... padre de todos los que tocan arpa y flauta." (Génesis 4:21) Y Tubal-Cain se convirtió en el padre del trabajo de metales, "... artífice de toda obra de bronce y de hierro...." (Génesis 4:22) Las vocaciones de agricultura, dirección de adoración y alabanza, animación musical, artesanal y trabajo con metal se originaron todas en esta familia. Estrategia y creatividad son una parte de quien somos porque hemos sido creados a imagen de Dios. Sin embargo, debido a nuestros pecados y al orgullo, la humanidad utiliza a menudo la capacidad de autopromoción o vana ambición en lugar de estar al servicio de los propósitos de Dios. *En cambio, Jesús modeló mediante sus retiros en el desierto una dependencia en oración y comunión con el Padre celestial para desarrollar su estrategia para el crecimiento del Reino de Dios.*

Este principio es ilustrado en el milagro de la gran pesca donde Jesús llamó a Pedro a seguirlo. Pedro había utilizado *su* habilidad e inventiva toda la noche, trabajando para lograr una pesca que mantuviera a su familia, su negocio y sus trabajadores. Esa noche en particular fue agotadora y sin éxito. Entonces Jesús vino a Pedro y sus amigos mientras que ellos estaban limpiando y guardando las redes. Él subió a la barca de Pedro y le encargó remar hasta aguas profundas (otro sitio único al aire libre) para la pesca. Pedro renuentemente obedeció porque estaba cansado, pero no obstante, confío en Jesús y se sometió a él. Después de remar hasta aguas profundas, trajeron una pesca colosal, tanto que ambos barcos estaban a punto de hundirse.

Pedro comprendió que la única diferencia entre este momento y la noche anterior (cuando él había estado a cargo usando su ingenio y fuerza sin haber pescado nada) fue la de que, esta vez Jesús estuvo en su barca, y fue *él* quien le *dijo* dónde tirar las redes. Más aún, Pedro comprendió que en realidad Jesús había elaborado toda esta experiencia para demostrarle que, él ya no iba a depender de su *propio ingenio y estrategia*, sino que en este momento, Jesús estaba reclamando su *vida entera*. Pedro se arrepintió en completa humildad. Ahora, durante este momento lleno de enseñanza, Jesús *reveló su estrategia para el crecimiento del Reino de Dios*: "... Pero Jesús dijo a Simón: No temas; desde ahora serás pescador de hombres." (Lucas 5:10) Esa es la estrategia del Reino revelada a través de esta experiencia al aire libre: estamos llamados a ser pescadores de hombres. Lucas nos relata la respuesta de cambio de vida de Pedro y sus amigos: "Y cuando trajeron a tierra las barcas, dejándolo todo, le siguieron." (Lucas 5:11) La pesca masiva no era el problema. De hecho, tal vez esta valía mucho dinero, pero Pedro la dejó y dejó su negocio de familia para convertirse (como uno de los hijos de Lamec) *en el padre de los que pescan hombres,* ¡el *pilar* de la primera iglesia! Después de que Pedro confesó que Jesús era el Cristo, Jesús respondió:

> Bienaventurado eres, Simón, hijo de Jonás, porque no te lo reveló carne ni sangre, sino mi Padre que está en los cielos. Y

yo también te digo, que tú eres Pedro, y sobre esta roca edificaré mi iglesia; y las puertas del Hades no prevalecerán contra ella. Y a ti te daré las llaves del reino de los cielos; y todo lo que atares en la tierra será atado en los cielos; y todo lo que desatares en la tierra será desatado en los cielos. Entonces mandó a sus discípulos que a nadie dijesen que él era Jesús el Cristo. (Mateo 16:17-20)

Dios revela la estrategia de su reino en sitios al aire libre. Veamos otro ejemplo conmovedor. Después de subir a la montaña, Jesús "...llamó a sí a los que él quiso; y vinieron a él. Y estableció a doce, para que estuviesen con él, y para *enviarlos* a predicar, y que tuviesen autoridad para sanar enfermedades y para echar fuera demonios." (Marcos 3:13-15) Aquí vemos a *Jesús retirándose a la montaña* en oración para seleccionar a aquellos discípulos en quienes invertiría la mayor parte de su tiempo. A continuación, después de haberlos elegido, les dio a los doce una estrategia simple de cómo hacer crecer el Reino de Dios en su ministerio terrenal.

Aquí estaba la estrategia que les reveló en esa montaña con respecto a lo que significa ser un discípulo: En primer lugar, Jesús los llamó *para estar con él*. En segundo lugar, los encomendó a salir y *abiertamente compartir de forma verbal, todo lo que sabían del evangelio, es decir, predicar*. En tercer lugar, ellos tenían que *enfrentarse con el enemigo* al expulsar demonios con la autoridad dada por él. Jesús, en esta breve experiencia al aire libre *en una montaña* cumplió dos objetivos: eligió a los discípulos, en los que el Padre le dijo que tenía que enfocarse, y les dio una simple estrategia, que aún está vigente, para cualquiera que venga en pos de él.

Una vez más, el Evangelio de Marcos muestra cómo Jesús con frecuencia se iba a lugares solitarios al aire libre para recibir orientación y estrategia de su Padre, a través de la oración. Aunque las puertas de ministerio estaban abiertas en una región determinada, Jesús escogió ir a otras ciudades y aldeas. Durante su retiro al aire libre el Padre le habló y le recordó que, a pesar de que las cosas parecían indicar que él debía permanecer en esta ciudad, donde la gente estaba respondiendo al mensaje fácilmente, el tenía que ir a otras ciudades y pueblos que lo necesitaban también. Era el momento de irse, contrariamente al ruego de sus discípulos de permanecer allí para capitalizar el éxito que estaba teniendo. Necesitamos tiempo a solas para orar y escuchar, de manera que nuestra estrategia esté formada en la *esfera de lo espiritual* en lugar de en el ámbito en donde solo podemos *ver*:

> Levantándose muy de mañana, siendo aún muy oscuro, salió y se fue a un lugar desierto, y allí oraba. Y le buscó Simón, y los que con él estaban; y hallándole, le dijeron: Todos te buscan. Él les dijo: Vamos a los lugares vecinos, para que predique también allí; porque para esto he venido. (Marcos 1:35-38)

Esta estrategia fue revelada mientras Jesús estaba de rodillas, *a solas y en oración*, al aire fresco. ¿Es así cómo discernimos nuestras estrategias para formar relaciones, manejar nuestras empresas, o dirigir nuestros ministerios? Me siento culpable. Mis rodillas no tienen suficientes callos.

A partir de un breve examen de la historia de las misiones, vemos que hay una gran variedad de estrategias que uno podría utilizar en diferentes momentos y en situaciones diversas, para presentar a Jesucristo a la gente. De los ejemplos anteriores, aprendemos que cuando uno decide el usar una estrategia en particular, uno no debe basarla solamente en lo pragmático. No es una buena idea el usar en un lugar en particular, lo mismo que ha funcionado antes en otro lugar. Más bien uno debe pedirle al Espíritu Santo que revele la estrategia más apropiada para ese lugar y ese momento en particular. El principio clave en todas estas estrategias es que la *oración es la manera de discernir qué estrategia se va a emplear*. Ninguna estrategia es auto suficiente. Esta es la razón por la que el teólogo Karl Barth era conocido: enseñaba a sus estudiantes que el ejercicio teológico más importante es la oración. Jesús *nos demuestra una rutina de retirarse al aire libre para orar y discernir la estrategia más apropiada, para el contexto de la misión a la que estamos llamados a participar*. ¿Necesitamos una nueva estrategia para llegar a la gente alrededor de nosotros? Si es así, un buen punto de partida para discernir nuevas estrategias es el apartarse y estar a solas con Cristo en oración, y ver lo que el Señor podría revelar a través de nuestro tiempo a solas con él.

Perspectivas percibidas del Reino de Dios

El aire libre es también un lugar para ganar perspectiva del Reino. El encuentro de Jesús con la mujer samaritana es quizás uno de los pasajes más instructivos que se refieren a este principio. Cuando nos ponemos de pie sobre una montaña, uno tiene una perspectiva maravillosa de su entorno. Con esta perspectiva, uno puede ver en 360 grados y observar *de dónde viene ella, en dónde está, y a dónde va*. En este encuentro, haciendo uso de un punto de vista ventajoso desde una montaña (léase Juan 4:20-21), Jesús revela a la mujer samaritana de dónde venía ella al revelarle su pasado pecaminoso y su falta de entendimiento de la adoración. Entonces Jesús le mostró en donde estaba ella actualmente (en relación con el mundo espiritual). Y él le dijo: "...Mujer, créeme, que la hora viene cuando ni en este monte ni en Jerusalén adoraréis al Padre. Vosotros adoráis lo que no sabéis; nosotros adoramos lo que sabemos; porque la salvación viene de los judíos." (Juan 4:21-22) Por último, Jesús dio su perspectiva sobre a donde la estaba dirigiendo, es decir, *a donde iba ella*: "Mas la hora viene, y ahora es, cuando los verdaderos adoradores adorarán al Padre en espíritu y en verdad; porque también el Padre tales adoradores busca que le adoren. Dios es Espíritu; y los que le adoran, en espíritu y en verdad es necesario que adoren." (Juan 4:23-24)

Como destacamos en la Introducción, hasta la escena de la Gran Comisión ilustra este punto. Los discípulos se dirigieron a la montaña que él designó, y desde esa montaña situado sobre la ciudad; los apóstoles fueron capaces de escuchar su palabra desde un punto de vista ventajoso, lo que les permitió tener una *perspectiva única sobre su entorno*. Sentado en la cima de una montaña, desde el punto de vista físico, los apóstoles fueron capaces de tener una perspectiva *de donde habían venido* (es decir, el camino hacia la cima de la montaña que habían seguido), *donde estaban* en aquel momento (en la parte superior de una montaña, con Jesús habiendo recibido la revelación y la comprensión de la posición de Jesús como el Hijo del Hombre), y *hacia dónde se dirigían* (hacia abajo de la montaña hacia las ciudades para hablarles a los incrédulos). Desde *este lugar* en la montaña, ellos recibieron una *perspectiva espiritual*. Y, lo más importante es que, en este día tan especial, Jesús los apuntó en un camino hacia adelante que les llevaría a lugares donde a menudo no les gustaría ir, pero en los que con el poder del Espíritu Santo cada uno de ellos elegiría ir con alegría en obediencia a Cristo. Sabemos por los evangelistas, quienes escribieron los cuatro relatos evangélicos, que cada uno de estos apóstoles recordarían este momento y sacarían provecho sobre su importancia para el resto de sus vidas. *Sus palabras no se olvidaron quizás, en parte, debido al hecho de que él las combinó con un ambiente inolvidable y una experiencia en donde relacionar sus palabras.*

Yo también he descubierto que las *experiencias al aire libre en la cima de una montaña* tienen un efecto similar. A través de estas experiencias, puedo recordar el ascenso y la vista del paisaje con gran claridad. Tengo que recordar esos momentos en los que me paseo a través de algunos de los barrancos más difíciles de mi rutina diaria normal, *abajo en el valle*. No hay casi nada vivo en la cima de una montaña porque el ambiente es demasiado duro para que cualquier criatura prospere. La vida se vive en el valle, *pero los tiempos de perspectiva sobre las montañas están diseñados para tallar paisajes de perspectiva en nuestra memoria que pueden alimentar nueva esperanza, a medida que avanzamos abajo, en los valles.*

Pararse sobre un pico es a menudo una experiencia increíble. Así también es, cuando el Señor nos da una perspectiva de su Reino, que nos levanta desde el valle de los detalles que pueden entorpecernos, y nos brinda una visión nueva que es más grande que nosotros. Esta es una rutina saludable que Jesús utilizó con sus discípulos. También es una práctica sana para nosotros que subimos montañas con aquellos a quienes estamos guiando, a fin de ayudarles a adquirir un sentido renovado del paisaje aún más grande de los propósitos que Dios tiene para nuestro mundo, nuestra ciudad y nuestro vecindario; más allá de nuestra propia perspectiva personal y limitada, desde el fondo del valle. Espero que reconozcamos nuestra necesidad de este tipo de rutina para no quedarnos varados en algo que socave nuestra alegría.

CAPÍTULO 2: EL MOMENTO OPORTUNO Y EL TERRENO

El Triángulo de Judea

Así como el Triángulo de las Bermudas, el cual tiene una reputación escabrosa por las desapariciones misteriosas y los naufragios de embarcaciones, este capítulo explora el desierto como un lugar misterioso que provee el trasfondo para algunos de los eventos sobrenaturales más espectaculares de la historia. Más aún, el desierto ha sido un ambiente para orientar a algunos de los líderes más importantes hacia Dios. La Biblia registra eventos en esta parte del mundo que hacen ver el Triángulo de las Bermudas como un paseo por *"Los Piratas del Caribe"* en Disney World. El *"Triángulo de Judea"* es un término que utilizo en forma jocosa para describir el entorno geográfico alrededor de Judea, donde Jesús quebrantó y al mismo tiempo edificó a sus discípulos. Algunas cosas realmente asombrosas pasaron en el Triángulo de Judea, y en contraste con las misteriosas leyendas del Triángulo de las Bermudas, en este caso tenemos información confiable y detallada de estos eventos sobrenaturales en las Escrituras.

El desierto fue un terreno misterioso de transformación a través de la historia de salvación y aún lo es, hasta el día de hoy. Si creemos que las experiencias en el desierto, descritas en el texto, son solamente para ser aplicadas de una forma metafórica, entonces no estamos captando, ni aprendiendo, lo que Jesús nos demostró. Él se llevaba a sus discípulos a lugares desiertos, por caminos rocosos; él se sentaba debajo de árboles, dormía bajo las estrellas y caminaba a lo largo de la playa con sus discípulos. Este era su hábito en el ministerio. Lo que vemos en la vida de Cristo es:

pies llenos de polvo, huesos adoloridos y frentes llenas de sudor. Él les enseñó a sus discípulos las verdades del Reino de Dios en el medio del entorno físico (un terreno de transformación). Para enseñarles los secretos del Reino, el esfuerzo para conectarse con la imaginación de ellos era mínimo, puesto que su audiencia se encontraba en los sitios descritos en sus parábolas; todo lo que tenía que hacer era señalar las cosas a su entorno. Es cierto, aprender de la metáfora del desierto nos enseña algo, pero experimentar o pasar *por* el desierto nos *cambia* como personas (nos hace ser alguien). Dios está más interesado en hacernos y rehacernos, santificando y haciendo crecer tanto a hombres como a mujeres.

Por qué Jesús enseñó en parábolas

El autor F.F. Bruce destaca que el propósito de las enseñanzas de Jesús era, a menudo, impactar a su audiencia al punto de hacerla consciente o despertarla a la realidad de su situación: "Él viene a nosotros con parábolas porque tenemos la tendencia de ver sin mirar y oír sin escuchar o captar... Jesús nos dibuja situaciones, él nos plantea pequeños dramas, porque él quiere hacernos bien."[46]
En la mayoría de los casos,
> Las parábolas no nos especifican qué es lo que tiene que ser rechazado, tampoco nos dicen con precisión el contenido de lo nuevo que se está descubriendo. Lo que si nos dicen es que lo que se descubre es tan abrumador que rompe con las rutinas que caracterizan la forma antigua de vivir... Jesús no está hablando acerca de reformas, pero si acerca de transformación.[47]

En otras palabras, las parábolas pueden ser vistas como un tipo de "Caballo de Troya" literario: la verdad escondida dentro de ellas revela nuestros motivos y guerras contra el "estatus quo." Las parábolas de Jesús son como glaciares que se mueven lentamente marcando el terreno del alma de aquellos que las escuchan.

A primera vista, pareciera un reto desalentador el tener que discernir los motivos de nuestra audiencia, para entonces poder hablarles o enseñarles con palabras precisas. Aún así, el

TEOLOGÍA • CAPÍTULO 2 • EL MOMENTO OPORTUNO Y EL TERRENO

apóstol Pablo nos dice que si sabes contra lo que *tú* luchas, entonces es muy posible que otra gente esté luchando con lo mismo: "No os ha sobrevenido ninguna tentación que no sea humana...." (1 Corintios 10:13) Sabiendo cuan quebrantadas y engañosas son nuestras propias vidas, podemos asumir que nuestra audiencia comparte patrones similares de incredulidad, tentación y pecado. Siendo personalmente vulnerables con nuestras propias tentaciones comunes, podemos tener gracia con otros que comparten el mismo tipo de quebrantamiento. Nuestra vulnerabilidad invita a otros a ser abiertamente honestos, lo cual los lleva a transformarse. Este es un principio clave de entender para líderes de ministerios al aire libre, quienes guían a sus participantes de una forma completamente artística a través de aventuras espirituales en la naturaleza; aunque no podemos percibir las motivaciones especificas de una persona, podemos saber, por lo general, las motivaciones (santas o no) de nuestra audiencia, porque no hay tentación que no sea común a los hombres. Una de las claves de usar las parábolas de Jesús para promover el aprendizaje vivencial, es el reconocer que cada una de ellas se refiere en general a tentaciones, acondicionamientos y motivaciones del alma de cada persona. *Las parábolas rompen las barreras más protegidas de los corazones humanos endurecidos.*

Anatomía de las parábolas

El autor Robert Stein nos da una breve historia sobre la interpretación de las parábolas en los últimos doscientos años, para mostrarnos el progreso en la investigación que ha buscado entender el propósito de las parábolas de Jesús. A comienzos del siglo veinte, la investigación de Adolf Julicher en cuanto a las parábolas de Jesús, lo llevó a una perspectiva que dentro de cada parábola, había *un punto o enseñanza principal*. Él instó a los estudiantes de las Escrituras a no buscar significados alegóricos en los detalles de las parábolas, al menos que fuera absolutamente necesario. Más tarde, a finales del siglo veinte, C.H. Dodd y Joachim Jeremias enfocaron su investigación sobre las parábolas, en entender el *entorno original* (sitz im leben) en el cual fue pronunciada la parábola. A mitad de los años 1950, Hans Conzelmann y Willi Marxsen condujeron su investigación sobre las parábolas, a través del filtro del método de la crítica redaccional, el cual era una técnica muy popular para ese entonces. Ellos buscaron entender *como el evangelista quien escribió la parábola, la habría interpretado*. La investigación sobre parábolas de hoy en día puede ser entendida desde dos categorías principales: 1) El *análisis estructural* busca el entender las estructuras profundas del significado bajo la superficie de la narrativa, y 2) *El análisis estético* se preocupa por los componentes del texto a gran escala, y por el contenido a primera vista dado por el texto. Este método busca el entender el texto en sus formas literarias y en sus paradigmas (humor, tragedia, analogías, símiles, etc.). De acuerdo a Stein, la posición prevalente hoy en día es que las parábolas no están limitadas a un significado o punto único como lo sostienen Julicher, Dodd y Jeremias: "Dado que la forma en que las parábolas se convierten en un lenguaje de los eventos, difiere de oyente a oyente, su significado por necesidad también va a ser diferente, para cada individuo que la escucha."[48] En otras palabras, los exégetas contemporáneos son animados a enfocarse más holísticamente (integralmente) con atención especial a lo que Dios nos está *diciendo* en la parábola. Yo creo que una perspectiva cuidadosa y balanceada en nuestra interpretación del texto, protegerá a los intérpretes modernos de perder el contexto literario e histórico de las parábolas, al mismo tiempo de permanecer abiertos al Espíritu Santo, al traducir los principios en un contexto contemporáneo propio, donde prácticamente podemos aplicar lo que Dios nos habla.

Punto central en las parábolas

¿Qué es una parábola? El autor C.H. Dodd provee una definición en su trabajo clásico, *Las parábolas del Reino*:

> En su forma más simple, la parábola es una metáfora o símil inferido de la naturaleza o de la vida común, capturando al

oyente por su intensidad o rareza, y dejando la mente con dudas suficientes acerca de su aplicación precisa, para provocar que la mente se ponga en pensamiento activo.[49]

Richard Trench, cuyo trabajo "Notas sobre las parábolas" es uno de los más ampliamente citados acerca de las parábolas, ilustra: "Cada una de las parábolas es como un cofre, que aunque es de hechura intrincada, guarda joyas aún más caras que sí mismo; o como una fruta, la cual siendo muy atractiva a la vista, es aún más deleitosa en su dulzura más interna."[50] Trench nos provee comentarios de cada una de las parábolas, describiendo el contexto, el contenido y la aplicación a su público original.

También es útil el notar lo que una parábola no es. Se diferencia de una fábula, mito, proverbio y alegoría. El Arzobispo Trench aclara:

> La parábola difiere de una fábula en que esta se mueve en un mundo espiritual que nunca transgrede el actual orden natural de las cosas; difiere del mito, porque en este hay una mezcla inconsciente del significado más profundo con el símbolo externo, estos dos permaneciendo separados en la parábola; del proverbio, ya que es mucho más larga, y no meramente accidentada pero necesariamente figurativa; de la alegoría, al comparar una cosa con otra, sin transferir, como en la alegoría, las propiedades de una con la otra.[51]

Hay una clara diferencia entre una parábola y una alegoría. La parábola es más como una historia larga que por lo general nos demuestra un punto único: "Los detalles no intentan el tener significado independiente. En una alegoría, por otro lado, cada detalle es una metáfora, con un nivel de significado propio."[52]

Jesús tuvo un gran cuidado de fundamentar sus parábolas en situaciones que el público conocía comúnmente. Nosotros podemos hacer lo mismo para ser más eficaces. Él empezaba con lo que la gente sabía por experiencia; luego ampliaba la historia, para evocar la comprensión de una realidad espiritual, que estaba opacada o era desconocida para los oyentes. Para ser un maestro eficaz, nuestro lenguaje debe ser fresco. Sin embargo, debe comenzar por donde el oyente lo pueda comprender:

> Mientras que toda lengua es más o menos figurativa, su uso tan extenso ha desgastado la frescura de su impacto, así que, para

crear una impresión poderosa, el lenguaje ha de ser usado en formas novedosas, como fue hecho por nuestro Salvador... Él ha sacado de su tesoro cosas nuevas y viejas; con la ayuda de las viejas, hizo las nuevas más entendibles. Y por tanto, en su propio ejemplo nos ha dado el secreto de toda enseñanza efectiva.[53]

Michael Knowles, en su artículo, "El desafío de las parábolas de Jesús," coincide con el punto de vista de Trench:

> El atractivo convincente de las parábolas, sin embargo, se deriva del hecho de que su familiaridad, lidiando con cosas tan comunes como agricultores, gobernantes, semillas y mala hierba, es a menudo confusamente sorprendente, por giros o resultados inesperados. El oyente (o lector) es atraído por el poder de una buena historia, sólo para luego descubrir que la narrativa le lleva en direcciones inesperadas o a conclusiones imprevistas.[54]

La familiaridad es un aspecto clave de la cultura. Aunque las generalizaciones son, en el mejor de los casos, una aproximación de la verdad, puedo decir de mi propia experiencia en misiones interculturales, que la familiaridad y la tradición tienen una influencia profunda en nuestros puntos de vista. Del ejemplo de Jesús aprendemos que: 1) Aprender a hablar de lo que es familiar es de importancia primordial, para la comunicación (especialmente interculturalmente); y 2) la comprensión de las Escrituras y el tener la capacidad de atraer a la audiencia a un diálogo, a través de lo que les es familiar, es una habilidad valiosa de aprender como "pescador de hombres." Como un maestro, es una buena disciplina el invertir tiempo suficiente en oración para elaborar formas de cómo *utilizar lo que es familiar para revelar lo inesperado*. La próxima vez que lea una parábola, mire cómo lo hizo Jesús, es increíble. Él fue el maestro de esta habilidad.

Las Parábolas actúan como un *conservante de verdades espirituales en un mundo en constante cambio*. Cosmo Lang destaca que, por diseño, las enseñanzas basadas en parábolas preservan la verdad, porque están atadas a principios observables y vigentes a través del tiempo que se encuentran en el reino de la naturaleza: "...las palabras comunes están cambiando su significado constantemente, mientras que los símbolos de la vida y la naturaleza, tales como los que nuestro Señor emplea en sus parábolas, son tan duraderos como la naturaleza y la vida misma."[55]

Aunque la enseñanza a través de las parábolas despierta el pensamiento, suscita afectos, mantiene y retiene la atención de un público; el fruto más importante de una parábola bien dirigida es que pone al descubierto a aquellos que están verdaderamente en una búsqueda. En el tiempo de Jesús, aquellos quienes estaban realmente en una búsqueda eran los únicos que le hacían preguntas a Jesús después de escuchar sus parábolas, porque se daban cuenta de que la parábola estaba relacionada con ellos. James Hastings resalta:

> Las parábolas a veces retiran la luz de los que aman las tinieblas. Ellas protegen la verdad y la amparan de la mofa del burlón. Ellas le dejan algo al que es descuidado, lo que puede interpretarse y entenderse después. Por otro lado, ellas descubren a los que están en búsqueda de la verdad.[56]

Latitud de las parábolas

Las parábolas cubren una amplia gama de la experiencia humana. Muchos se han esforzado en comprender el uso de las parábolas como lo hizo Jesús, y las han dividido en patrones. A. B. Bruce divide las parábolas de Jesús sistemáticamente en tres categorías: 1) Parábolas teóricas (discutiendo hechos y principios que explican fenómenos que vemos en el mundo); 2) las parábolas de la gracia, y 3) las parábolas de juicio o sentencia. Al mirar los temas tan amplios abordados en las parábolas, vemos que Jesús estaba familiarizado con su audiencia. Nosotros también necesitamos estar al tanto de las objeciones que otros tienen en seguir a Dios. Esto requiere el estudiar la cultura a la que estamos tratando de alcanzar. Jesús fue capaz de utilizar cosas del entorno que le rodeaba para proporcionar descripciones visuales cargadas de imágenes y emociones, para ilustrar principios de cambio de vida que la audiencia necesitaba oír.

Mientras practicamos el buscar en la creación formas de conectarnos con nuestro público del mundo moderno, hay una nota de precaución a considerar al interpretar las parábolas. En nuestros esfuerzos por ser prácticos y pertinentes, debemos evitar el concentrarnos de primero en ilustraciones procedentes de la naturaleza (las cuales están ampliamente disponibles en los sitios al aire libre), y entonces buscar una forma de aplicarlas. Por el contrario, parece que el punto de partida habitual de Jesús para elaborar las ilustraciones fue su conocimiento sobre las necesidades de su audiencia. Oración, conversación, el hacer preguntas, y ser muy sensibles al Espíritu nos ayudará a discernir las necesidades y los problemas de las personas y los grupos. Empiece por ahí, y a continuación, mire a su alrededor en la creación para encontrar una lección práctica que ilustre el principio bíblico elegido. Por lo tanto, si una analogía para un principio espiritual se presenta en la creación, al encontrarse en un lugar al aire libre, sea disciplinado en considerar el estado en el que se encuentra su audiencia, antes de apresurarse y tratar de forzar una aplicación en otros; pudiera ser algo que el Espíritu Santo le está enseñando a *usted* en lo personal.

Preste atención al ambiente

San Ireneo de Lyon (130-202 d.C.) dijo: "La creación revela a aquel quien la formó, y el mismo trabajo realizado sugiere a aquel quien lo hizo, y el mundo manifiesta a aquel quien lo ordenó."[57] San Atanasio (c. 295-373 d.C.), declaró: "Sobre el 'Libro de la creación', las criaturas son como letras proclamando con fuertes voces, a su Creador y Maestro Divino, la armonía y orden de las cosas. Por esta razón, Dios le dio tal orden como el encontrado en ella, de manera que aunque ÉL es invisible por naturaleza, los hombres fueran capaces de conocerle a través de sus obras."[58] San Agustín (354-430 d.C.) lo puso de esta manera:

> Algunas personas, a fin de descubrir a Dios, leen libros. Pero hay un gran libro: la misma apariencia de las cosas creadas. ¡Mira hacia arriba! ¡Mira hacia abajo! Toma nota de ello. Léelo.

TEOLOGÍA • CAPÍTULO 2 • EL MOMENTO OPORTUNO Y EL TERRENO

Dios, a quien quieres descubrir, nunca escribió ese libro con tinta. En su lugar el puso ante tus ojos las cosas que él ha hecho. ¿Puedes pedir una voz más fuerte que esa?[59]

Es evidente de las enseñanzas de Jesús, que el pasó un buen tiempo formulando maneras, de cómo podía utilizar la creación para instruir a la gente en los secretos del Reino de Dios. Esto también es el caso de los autores de los Salmos. Probablemente el grupo de sermones evangelísticos, poemas y canciones más grande, relacionados a el asombro inspirador del entorno de la creación, es encontrado en el libro de los Salmos. David fue profundamente afectado y formado por sus experiencias al aire libre. En el Salmo 8 el escribe: "Cuando veo tus cielos, obra de tus dedos, La luna y las estrellas que tú formaste, Digo: ¿Qué es el hombre, para que tengas de él memoria, Y el hijo del hombre, para que lo visites?" (Salmos 8:3-4). En lugares al aire libre (a través de una observación atenta de la creación), podemos aprender que ni los hombres ni ningún otro ser creado, pueden haber creado lo que es visible. Esto nos apunta hacia la existencia de Dios: "Los cielos cuentan la gloria de Dios, y el firmamento anuncia la obra de sus manos. Un día emite palabra a otro día, y una noche a otra noche declara sabiduría. No hay lenguaje, ni palabras, ni es oída su voz" (Salmos 19:1-3).

En el desierto, David aprendió a escuchar la Palabra de el Señor. Su seguridad creció a través del temor a Dios. "Por la palabra de Jehová fueron hechos los cielos, y todo el ejército de ellos por el aliento de su boca. Él junta como montón las aguas del mar; Él pone en depósitos los abismos. Tema a Jehová toda la tierra; Teman delante de él todos los habitantes del mundo." (Salmo 33:6-8) En los momentos de soledad en el desierto, el corazón de David (como lo expresa en el Salmo 139:7-14) fue transformado y fortalecido por la presencia del Señor:

¿A dónde me iré de tu Espíritu? ¿Y a dónde huiré de tu presencia? Si subiere a los cielos, allí estás tú; Y si en el Seol hiciere mi estrado, he aquí, allí tú estás. Si tomare las alas del alba Y habitare en el extremo del mar, Aun allí me guiará tu mano, Y me asirá tu diestra. Si dijere: Ciertamente las tinieblas me encubrirán; Aun la noche resplandecerá alrededor de mí.

> Aun las tinieblas no encubren de ti, Y la noche resplandece como el día; Lo mismo te son las tinieblas que la luz. Porque tú formaste mis entrañas; Tú me hiciste en el vientre de mi madre. Te alabaré; porque formidables, maravillosas son tus obras; Estoy maravillado, Y mi alma lo sabe muy bien.

Él pudo pasar gran parte de su vida como joven en el desierto, aprendiendo como ser un pastor de ovejas y estando consciente de la presencia de Dios, lo cual provocó en él cantos de alabanza. Me parece que el estar *consciente* y *atento* marcan la personalidad de alguien quien pasa tiempo adecuado descansando y reflexionando con el Señor. David estaba tan entregado en prestar atención a Dios, que en el Salmo 148 insta a toda la creación a alabar a Dios como respuesta al estar consciente de su gloria:

> Alabad a Jehová desde la tierra, los monstruos marinos y todos los abismos; el fuego y el granizo, la nieve y el vapor, el viento de tempestad que ejecuta su palabra; los montes y todos los collados, el árbol de fruto y todos los cedros; la bestia y todo animal, reptiles y volátiles; los reyes de la tierra y todos los pueblos, los príncipes y todos los jueces de la tierra; los jóvenes y también las doncellas, los ancianos y los niños. Alaben el nombre de Jehová, porque sólo su nombre es enaltecido. Su gloria es sobre tierra y cielos. (Salmo 148:7-13)

Si lo estas buscando, va a ser difícil el que no encuentres la pedagogía paralela entre cómo los salmistas y los profetas usaron analogías de la creación, y cómo Jesús diseñó parábolas basadas en la creación como una herramienta para comunicar grandes verdades que están ilustradas en el orden creado por Dios. De la misma forma que Jesús usó parábolas basadas en la creación, varios profetas hebreos escribieron salmos basados en la creación para crear consciencia y adoración de Dios. El profeta Amós escribió: "Porque he aquí, el que forma los montes, y crea el viento, y anuncia al hombre su pensamiento; el que hace de las tinieblas mañana, y pasa sobre las alturas de la tierra; Jehová Dios de los ejércitos es su nombre." (Amós 4:13) Una vez más, él nos apunta hacia las maravillas de la creación mientras que el está atento de reconocer la mano sustentadora del Señor: "buscad al que hace las Pléyades y el Orión, y vuelve las tinieblas en mañana, y hace oscurecer el día como noche; el que llama a las aguas del mar, y las derrama sobre la faz de la tierra; Jehová es su nombre." (Amós 5:8) Isaías se maravilla de la grandeza del Señor que es evidenciada en su creación:

> ¿Quién midió las aguas con el hueco de su mano y los cielos con su palmo, con tres dedos juntó el polvo de la tierra, y pesó los montes con balanza y con pesas los collados? ¿Quién enseñó al Espíritu de Jehová, o le aconsejó enseñándole? (Isaías 40:12-13)

El desierto es un *lugar* especial para la transformación, no sólo una metáfora para la vida. Siempre ha sido un sitio especial para que los hombres y las mujeres de Dios caminen con él, y disfruten de su relación con él de una forma refrescante. Nosotros podemos conocer a Dios de una manera más completa e íntima cuando caminamos con él al aire libre...; en la tranquilidad permitamos que nuestros sentidos y espíritu estén atentos a su voz que nos habla directamente a nosotros. Aunque el entorno al aire libre ofrece menos distracciones, haciéndolo así, un conducto vital para oír a Dios, el escritor de Hebreos afirma que esta clase de comunicación íntima con Dios es solo posible, en última instancia, a través de la fe: "Por la fe entendemos haber sido constituido el universo por la palabra de Dios, de modo que lo que se ve fue hecho de lo que no se veía." (Hebreos 11:3)

Cruzando mares y ríos

Hay amplia evidencia en las Escrituras para demostrar cómo Dios usa el *entorno* especial del desierto y los elementos únicos del *tiempo* para formar a su pueblo de una forma muy profunda. Uno no se puede imaginar cómo los Israelitas deben haberse sentido después de haber escapado de Egipto exitosamente, solo para encontrarse a sí mismos atrapados entre el mar Rojo en el frente y las carrozas del Faraón acercándose a ellos por la parte de atrás. Parecía una situación sin salida. ¿Fue un error el que Moisés los guiara hasta las orillas del mar Rojo? Puede haberles parecido así porque ellos no sabían lo que Dios se tenía guardado bajo la manga para hacer a continuación. A pesar de que la situación parecía aterradora y desesperada, Dios los había llevado hasta el borde de este obstáculo, aparentemente infranqueable, con un propósito. Tanto Moisés como el pueblo pueden haberse sentido acorralados, pero Dios no los iba a abandonar en este momento de necesidad. Él los trajo al borde de su zona de confort para enseñarles algo. A través de esta circunstancia tan terrible en el desierto, Dios le demostraría nuevamente a Israel que él los ha escogido a ellos para un propósito divino, y que se puede confiar en él: Nada es demasiado difícil para Dios.

Tal como leemos en el Éxodo, podemos ver el desarrollo de su plan perfecto. Vea si usted puede observar los dos elementos, el entorno y el momento oportuno, en el pasaje:

> Y el ángel de Dios que iba delante del campamento de Israel, se apartó e iba en pos de ellos; y asimismo la columna de nube que iba delante de ellos se apartó y se puso a sus espaldas, …Y extendió Moisés su mano sobre el mar, e hizo Jehová que el mar se retirase por recio viento oriental toda aquella noche; y volvió el mar en seco, y las aguas quedaron divididas. Entonces los hijos de Israel entraron por en medio del mar, en seco, teniendo las aguas como muro a su derecha y a su izquierda. (Éxodo 14:19-22).

El ambiente era de miedo, este momento oportuno y preciso fue diseñado para dejar en ellos una impresión duradera, y el resultado fue la transformación de su pueblo: "Y vio Israel aquel grande hecho que Jehová ejecutó contra los egipcios; y el pueblo temió a Jehová, y creyeron a Jehová y a Moisés su siervo." (Éxodo 14:31)

Asimismo, en otro caso de estudio, vemos a Dios usando los elementos del momento oportuno y el entorno al aire libre para causar transformación por medio del cruce del río Jordán. Después de haber dirigido al pueblo a través del desierto por cuarenta años, Moisés ahora le pasaba el liderazgo a Josué, quien guiaría al pueblo a través del río Jordán hacia la Tierra Prometida. Ellos estaban más que listos para experimentar la tierra repleta de "leche y miel." Estaban cansados de comer maná y codorniz, pero la razón por la que tuvieron que vagar por el desierto en primer lugar fue por la incredulidad de sus padres. Ahora, era el momento de prueba para esta nueva generación. Para probarlos, Dios los trajo a orillas del río Jordán en un tiempo no muy ideal. En vez de haberlos traído durante el tiempo en el que el río estaba bajo en su caudal, y por ende más fácil de atravesar, él los trajo a sus orillas en la temporada en la que el río se estaba desbordando.

Durante gran parte del año, el río Jordán es un simple chorrito de agua, pero en esta época del año la nieve derretida de las montañas del norte estaban haciendo que el río se desbordara en sus orillas. Esta no era una corriente de agua pequeña y además no había puente para cruzar. ¿Por qué Dios no escogió la temporada de sequía para hacerlos pasar el río? El texto nos explica que él eligió este entorno y momento oportuno para dejarlos maravillados, para transformarlos. "Y Josué dijo al pueblo: Santificaos, porque Jehová hará mañana *maravillas entre vosotros*." (Josué 3:5, énfasis añadido) Y eso es precisamente lo que sucedió. Los sacerdotes pusieron su fe en acción y caminaron dentro del Jordán con el Arca del Pacto sobre sus hombros; y el Señor les sorprende al detener al río para permitirle a Israel cruzar el río desbordado. ¿Cuál fue el resultado de este evento para probar la fe? Ellos fueron transformados desde muy adentro, y ahora tenían una historia que contarles a sus hijos por generaciones. Como monumento, para recordar este asombroso momento de enseñanza en el desierto, formaron una pila de piedras al borde del agua del río. Ahora con una fe fortalecida por este evento, marcharon confiadamente hacia Jericó para derribar sus torres poderosas con el arma sencilla de la confianza en Dios.

Montañas, asombro, autoridad y misión

Imagínese sentado en una iglesia reunida en una casa en el primer siglo, escuchando la segunda carta del apóstol Pedro a las iglesias siendo leída por primera vez. Mientras el anciano (pastor) lentamente lee el comienzo de la carta, su imaginación es picada por el tono autoritario de las palabras escritas por Pedro. Estas son experiencias de primera mano que Pedro nos está entregando. Ya en el segundo párrafo de la carta tú asientes con tu cabeza y sonríes, sintiendo la paz y seguridad, la cual llega a aquellos que escuchan con una fe inmovible. Aunque el mundo afuera de este pequeño grupo de compañeros reunidos en este hogar sigue en caos y es crítico de los cristianos, usted descansa en la verdad de las palabras de Pedro:

> Porque no os hemos dado a conocer el poder y la venida de nuestro Señor Jesucristo siguiendo fábulas artificiosas, sino como habiendo visto con nuestros propios ojos su Majestad. Pues cuando él recibió de Dios Padre honra y gloria, le fue enviada desde la magnífica gloria una voz que decía: Este es mi Hijo amado, en el cual tengo complacencia. Y nosotros oímos esta voz enviada del cielo, cuando estábamos con él en el monte santo. (2 Pedro 1:16-18)

Como los encuentros de Moisés con Yahveh en la cima de una montaña, Pedro también tenía varias experiencias de cima de montaña con Cristo. Este pasaje en la carta de Pedro hace alusión a un momento impresionante en las nubes con Santiago, Juan, Jesús, Moisés y Elías en el monte de la transfiguración. De forma clásica, tal como Dios había establecido su autoridad en y a través de Moisés en el monte Sinaí, el Padre celestial mostró su gloria y demostró la profundidad de la autoridad de Jesús sobre toda la creación, encima de otra montaña. Jesús había estado subiendo con Pedro, Santiago y Juan, cuando, después de llegar a la parte superior, hizo una pausa para orar. A continuación y sin previo aviso, ¡comenzó a brillar! Transfigurado delante de ellos empezó a hablar con Moisés y Elías sobre su misión, la que estaba a punto de culminar en Jerusalén (ver Lucas 9:31). Entonces:

> Mientras él decía esto, vino una nube que los cubrió; y tuvieron temor al entrar en la nube. Y vino una voz desde la nube, que decía: Este es mi Hijo amado; a él oíd. Y cuando cesó la voz, Jesús fue hallado solo; y ellos callaron, y por aquellos días no dijeron nada a nadie de lo que habían visto. (Lucas 9:34-36)

Las montañas siempre han sido un sitio especial para encuentros con Dios. Cuando los israelitas llegaron finalmente al Sinaí, Dios llamó a Moisés para que subiera la montaña y se reuniera con él: "Y Moisés subió a Dios; y Jehová lo llamó desde el monte, diciendo: Así dirás a la casa de Jacob, y anunciarás a los hijos de

Israel." (Éxodo 19:3) Dios le dio a Moisés instrucciones claras y con autoridad para pasárselas al pueblo. Entonces:

> Y descendió Jehová sobre el monte Sinaí, sobre la cumbre del monte; y llamó Jehová a Moisés a la cumbre del monte, y Moisés subió. Y Jehová dijo a Moisés: Desciende, ordena al pueblo que no traspase los límites para ver a Jehová, porque caerá multitud de ellos. Y también que se santifiquen los sacerdotes que se acercan a Jehová, para que Jehová no haga en ellos estrago. (Éxodo 19:20-22)

Moisés y el pueblo se humillaron delante de Dios y escucharon sus mandamientos. En este caso, sólo a Moisés le fue permitido subir a la montaña para encontrarse con Dios, lo cual le distinguió como el líder del pueblo. Dios usó este ascenso alpino para transferir su autoridad a Moisés como su embajador. En caso tras caso, las montañas mencionadas en la Biblia ofrecen vistas panorámicas impresionantes para aquellos que las subieron para ver a Dios más claramente por quien él es. Y el escalarlas hoy, todavía ofrecen un paisaje majestuoso para reconocer a Cristo como la autoridad sobre todos.

Después de la resurrección, Jesús envió a sus discípulos en una excursión a la montaña fuera de la ciudad. Esta experiencia en la cumbre tenía un objetivo que Jesús iba a aclarar, que aunque a Moisés se le había dado cierta autoridad para dirigir al pueblo de Dios, esta autoridad estaba a punto de ser trasferida a ellos. Para comprender la gravedad de este cambio de liderazgo, Jesús tenía que dejarles bien en claro que él era mayor que su venerado patriarca, Moisés, y que como el Mesías, ¡él tenía poder y autoridad sobre todo en los cielos y en la tierra! El escritor de Hebreos se basa en este tema para ayudarnos a comprender su significado: "Porque de tanto mayor gloria que Moisés es estimado digno éste...." (Hebreos 3:3) Oscar Seitz nos proporciona mas información acerca del por qué de la costumbre de Jesús de subir montañas: "Nuestro primer evangelista intentaba el presentar a Jesús en la "montaña" como el dador de una Nueva Ley... Él subió a la montaña... como hizo Moisés para recibir la ley."[60]

Por lo tanto, el único con toda la autoridad estaba transfiriéndosela a estos once apóstoles, quienes serían llamados a salir como antorchas a prender el fuego del evangelio que se difundiría por el mundo entero. Al igual que Dios había hecho con Moisés en el monte, Jesús transfirió la autoridad como embajadores a los apóstoles en una montaña: "Y Jesús se acercó y les habló diciendo: Toda potestad me es dada en el cielo y en la tierra. Por tanto, id, y haced discípulos a todas las naciones...." (Mateo 28:18-19)

El apóstol Pablo, tiempo después, reitera este punto a la iglesia de Corinto: "Así que, somos embajadores en nombre de Cristo, como si Dios rogase por medio de nosotros...." (2 Corintios 5:20) De los pasajes como Marcos 3:13 y Mateo 28:16 vemos que Jesús vio valor intrínseco en las montañas como una opción para *impartir su autoridad a sus discípulos como embajadores.* Los líderes de actividades al aire libre, pueden usar las experiencias en las montañas para recordar a los creyentes que, Cristo ha impartido su autoridad en nosotros para difundir el evangelio. De un modo misterioso, esta perspectiva puede inspirar una visión renovada. La visión que Jesús mantuvo en frente de sus discípulos, fue una que involucraba el descender desde la montaña y regresar al valle para ser pescadores de hombres, penetrar sus ciudades como embajadores de la Gran Comisión.

CAPÍTULO 3: PRUEBAS

Las pruebas exponen la incredulidad

De una forma simple: las pruebas exponen la incredulidad y promueven una verdadera creencia. Una y otra vez, la creencia verdadera o falsa se pone de manifiesto en el desierto, y las pruebas son un instrumento para exponer si le tememos a Dios o al hombre. Al quitar lo que nos es familiar, las pruebas también tienen una forma de ampliar nuestra zona de confort para mantenernos humildes. Seguir a Jesucristo no es fácil todo el tiempo. Todos tenemos asperezas que necesitan ser limadas, y todos tenemos tendencias pecaminosas que están en contradicción con los deseos del Espíritu. El espíritu está dispuesto, pero la carne es débil. Al observar el tema de las pruebas o los retos en las Escrituras, se hace evidentemente obvio que la naturaleza es un lugar favorito de Dios para llamar nuestra atención. El Padre busca nuestra fidelidad hacia él, y a través de las pruebas de Israel en el desierto de Sinaí, aprendemos que la perseverancia *es un indicador de una relación de pacto.*

Dios nos prueba intencionalmente a través de distintas formas de oposición para establecer nuestra creencia e integridad. A través del proceso aprendemos que él es el que establece los términos del discipulado, no nosotros. Cuando somos retados, pudiera ser que quisiéramos retar a Dios, pero en su sabiduría perfecta él nos cuestiona y nos lleva a nuestros límites, de tal forma que en lugar huir de él, nos acercamos más. Job, Sara, Abraham, Pedro y Pablo son todos ejemplos típicos de aquellos que han aprendido la obediencia a través del sufrimiento. Cada uno pasó por un proceso de desorientación y re-orientación en el desierto. A medida que Dios le añade el bálsamo de la gracia a nuestros retos y pruebas, él milagrosamente levanta a siervos que pueden transformar naciones.

El espíritu está dispuesto, la carne es débil

Las pruebas *exponen la realidad de nuestra humanidad y la insuficiencia de nuestra adoración*. En el huerto de Getsemaní Jesús le dijo a los doce, "el espíritu a la verdad está dispuesto, pero la carne es débil." (Marcos 14:32-42) De la misma forma que el exprimir una esponja revela cuál líquido fue absorbido, las pruebas difíciles exprimen la verdad acerca de nosotros mismos, y nos hacen ver con honestidad qué hay en nuestro corazón. Esto nos hace más auténticos y abre la puerta para experimentar una vida abundante a través de la confianza en el Espíritu, y no en nuestra propia fuerza.

Después de la resurrección, Jesús decidió que era el momento de exprimir la esponja. Ahora en su cuerpo ya glorificado fue a encontrarse con los apóstoles en un monte en la afueras de la ciudad. Mateo nos dice, "Y cuando le vieron, *le adoraron*; pero algunos dudaban." (Mateo 28:17) La aparición del Cristo Resucitado exprimió a los apóstoles, haciendo que sus verdaderos colores se manifestaran. Algunos adoraron, pero otros dudaron. Incluso después de presenciar los eventos de la crucifixión, después de oír reportes de que otros habían visto a Jesús resucitado de entre los muertos, y después de ver a Jesús en el aposento alto cuando él se les apareció, algunos todavía dudaban. ¿Por qué dudamos cuando se nos han dado todas las razones para creer? El espíritu está dispuesto, pero la carne es débil. Las experiencias al aire libre, por lo tanto, tienen un propósito esencial para hacernos más dependientes en el Espíritu de Dios, y menos en nuestra carne.

La tentación de Cristo (léase Lucas 4:1-3) fue también una forma de prueba de la carne, que hizo que Jesús profundizara su dependencia en el Padre. El escritor de Hebreos nos comenta acerca de la importancia del sufrimiento de Jesús durante su vida en la tierra:

> Y Cristo, en los días de su carne, ofreciendo ruegos y súplicas con gran clamor y lágrimas al que le podía librar de la muerte,

fue oído a causa de su temor reverente. Y aunque era Hijo, por lo que padeció aprendió la obediencia; y habiendo sido perfeccionado, vino a ser autor de eterna salvación para todos los que le obedecen; y fue declarado por Dios sumo sacerdote según el orden de Melquisedec. (Hebreos 5:7-10)

La tentación en el desierto probó la humanidad de Jesús. De este encuentro aprendemos que el enemigo principal de Jesús, el diablo, trató de apelar a la *deidad* y el poder de Cristo, mientras que Cristo se sostuvo firmemente a su debilidad y humanidad. En lugar de ejercer su poder soberano sobre Satanás, él decidió depender del Padre Celestial ante la prueba. Jesús se acogió plenamente a su humanidad porque sabía que el plan de Dios para derrotar a Satanás era a través de su humildad, no de su poder: "el cual, siendo en forma de Dios, no estimó el ser igual a Dios como cosa a que aferrarse, sino que se despojó a sí mismo, tomando forma de siervo, hecho semejante a los hombres." (Filipenses 2:6-7) En un argumento paralelo a este, el apóstol Pablo nos indica el mismo principio actuando en la vida de Tito, alentándolo a seguir fielmente, enseñando y exhortando a la iglesia en Creta para que mantuviera su fe, *negando los deseos de la carne* para producir fruto del Espíritu (léase Tito 2:11-15).

Pruebas de estrés en el desierto

Como una prueba de esfuerzo dada en una clínica cardiovascular o dada a un banco en dificultades para ver si pasa, Israel tiene que pasar regularmente a través de una serie de pruebas de verdadero y falso, para no engañarse a sí mismo cuando los resultados de laboratorio le lleguen a su puerta. Es muy fácil el pensar que estamos bien cuando en realidad nuestra alma no está bien. Las "pruebas de verdadero y falso" de Israel en el desierto les llevó a una de dos: al arrepentimiento, o a un mayor endurecimiento del corazón. Ellos o bien respondieron a la prueba con una confianza, creencia y obediencia renovadas, o por el contrario ignoraron rotundamente las advertencias de peligro dadas por sus profetas. La rebelión contra Moisés en Meriba es un ejemplo primordial de una prueba de esfuerzo en la que Israel no salió bien (léase Éxodo

17:1-7). Israel puede haber sentido que tenía el derecho a refunfuñar contra Dios, porque ellos tenían sed y estaban cansados en el desierto del pecado, pero de acuerdo con el comentario de este evento en el Salmo 95, esta fue una prueba de esfuerzo que reveló sus corazones endurecidos hacia Dios:

> Hoy, si sólo se escuchara su voz, no endurezcáis vuestros corazones como en Meriba, como aquel día en Masá en el desierto, donde sus antepasados me han tentado; me trataron, a pesar de haber visto lo que hice. En los últimos cuarenta años estaba enojado con esa generación; me dijo, 'se trata de un pueblo cuyos corazones van por el mal camino, y que no han conocido mis caminos'. Y me declaró bajo juramento en mi ira, 'no entrarán mi reposo.' (Salmo 95:7-11).

Al dirigirnos al Nuevo Testamento, tenemos varios pasajes instructivos que considerar. Cuando Jesús calmó la tormenta en Marcos 4:35-41, él les *preguntó* a los doce: "¿Por qué tienen miedo? ¿Todavía no tienen fe?" Aunque podemos identificarnos con sus temores, mientras la tormenta estaba a punto de voltear su barco, aparentemente su falta de fe en Jesús como el Hijo de Dios no tenía excusa. Esta prueba de esfuerzo trajo sus dudas secretas a la luz pública. Los doce confesaron abiertamente una tensión sin resolver entre la creencia y la incredulidad cuando dijeron: "¿Quién es este? Incluso el viento y las olas le obedecen." (Marcos 4:41) El desierto es un lugar donde *la incredulidad es expuesta y confrontada de manera tal, que el creer se hace posible.*

Jesús también prueba a los doce cuando dio de comer a los cinco mil, lo cual ocurrió en una localidad remota (léase Juan 6:1-15). Aquí, Jesús le pregunta a Felipe qué deben hacer para satisfacer el hambre de las masas. No hay panaderías en millas a la redonda, por lo que Felipe no sabía qué hacer. Su respuesta reveló su falta de fe (al igual que la de los demás discípulos), a lo que Jesús responde con el despliegue de un par de milagros diseñados para ablandar sus corazones hacia una confianza auténtica. Después de dar de comer a las multitudes, hubo doce canastas llenas de sobras, que fueron suficientes para que cada discípulo comiera mucho más de lo que necesitaba.

Esta lección fue más que suficiente para hacerles ver el punto, pero al parecer, ellos todavía no entendieron plenamente las implicaciones personales de este enseñanza, así que Jesús los envió en una atrevida experiencia al aire libre a través del lago (léase Marcos 6:45-52). Copiando el estilo de enseñanza de Cristo, hace que el ministerio al aire libre utilice la aventura como un medio para desafiar la incredulidad terca y testaruda. Esta es una de las razones principales por la que la gente necesita tomar riesgos: todos necesitamos experiencias fuera de nuestra zona de confort de vez en cuando para exponer nuestras dudas obstinadas y dualidad de espíritu. Considere por un momento algunas de las lecciones más importantes que Dios le haya enseñado en su caminar con él, pero, ¿con qué frecuencia, es que se ha olvidado de las implicaciones de esa lección a su vida diaria? Es muy fácil para nosotros caer en duda y en una vida falta de fe. Por esta razón, Dios nos sigue empujando fuera de nuestra zona de confort para que la fe, en vez del miedo, continúe siendo el combustible de nuestra vida.

Después del milagro de la alimentación de los cinco mil, hubo una clara intencionalidad en la manera que Jesús envía a sus discípulos inmediatamente a una experiencia tipo desierto en el lago. ¿Cómo fue Jesús intencional en esto? En primer lugar, Jesús envió a sus discípulos delante de él. Estaban por su cuenta. Ellos iban a tener que pasar por esa tormenta *sin* él. Los líderes de excursiones al aire libre pueden imitar esto al enviar a su grupo por delante sin ellos (los líderes), para que el grupo tenga la oportunidad de sentir el peso de la responsabilidad. Cuando ellos tienen que tomar las decisiones, en lugar de apoyarse en un guía experto, se incrementa el aprendizaje. A veces cuando las personas están plagadas de orgullo, o endurecidas con un escepticismo obstinado, ellas necesitan ser abandonadas y estar por su cuenta para entonces resquebrajarse: por eso dice la Escritura: "Dios resiste a los soberbios y muestra gracia a los humildes." (Santiago 4:6) Con otra muestra de la intencionalidad en proveer esta experiencia en el desierto para transformar a los discípulos, después de enviarlos al lago antes de él, subió a la montaña a orar (léase Marcos 6:46). Marcos nos señala que cuando cayó la tarde, los doce estaban en el *medio* del lago. Jesús pudo ver desde la cima a los discípulos esforzándose con los remos. Él vio como el viento soplaba en contra de ellos. Esto era parte del plan, Jesús estaba mirando cómo se desarrollaban los acontecimientos de la noche, esperando el momento en el que él intervendría para salvarlos. A menudo, los padres tienen que hacer esto con sus hijos, dejando que ellos aprendan mientras ellos (los padres) observan desde la distancia. Los maestros hacen esto con sus alumnos, dándoles espacio para descubrir la verdad por sí mismos, lo cual requiere paciencia porque sería muy fácil el acelerar las cosas, interviniendo y dándoles la respuesta. Pero un maestro sabio sabe que esto descarrilará el proceso de aprendizaje. De la misma manera que Jesús observaba desde la distancia, en el contexto de liderazgo al aire libre, no es raro que un par de guías dejen que el grupo trate de encontrar el camino correcto por unas horas, mientras que ellos los observan desde algún lugar cercano para asegurarse de que no se pierdan; de esta forma los grupos experimentan el estrés de estar a cargo, mientras que los guías están procurando que los grupos estén siempre seguros.

    Desde su punto de observación en la montaña, Jesús miraba cómo se esforzaban con los remos por un rato, orando seguramente para que esta noche se convirtiera en un pináculo de la transformación de sus corazones. Finalmente, en la oscuridad de la noche, él se acercó a ellos. Estuvo "a punto de pasarles por un lado" (Marcos 6:48), cuando lo vieron caminando sobre el lago. Creían que era un fantasma, de modo que Jesús les habló diciendo: "¡Ánimo! soy yo. No tengan miedo." (Marcos 6:50) Entonces él subió en el barco y el viento se calmó. El escritor del evangelio, Marcos, nos proporciona un comentario entre paréntesis para ayudar al lector a entender la razón por la cual Jesús los llevó a través de esta prueba: "Ellos estaban completamente asombrados, porque ellos no habían comprendido acerca de los panes; sus corazones estaban endurecidos." (Marcos 6:51-52) Aquí, en este relato, podemos ver cómo *Jesús intencionalmente diseñó una experiencia en el desierto para exponer su incredulidad, con el fin de establecer una verdadera creencia*. Jesús podría haberlos reprendido después del milagro de los cinco mil por no creer, pero en su lugar, eligió enviarles a vivir una experiencia que los retaría física y emocionalmente para demostrar una vez más que no hay ningún otro digno de su fe.

Resistencia con propósito

Las Escrituras presentan sin disimulo un precedente: que Dios intencionalmente prueba a sus discípulos a través de diversas formas de oposición para establecer una relación y establecer confianza. De este relato vemos que, Jesús aboga por el uso de "entrenamiento de resistencia." (véase Marcos 6:45) En este pasaje él confeccionó la resistencia (vientos en contra de ellos) para obtener resultados. El clima y el viento fueron instrumentos de transformación porque ofrecían un desafío necesario que produciría humildad. Incluso cuando discipulamos a otros en la vida cotidiana de la ciudad, es importante que los líderes diseñen actividades difíciles para retar a las personas a salir de sus comodidades. Reuniones y conversaciones en la cafetería no siempre son suficientes para realmente cambiar el corazón de alguien. Necesitamos retos que nos obliguen a crecer.

En el Antiguo Testamento, hay muchos ejemplos de iniciativa personal de Dios en oponerse a las personas para producir cambios de vida. La lucha de Jacob con Dios es uno de los ejemplos más claros:

> Así se quedó Jacob solo; y luchó con él un varón hasta que rayaba el alba. Y cuando el varón vio que no podía con él, tocó en el sitio del encaje de su muslo, y se descoyuntó el muslo de Jacob mientras con él luchaba. Y dijo: Déjame, porque raya el alba. Y Jacob le respondió: No te dejaré, si no me bendices (Génesis 32:24-26)

Su transformación es simbolizada en que el Señor le dio un *nombre nuevo* a Jacob. Aquél que forcejeó con Jacob toda la noche dijo: "... No se dirá más tu nombre Jacob, sino Israel; porque has luchado con Dios y con los hombres, y has vencido." (Génesis 32:28)

Uno de los indicadores de la auténtica transformación es la voluntad de estar bajo la autoridad del Padre Celestial. Una vez más, a causa de nuestra naturaleza pecaminosa, esto no ocurre de manera natural. Así nos encontramos con que *el desierto fue un lugar donde la gente aprendió la obediencia por medio del sufrimiento*. En todo el Antiguo Testamento vemos a Israel quejándose a causa del sufrimiento. Ya sea por falta de alimentos (véase Éxodo 16:1-7; 16:8-21), por falta de agua (véase Éxodo 15:22-27), o a causa de las penurias en cautividad, Israel aprendió la obediencia por medio del sufrimiento. El escritor de Hebreos nos recuerda que Jesús también se humilló a sí mismo para aprender la obediencia a través del sufrimiento: "Porque convenía a Aquél por cuya causa son todas las cosas, y por quien todas las cosas subsisten, que habiendo de llevar muchos hijos a la gloria, perfeccionase por aflicciones al autor de la salvación de ellos." (Hebreos 2:10) Si usted sufre, anímese: Dios disciplina a quienes ama (léase Hebreos 12:7-11).

Las tentaciones de Cristo en el desierto (léase Lucas 4:1-3) modelaron para sus discípulos un principio de sentido común: si él tuvo que aprender la obediencia a través del sufrimiento, es también apropiado que ellos, aprendan la obediencia a través del sufrimiento. Si el Espíritu Santo enseñó a Jesús este camino, entonces tiene sentido que Jesús eligiera esta forma de entrenamiento con sus aprendices. Esto va también para con nosotros. Los atletas saben que algunos sufrimientos extremos son un requisito previo para su rendimiento, de modo que tienen que soportar un régimen de ejercicio disciplinado para alcanzar la excelencia. Ya que como aprendemos la obediencia más adecuadamente a través del estrés, el sufrimiento y la disciplina, cuando discipulemos a otros, tenemos que encontrar maneras de empujarlos para fomentar el crecimiento. Al igual que un buen

TEOLOGÍA • CAPÍTULO 3 • PRUEBAS

entrenador, los líderes eficaces saben poner aquellos a los que están discipulando en situaciones en las que se requiere perseverancia para que se produzca la resistencia.

El desierto es un lugar de *pruebas físicas para producir transformación para la gloria de Dios*. La conexión entre el reto físico y el crecimiento espiritual es un tema muy amplio para el que no tenemos espacio adecuado, por lo que no podemos explorar sus complejidades. Pero el cuerpo físico tiene un papel que desempeñar en el cumplimiento de la vida espiritual. Las experiencias al aire libre son a menudo recordadas por los retos físicos que involucraban. Dallas Willard ofrece un resumen de la importancia de este principio a nuestro tema:

> El marco físico humano tal como fue creado, fue diseñado para interacción con el mundo espiritual, y esa interacción puede reanudarse por iniciativa de Dios. Luego, a través de las disciplinas de la vida espiritual, esa interacción puede ser desarrollada por los esfuerzos conjuntos de Dios y la persona viva en el dinamismo del Espíritu.[61]

Todos tenemos la responsabilidad de tomar la iniciativa en disciplinar y formar nuestros cuerpos en sumisión a Dios para su gloria. Richard Foster llama a las disciplinas espirituales "la puerta de liberación": "La finalidad de estas disciplinas es una liberación de la esclavitud asfixiante del interés propio y del miedo."[62] Jesús demostró un compromiso con las disciplinas espirituales de la meditación, la oración, el ayuno, el estudio, la simplicidad, la soledad, la sumisión, la adoración y la celebración. La iglesia primitiva practicó estas y otras disciplinas en grupo como la confesión y la guía espiritual. Encuentros con Dios en el desierto, son una experiencia física y espiritual. A través del ejercicio, la soledad, el silencio, la oración, etc., nos sentimos fortalecidos y a menudo, experimentamos una sensación de alegría al usar nuestros cuerpos para dar gloria a Dios. Por ejemplo, recuerdo los comentarios de Mildred y Sylvio acerca de lo que habían aprendido durante una experiencia al aire libre a través del elemento de desafío físico:

> Mildred explicó que ella estaba 'disfrutando al máximo el estar

súper fatigada al final del día.' Sylvio tiene una opinión similar: 'Ustedes se sienten mejor al final del día, cuando caminan de regreso a su campamento y se sienten cansados, esto te afecta en buena manera.' Estas citas demuestran cómo la expedición no tendría el mismo significado para los participantes si esta no hubiera sido físicamente exigente y agotadora.[63]

No temerle más al hombre

Hasta ahora hemos visto varias maneras usadas por el Señor para probarnos en el desierto. Una prueba final que observamos en nuestro análisis revela el desierto como un lugar donde el Padre celestial probó a su pueblo para exponer si le temían a él o al hombre. Después de que los doce espías regresaron de su viaje de reconocimiento de la tierra de Canaán, el pueblo se alzó en rebelión contra Moisés porque su temor a los poderosos gigantes que habitaban en esa tierra era mayor que su temor al gigante y poderoso Dios (léase Números 13:1-33).

Dietrich Bonhoeffer estudió este tema en su libro *El costo del discipulado*. Él parafraseó varios pasajes de las Escrituras en relación al temor a Dios en contraste con el temor al hombre:

> No penséis que he venido a traer paz a la tierra: no he venido a traer paz sino espada. Porque vine a poner al hombre en contra de su padre, y la hija en contra de su madre, y la nuera contra su suegra. El que ama a padre o madre más que a mí no es digno de mí; y el que ama a hijo o hija más que a mí no es digno de mí. Y el que no tome su cruz y me siga, no es digno de mí. El que hallare su vida la perderá; y el que pierda su vida por mi causa la encontrará.[64]

A continuación, el exhorta a los hombres a que teman a Dios en lugar de temer al hombre:

> Los hombres no pueden hacernos daño, porque el poder de los hombres cesa con la muerte del cuerpo. Pero ellos deben superar el miedo a la muerte a través del temor de Dios. El peligro no se encuentra en el juicio de los hombres, sino en el juicio de Dios; no en la muerte del cuerpo, sino en la destrucción eterna del alma y el cuerpo. Aquellos que todavía tienen miedo de los hombres no tienen temor de Dios, y los que tienen temor de Dios han dejado de tener miedo a los hombres.[65]

Toda la congregación hebrea escuchó el testimonio de los doce espías en el desierto, y se enfrentó con la pregunta: "¿Nosotros tememos a Dios o a los hombres?" Ellos eligieron el temerle a los hombres, y la consecuencia pesó fuertemente sobre su generación. Por el contrario, Josué y Caleb fueron los modelos de confianza; ellos eligieron el temor de Dios en lugar de a los gigantes. Como consecuencia de su fidelidad y confianza en Dios, Josué fue más tarde seleccionado para ser el líder de Israel, y los guió a la Tierra Prometida.

He observado muchas veces en el contexto de aventura al aire libre, a través de retos físicos, emocionales, intelectuales y espirituales, que es importante y oportuno preguntar a las personas: ¿a qué temen más en su vida diaria, a Dios o al hombre? ¿Acaso ellos siguen ciegamente a sus compañeros aun cuando su comportamiento sea ofensivo a Dios? ¿Qué indicadores revelan en dónde residen nuestros temores? En el transcurso de los años he observado que lo que priorizamos, a menudo pone al descubierto lo que tememos. Nosotros podemos ayudar a la gente a ver que los caminos ya trillados o *patrones* en su vida en realidad apuntan a quienes ellos temen.

El yunque del hambre

He escuchado a la gente hacer algunas declaraciones bastante extremas cuando están realmente hambrientos y cansados, y no tienen la cobertura de seguridad de su hogar para cobijarlos. Después de unos días comiendo comida de campamento, abundan las fantasías de comidas exquisitas. Tan solo una simple excursión, puede llevar a alguien a salirse de su zona de confort culinario, los hijos de Israel lo vivieron mucho peor. Como guía de campamentos o excursiones, a lo mejor va a tener que aguantar comentarios sarcásticos sobre sus habilidades culinarias, como guía, o sobre el sabor de las provisiones que ha traído. Pero para poner esto en perspectiva, tome en consideración las quejas de Israel hacia sus guías Moisés y Aarón al comienzo de su viaje de cuarenta años por el desierto.

Moisés y los Israelitas aprendieron que un poco de hambre podría ser útil en la tarea de forjar el carácter y la fe. Justo antes de que Dios les proveyera maná e introdujera las codornices, el pueblo murmuró contra Moisés sin reservas: "y les decían los hijos de Israel: Ojalá hubiéramos muerto por mano de Jehová en la tierra de Egipto, cuando nos sentábamos a las ollas de carne, cuando comíamos pan hasta saciarnos; pues nos habéis sacado a este desierto para matar de hambre a toda esta multitud." (Éxodo 16:3) En cada cultura, *una de las zonas de confort más queridas, es nuestra dieta*. Nos hemos acostumbrado a ciertos alimentos, sabores, texturas y olores. Y cuando esta se nos quita o es alterada significativamente nos molestamos. Usted puede haber experimentado esto en algún viaje a otra cultura por un período de tiempo significativo. Le toma un tiempo el ajustar su paladar. Nuestras papilas gustativas "altaneras" pueden tentarnos a murmurar desagradecidamente en nuestro corazón, o hacernos fantasear sobre nuestro restaurante favorito en nuestro país de origen. Lo mismo sucede con precisión mecánica en la aventura al aire libre. Cuando las personas tienen hambre y no reciben la comida que necesariamente, se adapta a su menú ideal, esto los hace volverse impertinentes. Esta es una gran oportunidad para hablar sobre derechos e ingratitud. ¡Ay! *La refunfuñadera es una gran ventana hacia el alma.*

Un pasaje que ilustra cómo Dios usa el hambre en el desierto para forjar el carácter y la fe es 1 Reyes 19:1-21. Aquí observamos a Elías ayunando por cuarenta días y cuarenta noches antes de encontrarse con Dios en una cueva. El momento de su encuentro se produjo en medio de gran hambre y necesidad. Del mismo modo en Mateo, capítulo 4, vemos que Jesús ayunó cuarenta días y cuarenta noches en preparación para inaugurar su ministerio, comenzando con el conflicto con Satanás. Estos eventos forjaron un carácter fuerte para la futura batalla espiritual. El escritor de Hebreos señala que Jesús tuvo que aprender la obediencia mediante el instrumento del sufrimiento, de entre los cuales el hambre, es una de las más dolorosas experiencias para aguantar. A pesar de que el valor del hambre, el ayuno, y el sufrimiento son sin duda un misterio, las Escrituras nos enseñan que Jesús no omitió esta ley de la humanidad: la obediencia se aprende en medio de la adversidad (léase Hebreos 5:8).

Después de un día agotador de ministerio, los discípulos le piden a Jesús que coma algo. Él debe haber estado muy hambriento, pero respondió, "...Yo tengo una comida que comer, que vosotros no sabéis... Mi comida es que haga la voluntad del que me envió, y que acabe su obra." (Juan 4:31-34) Este es uno de los más profundos e instructivos relatos sobre el hambre en el Nuevo Testamento ya que muestra con qué frecuencia vivimos por vista y no por fe. El hambre física, especialmente a través de un ayuno controlado, puede ser transformadora porque nos muestra que podemos decir "no" a nuestros deseos; no necesitamos tanto como nuestros ojos y nuestros cuerpos nos dicen.

Peter Scaer reflexiona sobre la prueba presentada a Adán y Eva de no comer un cierto tipo de fruta, aunque era increíblemente atractiva:

> Esta conexión entre la obediencia y la comida es intrigante desde cualquier punto de vista y a todo nivel. Esta nos lleva de vuelta al principio de la creación, en donde Dios dio uno, y sólo un mandato. Entonces, la comida de desobediencia condujo a la muerte eterna y a la separación de Dios. En la medida que Dios comenzó a crear un nuevo pueblo para sí mismo, él también utilizó la comida de dos formas: como un regalo, pero también como una prueba de obediencia.[66]

Una simple deducción, como líder de actividades al aire libre, es el sacar provecho de esos momentos durante la excursión cuando la gente está sintiendo punzadas de hambre. Los calambres en el estómago pueden ser una forma excelente de aprender qué quería decir Jesús cuando dijo que *su alimento era hacer la voluntad de Dios y terminar su trabajo.* ¿Qué significa eso?

Luto y oración

El desierto era también un lugar de encuentro con Dios a través del luto y la oración. Daniel caracteriza este principio, mientras se encontraba fuera en el desierto, en un tiempo de oración intercesora determinada. Daniel capítulo 10 describe una guerra inmensa que se lleva a cabo en el reino espiritual mientras él vivía en Babilonia. Allí vemos a Daniel de luto y orando, luchando en la esfera de lo espiritual por un avance significativo en su ministerio. Entonces, para bendecirlo y tranquilizarlo, aparece un ángel junto a él mientras que él se encontraba en soledad en el río Tigris. El ángel Gabriel había estado luchando contra un principado de la maldad, llamado el "príncipe de Persia," durante más de tres semanas a fin de librarse e ir a ministrar a Daniel en su momento de necesidad. A través de la ayuda del arcángel Miguel, Gabriel finalmente fue capaz de escapar y pasar a través del reino de oscuridad del príncipe de Persia, y asegurarle a Daniel que sus oraciones estaban siendo contestadas. Muy pronto príncipes de otras tierras serían derrotados en el reino espiritual, y Daniel estaría equipado y ungido para dirigir y lograr avances específicos para la gloria de Dios.

Los abatimientos iluminan el éxito verdadero

Jesús a menudo eligió enseñar a sus discípulos en momentos cuando ellos estaban cansados, desanimados, confundidos, o cuando habían fallado. En Lucas, capítulo 5, vemos a Jesús llamando a Pedro cuando estaba agotado y desalentado por su fracaso. Del mismo modo, cuando Jesús estaba cansado, el Padre le dio instrucciones de seguir adelante y llegar a la mujer en el pozo. El ejemplo que Jesús dio a sus discípulos a través de su respuesta a la mujer (aún cuando él estaba sediento y fatigado) causó una fuerte impresión en ellos. Como guía de excursiones usted va a encontrar muchos momentos en los que va a estar más cansado de lo que jamás se hubieras imaginado. Pero es entonces cuando algo va a surgir y le empujará más allá de sus habilidades naturales. Es en esos momentos cuando más necesitamos apoyarnos fuertemente en el Espíritu Santo, porque esta podría ser una oportunidad primordial para alcanzar y ministrar a alguien en necesidad, aún si creemos que no tenemos nada que ofrecer. Ese es precisamente el punto.

Al final de su ministerio terrenal, Jesús reiteró su llamamiento a los discípulos cuando estaban tristes, confundidos y fracasados después de una noche de pesca en el lago de Tiberias (véase Juan 21:1-14). Y en el camino a Emaús, Jesús se reveló a sí mismo a dos hombres que estaban confundidos y deprimidos por la crucifixión de Jesús, porque creían que él iba a ser el Rey-Mesías que iba a liberar a Israel. Mientras caminaban, Jesús hacia preguntas frecuentes y con sabiduría ocultaba su identidad, a fin de discernir lo que los dos forasteros pensaban con respecto a estos acontecimientos. Entonces, mientras descansaban y partían el pan juntos, sus ojos fueron abiertos para verlo (léase Lucas 24:31). El desierto o las experiencias al aire libre ofrecen muchas oportunidades de reto y aventura que inevitablemente contienen momentos de cansancio y desaliento. El líder de experiencias al aire libre perspicaz puede sacar mucho provecho de estas oportunidades al apuntar a la gente hacia su Consolador, Jesucristo.

Tal vez uno de los pasajes más potentes donde Jesús redefine claramente el éxito verdadero para sus discípulos se encuentra en Sermón del Monte, tal como fue escrito por Lucas (léase Lucas 6:17-26). David Teide escribe:

> El problema, sin embargo, llega cuando el argumento para el éxito se convierte en auto justificación para los triunfadores y exitosos, cuando aquellos que han recibido beneficios, los ven a ellos como signos inequívocos del favor divino... Jesús el Mesías asegura a sus discípulos que su sufrimiento y la aparente falta de beneficios, que otros consideran como signos de rechazo de Dios, son más bien las indicaciones de su participación en del reino de Dios, que está en contradicción con las formas del mundo en la actualidad.[67]

El mundo tiende a definir el éxito en términos pragmáticos y medibles. Esto a menudo lleva una competencia que no honra a

Dios, en lugar de beneficio mutuo y la cooperación para la gloria de Dios. El desierto es un establecimiento efectivo para redefinir el éxito. Los jóvenes a menudo comentan al final de un viaje que fue una de las mejores semanas de sus vidas, independientemente del hecho de que ellos tuvieron que vivir pacíficamente en comunidad, y a veces pusieron a un lado sus preferencias para servir a los demás. Esto, junto con el hecho de que pueden haber comido alimentos diferentes, haberse bañado muy poco, haber compartido equipo y utensilios, y haberse visto cada uno en sus peores momentos (especialmente en lo que respecta a la higiene), ayuda a los jóvenes a darse cuenta de lo que realmente el éxito significa en el Reino de Dios.

Cuando caminamos juntos hacia un objetivo común en el desierto, la falta de competencia es casi aceptable en comparación con el énfasis de "ganar" que normalmente experimentamos en nuestro mundo a diario. Un modelo de comunidad en el Reino de Dios se parece más a una situación de ganancia para todos, en lugar de una medalla de oro, plata o bronce para un individuo. Hay un lugar para este tipo de competencia que nos empuja a ser excelentes a niveles más altos, pero si nuestra filosofía de vida es siempre tratar de ganar, entonces es probable que hagamos que el perdedor sea lo que en un principio es lo más importante: las relaciones. Lo sé por experiencia, ya que esa era mi vida antes de que comenzara a caminar verdaderamente con Cristo.

CAPÍTULO 4: CONFIANZA

La confianza es la base de todas las relaciones; y el *aceptar que Dios es digno de toda confianza es la base para una nueva identidad*. Por desgracia, a causa del pecado y lo echado a perder que está nuestro mundo, nuestras vidas pueden ser definidas por la desconfianza que llevamos con nosotros, debido a la forma en que otros nos han hecho daño. Esto distorsiona radicalmente nuestra identidad alejándonos del diseño de Dios y apartándonos completamente del gozo tan grande que él quiere para nosotros. Uno de los objetivos centrales de la obra redentora de Dios es el de devolver nuestra identidad a su diseño original (léase 2 Corintios 5:17). A través de la conversión nuestra identidad pasa de ser un pecador rebelde a un santo que es un pecador.

Si usted ha puesto su confianza en Cristo, entonces es parte de una familia real. ¡Usted se ha convertido en un hijo o una hija del Rey! Este capítulo va a explorar más a fondo uno de los elementos de mayor importancia en nuestro proceso de santificación, la necesidad constante de reafirmar nuestra confianza en Dios. Debido a que han pecado en contra de nosotros, puede que tengamos la tendencia de no confiar en los demás, incluso en Dios. Pero esta falsa percepción de Dios tiene consecuencias muy dañinas. Las experiencias en el desierto encontradas en la Biblia nos muestran que Dios utiliza experiencias forjadoras de confianza para enseñar a la gente que *confiar plenamente en él no implica ningún riesgo*. Aunque sea una experiencia humana común, cualquier percepción de riesgo que tenga sobre confiar en Dios es falsa. Él es totalmente confiable.

Es absolutamente esencial que los hijos de Dios comiencen a aprender que, aunque perciban un riesgo en seguir a Dios, eso no significa que el riesgo sea *real*. Esas son dos cosas completamente diferentes. Dios nos humilla como sólo Dios puede hacerlo para enseñarnos que nuestras percepciones están equivocadas, y que aunque a veces sintamos que Dios nos ha abandonado, él no lo ha hecho, y que siempre podemos confiar en él. Dios nunca va a cambiar. Somos nosotros los que nos dejamos llevar como olas por nuestras percepciones falsas y emociones lastimadas. Es crucial para el hijo de Dios estar anclado en su confianza en Dios o un naufragio es inminente.

Dios estableció públicamente la identidad de Jesús en el desierto en el río Jordán: "Y Jesús, después que fue bautizado, subió luego del agua; y he aquí los cielos le fueron abiertos, y vio al Espíritu de Dios que descendía como paloma, y venía sobre él. Y hubo una voz de los cielos, que decía: Este es mi Hijo amado, en quien tengo complacencia." (Mateo 3:16-17) En las escrituras hebreas, vemos eventos concretos similares para establecer identidad. Por ejemplo, Abraham fue elegido y enviado con su familia al desierto como una bendición para todas las naciones. Abraham se convirtió en un ícono de la identidad hebrea por causa de su vida de fe durante esos años de estancia en el desierto (léase Hebreos 11). El evento forjador de identidad de Jacob ocurrió en el desierto, en el conocido vado de Jaboc. Las historias aún se contaban miles de años más tarde acerca de cómo Jacob llegó a ser identificado por su forcejeo con Dios junto a este vado. Allí, revolcándose entre piedras y arena, luchando por su identidad, recibió su bendición, y su cojera.

El Señor estableció su identidad, al darle a Jacob una herida de amor. Yendo un paso más allá, Dios le dio un nuevo nombre, Israel, que significa "el que lucha con Dios." (léase Génesis 32:28) Otro pilar de la fe hebrea, Daniel estaba de pie en la soledad por el río Tigris cuando experimentó un sello de identidad en el curado concreto de su alma. Después de buscar al Señor en oración, el ángel Gabriel le apareció con un mensaje personal de parte de Dios, "Tú eres muy amado," dijo Gabriel. Daniel recordó que Dios lo había elegido y lo favoreció porque era su hijo. Daniel profundizó de nuevo su confianza durante este tiempo de oración cuando Dios le demostró su confiabilidad: *Dios está plenamente consciente de lo que está pasando y nos escucha cuando le pedimos ayuda.*

Jesús siguió el modelo de elección del Antiguo Testamento que vemos en Abraham, Jacob y Daniel, cuando comenzó a distinguir y seleccionar a sus discípulos en el desierto. Por ejemplo, Jesús llamó e identificó a los doce en el desierto: "Después subió al monte, y llamó a sí a los que él quiso; y vinieron a él." (Marcos 3:13) Al final del ministerio de Jesús en la tierra, después de su resurrección, él volvió a establecer la identidad de sus discípulos en el medio de la creación al lado del mar de Tiberias. En este relato, Jesús mostró un interés particular de que la identidad de Pedro estuviera anclada en Cristo a través de una simple confianza.

Durante una deliciosa comida por la mañana, con pescado fresco cocido y pan sobre las brasas encendidas con fuego en una playa, Jesús establece la identidad de Pedro sobre una fe sólida. Él lo confronta directamente, y le hace algunas preguntas difíciles acerca de en dónde descansa su lealtad: "Simón, hijo de Juan, ¿me amas más que estos?" (Juan 21:15) Al igual que Pedro, quien unas noches antes de este encuentro había traicionado a Jesús abiertamente, si usted o yo le fallamos a Jesús de alguna manera en nuestro caminar con Cristo, nosotros también podríamos sentirnos tentados a retirarnos en desgracia para regresar a algunos de nuestros viejos patrones de infidelidad y de pecado. Pero de la misma manera que Jesús dijo con amor pero con firmeza a Pedro: "Apacienta mis ovejas," con amor abrumador Cristo nos llama a poner nuestros fracasos y la infidelidad en el pasado, aceptar su gracia, y comprometernos de nuevo en lealtad imparcial a Cristo. El apóstol Pablo interpretó este mismo principio de la enseñanza de Cristo cuando él escribió a la joven Iglesia de Filipos:

> No que lo haya alcanzado ya, ni que ya sea perfecto; sino que prosigo, por ver si logro asir aquello para lo cual fui también asido por Cristo Jesús. Hermanos, yo mismo no pretendo haberlo ya alcanzado; pero una cosa hago: olvidando ciertamente lo que queda atrás, y extendiéndome a lo que está delante. (Filipenses 3:12-13)

Lo distintivo de la confianza

¿Cómo hizo Dios para establecer una cultura de confianza? Cuando el Señor visitó a Abraham y a Sara para darles la buena noticia del nacimiento de su hijo Isaac, Abraham reconoció al Señor y corrió a sus brazos. Este es un ejemplo de la respuesta adecuada que uno debe tener cuando se presenta el Señor: ¡Correr a sus brazos! ¡Confiar en él! Entonces Abraham trajo agua y se lavó los pies (léase Génesis 18:1) como una señal de servicio humilde para Dios. Él conocía el lugar. Ahora viajemos cientos de años hacia delante, a partir de esta escena de campamento en el desierto en la carpa de una sola habitación de Abraham y Sara al aposento alto, donde Jesús sirvió su última cena. En una de las escenas del Nuevo Testamento más impresionantes, Jesús deliberadamente *invierte este acto de servicio modelado por Abraham en el Antiguo Testamento, y en vez de hacer que sus discípulos, con todo el derecho, le lavaran sus pies, ¡el Maestro se inclina a lavarles los pies a ellos! Este ejemplo perdurable de su humildad y su humanidad es la base de liderazgo de servicio* (léase Juan 13). Después de impresionarlos con este acto simbólico, él volteó el paradigma de su liderazgo, diciéndoles: "Ahora que yo, el Señor y Maestro, os he lavado los pies, ustedes también debe lavaros los pies unos a otros." (Juan 13:14)

Ni hablar de un evento de identidad sísmico. Sin embargo, lo que Jesús hizo está muy alineado con su forma de enseñanza por los tres años de ministerio que había pasado con ellos hasta este momento: "Porque el que es menos entre todos ustedes, es el más grande." (Lucas 9:48) He descubierto que el lavarse los pies unos a otros en el desierto es una manera poderosa de enseñar este principio de la confianza y el servicio. Con los pies sucios y mal olientes del camino, cada persona se ve muy humillada cuando otra persona le lava sus pies. El lavado de los pies es una lección muy eficaz para mostrar de una forma tangible el concepto de que nuestra verdadera identidad en Cristo está en el servir a los demás. Él vino para servir, no para ser servido. Cuando seguimos su ejemplo en el Reino de Dios sirviendo a los demás, entonces nos encontramos con que nuestra identidad completa comienza a armarse como las piezas de un rompecabezas. ¡Aja, ahí está la pieza que faltaba! Lo que Jesús nos está diciendo es: *aquellos que estén dispuestos a agacharse y recoger la vasija y la toalla como Jesús lo hizo, descubrirán los secretos del Reino de Dios y recibirán su recompensa.*

Por lo que sabemos, lo primero que hizo Jesús en su ministerio fue ir al desierto a ser bautizado por Juan. Entonces, en este momento importante, *Dios estableció la identidad* de Jesús a través del bautismo bendiciéndolo como él único Hijo Unigénito en quien tiene toda complacencia. Un tiempo después, Jesús preguntó a su grupo de discípulos que decía la gente acerca de quién era él. Después de escuchar sus respuestas, en un plano más personal y más directo, *les preguntó* qué decían *ellos* de quién era él. Él quería que tuvieran la oportunidad de articular su verdadera identidad. A continuación, para el asombro de todos, Pedro confiesa claramente que Jesús era el Mesías. Esta vez no fue el Padre quien anunció la identidad de Jesús desde el cielo; fue uno de los discípulos, a quien el Padre había revelado la identidad de su Hijo el Ungido (léase Marcos 8:27). Pedro decidió con toda certeza asegurar que Jesús era el Mesías. Poco después en el monte de la transfiguración, el Padre confirmó al grupo más cercano a Jesús (Pedro, Santiago y Juan) que Jesús de Nazaret fue su elegido con toda certeza y que tenían que escucharle (léase Lucas 9:28-36).

Un ejemplo adicional de cómo Jesús les enseñó a los discípulos acerca de su identidad y la de ellos, se encuentra en la Gran Comisión: "y Jesús se acercó y les habló, diciendo: 'Toda autoridad me ha sido dada en el cielo y la tierra'." (Mateo 28:18) Aquí vemos que Jesús comenzó sus palabras con la garantía de que tenía la autoridad de darles esta comisión debido a su identidad: él es el Hijo de Dios. No hay ninguna autoridad superior a la de él. Su vida es tan perfectamente coherente que no le da la oportunidad a ningún hombre para no confiar en él.

Obviamente el desierto no es el único lugar para mostrar con eficacia la identidad de Cristo, pero es profundo el hecho de que

Jesús haya utilizado de una forma común el enseñar a sus discípulos acerca de su identidad como el Mesías en lugares apartados o remotos. Cabe la pregunta que si aún no hemos utilizado una actividad al aire libre como parte de la formación de la identidad, y del impartir sabiduría y orientación a los que estamos enseñando,¿no valdría la pena el intentarlo ya que Jesús lo hizo y lo ejemplificó?

Interrupciones ineludibles

El desierto nos bendice al interrumpir nuestra vida tan dividida en compartimientos. A mí no me gusta ser interrumpido, ¿y a usted? Honestamente, las interrupciones realmente me molestan. Sin embargo, tan molestosas como lo son, ¿alguna vez ha considerado las interrupciones como una oportunidad ordenada por Dios para crecer y madurar en semejanza a Cristo? Este principio sale a la luz cuando contemplamos el fruto de algunas de las interrupciones más famosas en las Escrituras. En la torre de Babel, Dios interrumpió a su pueblo para formarlos según su voluntad (léase Génesis 11:1). Primero, Dios vino a ver lo que estaban haciendo; él tomó iniciativa (léase Génesis 11:5). Entonces, viendo cómo el orgullo había envenenado a toda la comunidad, el actuó para preservar su futuro al confundir sus lenguas y enviarlos al desierto, para hacer que ellos dependieran de él otra vez. Cuando los ángeles anunciaron el nacimiento de Jesucristo a los pastores, ellos *interrumpieron* a estos en medio de la noche con un mensaje fuera de lo normal que debe haber sacudido su mundo literalmente:

> Había pastores en la misma región, que velaban y guardaban las vigilias de la noche sobre su rebaño. Y he aquí, se les presentó un ángel del Señor, y la gloria del Señor los rodeó de resplandor; y tuvieron gran temor. Pero el ángel les dijo: No temáis; porque he aquí os doy nuevas de gran gozo, que será para todo el pueblo: que os ha nacido hoy, en la ciudad de David, un Salvador, que es CRISTO el Señor. (Lucas 2:8-11)

Saulo fue radicalmente interrumpido en el camino a Damasco con un mensaje inquietante: que la persecución celosa llevada por él, en el nombre de Dios, era en realidad blasfema y ofensiva para el Padre Celestial, ya que cada vez que Saulo perseguía a un seguidor del Camino, ¡él estaba en realidad persiguiendo al mismísimo Mesías! Es interesante, y tal vez hasta simbólico, que el encuentro de Saulo con Cristo en el camino a Damasco ocurrió cerca de la misma zona en donde siglos pasados Elías fue interrumpido por Dios en una gruta solitaria. Fue en algún lugar de esta misma región (el desierto de Damasco) en donde Saulo fue interrumpido y comisionado como misionero para los gentiles. Y fue también, en algún lugar de esta misma región desértica, que Dios, después de susurrarle al oído en la gruta, envió a Elías en una misión histórica para ungir a Hazael rey de Aram (léase 1 Reyes 19:9b-15). Parecida a esta interrupción, en una gruta en el desierto en el monte Horeb (léase 1 Reyes 19:8), Jesús interrumpe a Saulo en una carretera solitaria en el desierto para traerle color a su daltonismo étnico y religioso: "Mas yendo por el camino, aconteció que al llegar cerca de Damasco, repentinamente le rodeó un resplandor de luz del cielo; y cayendo en tierra, oyó una voz que le decía: Saulo, Saulo, ¿por qué me persigues? Él dijo: ¿Quién eres, Señor? Y le *dijo*: Yo soy Jesús, a quien tú persigues; dura cosa te es dar coces contra el aguijón. Él, temblando y temeroso, dijo: Señor, ¿qué quieres que yo haga? Y el Señor le dijo: Levántate y entra en la ciudad, y se te dirá lo que debes hacer." (Hechos 9:3-6) En estos y otros ejemplos, hemos observado un patrón similar de interrupción en el trabajo:

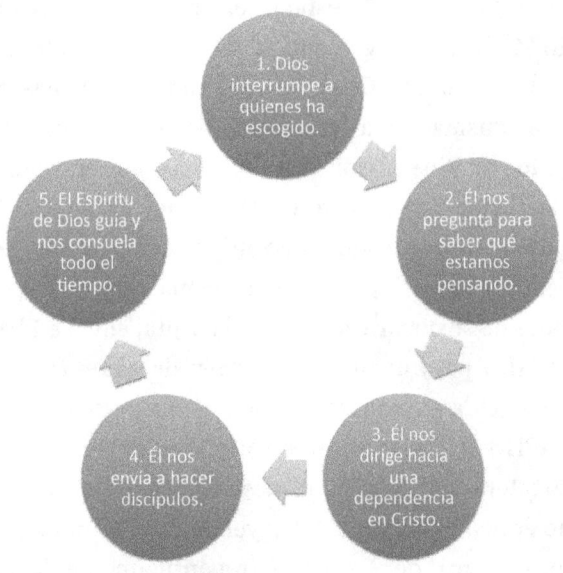

Un modelo teológico de interrupción

Como un caso particular de estudio, similar a la interrupción de Saulo en el desierto de Damasco, también podemos seguir este modelo básico que se desarrolla en el encuentro de Felipe y el eunuco Etíope en la carretera solitaria del desierto:

1. Felipe interrumpe al hombre en su carruaje.
2. Lo interroga.
3. Le presenta a Jesucristo y le bautiza.
4. Le envía de vuelta a su camino; con una nueva misión.
5. Felipe se va, dejando al eunuco en manos del Espíritu Santo y su consejo.

D. T. Niles (1908-1970), jefe de la misión indígena en Sri Lanka, dijo una vez, "En esta parte del mundo, el predicador, el evangelista, participa en la labor de interrumpir la vida de las personas."[68] Mientras estemos en la búsqueda de compartir el evangelio con la gente a través de actividades al aire libre, una estrategia es el crear ambientes de aprendizaje para interrumpir su vida, lo que es tan necesario como muy eficaz. Por ejemplo, al facilitar experiencias al aire libre que proveen oportunidades amplias para que la gente se quede en calma y escuche a Dios, podemos confiar en que Dios interrumpirá a aquellos a quien él quiere interrumpir (léase Salmo 46:10). Esta es una buena exhortación para los líderes cristianos de actividades al aire libre: si tratamos de cubrir mucho terreno y se nos olvida priorizar el descanso, el tiempo libre y el tiempo de reflexión dirigida, los participantes puede que tengan una semana divertida de actividades de aventura, pero puede que ellos no se conecten mucho con Cristo. Al organizar cuidadosamente su actividad al aire libre con un espacio amplio para la reflexión entonces estará dejando espacio para interrupciones divinas.

Gracia

El grupo musical U2 canta una canción que se llama "Gracia": "Ella se carga la culpa; ella cubre la vergüenza; elimina la mancha..." Al mirar honestamente las maneras en que Dios permite que seamos probados de diferentes formas en nuestras vidas para crecer en semejanza a Cristo, podemos decir que esto no sería posible sin su gracia. Dios no disfruta el vernos sufrir, sino que como nos ama tan intensamente, él nos permite pasar por pruebas debido a nuestro orgullo y pecado. Pablo descubrió esto en medio de una gran molestia: "Y me ha dicho: Bástate mi gracia; porque mi poder se perfecciona en la debilidad. Por tanto, de buena gana me gloriaré más bien en mis debilidades, para que repose sobre mí el poder de Cristo." (2 Corintios 12:9)

En el desarrollo de una teología de la identidad, debemos inevitablemente desarrollar nuestra comprensión de la relación entre la gracia y la acción. Jesús es el Hijo amado de Dios: el Padre derramó su favor sobre Jesús, pero también le dio un trabajo que hacer. Nosotros también, como discípulos de Jesús, gozamos del favor de Dios como hijos e hijas, pero también se nos ha dado un trabajo que hacer. Nuestras obras no nos salvan, pero se nos ha dado un trabajo que hacer para la gloria de Dios. *Dios no está en contra de las obras; él sólo está en contra de las obras como un medio para ganar su favor.* Nuestra identidad como hijos e hijas de Dios, es que somos facultados por su gracia y creados para buenas obras.

En el desierto, justo enfrente de Jericó al otro lado del río Jordán, Josué recordó a Israel de su identidad como hijos de Dios; el regalo de la tierra prometida, que estaban a punto de recibir, les fue dado basado sólo en la gracia de Dios, no por habérselo ganado o merecido. Una herencia es un regalo. Es dada por gracia no por mérito. En el discurso magnífico de Josué a Israel, antes de dividir y distribuir la tierra como herencia a cada tribu, les recordó lo que el Señor había dicho: "Y os di la tierra por la cual nada trabajasteis, y las ciudades que no edificasteis, en las cuales moráis; y de las viñas y olivares que no plantasteis, coméis." (Josué 24:13) En este discurso cúspide en el desierto donde Israel finalmente recibe su herencia prometida, Josué les recordó que la nueva patria fue un regalo. No ha sido ganada. Los cuarenta años de vagar por el desierto fueron orquestados para que ellos entendieran esto claramente y por siempre: "Toda buena dádiva y todo don perfecto desciende de lo alto, del Padre de las luces, en el cual no hay mudanza, ni sombra de variación." (Santiago 1:17) Estos son los principios de identidad inolvidables aprendidos por Israel, específicamente a través de sus experiencias por el desierto.

Hemos encontrado que esta lección de gracia inmerecida es demostrada de una forma muy especial a través de aventuras al aire libre. En la comodidad de nuestras rutinas diarias, a menudo damos por descontada la provisión del Señor, pero en el desierto, viviendo en tiendas de campaña, comiendo alimentos básicos, agua potable en lugar de bebidas energéticas y refinadas, etc., las personas son más aptas para reconocer lo mucho que se les ha dado. Ellos aprenden que lo que ellos tienen es de ellos por gracia, no por méritos. En una forma vivencial y memorable, el desierto puede ser un lugar para enseñar la verdad fundamental de que nuestra *salvación* (no sólo los bienes que nos han dado) es sólo por gracia, y no por obras.

Al haber tenido las personas tiempo para escuchar a Dios a través de su semana relativamente tranquila al aire libre, sería bueno que les preguntara algunas cosas pertinentes a sus experiencias para llevar este concepto de la teoría a la acción. Podría decir: "Jesús fue favorecido y amado por el Padre Celestial, pero el Padre también le dio una labor importante, una labor para hacer por su Reino. Nosotros nos encontramos en la misma situación, si pertenecemos a él. ¿Cuál sería un área de su vida, en la que siente que Dios le está llamando a actuar cuando regrese a su casa?" o " ¿Qué sería algo que siente que nuestro *grupo* tiene que hacer cuando regresemos a casa?" Estas preguntas combinan fe y acción, como se supone que debe ser.

Cómo las preguntas forjan integridad

Job, un hombre que representa una vida de fe, es puesto a prueba severamente por una línea directa de *interrogatorio* con el fin de forjar un fundamento profundo de confianza en su relación con Dios: "Ahora ciñe como varón tus lomos; Yo te preguntaré, y tú me contestarás." (Job 38:3) Con el fin de humillarlo y cimentar más su temor de Dios, Job es interrogado acerca de la naturaleza de la *creación y de los seres vivos*:

> ¿Sabes tú el tiempo en que paren las cabras monteses? ¿O miraste tú las ciervas cuando están pariendo? ¿Contaste tú los meses de su preñez, Y sabes el tiempo cuando han de parir? Se encorvan, hacen salir sus hijos, pasan sus dolores. Sus hijos se fortalecen, crecen con el pasto; Salen, y no vuelven a ellas. ¿Quién echó libre al asno montés, y quién soltó sus ataduras? Al cual yo puse casa en la soledad, y sus moradas en lugares estériles. (Job 39:1-6)

Dios sigue esta línea de cuestionamiento con respecto a su muestra de poder en sus *criaturas*:

> He aquí ahora Behemot, el cual hice como a ti; hierba come como buey. He aquí ahora que su fuerza está en sus lomos, y su vigor en los músculos de su vientre. Su cola mueve como un cedro, y los nervios de sus muslos están entretejidos. Sus huesos son fuertes como bronce, y sus miembros como barras de hierro. El es el principio de los caminos de Dios; el que lo

hizo, puede hacer que su espada a él se acerque. Ciertamente los montes producen hierba para él; y toda bestia del campo retoza allá. Se echará debajo de las sombras, en lo oculto de las cañas y de los lugares húmedos. Los árboles sombríos lo cubren con su sombra; los sauces del arroyo lo rodean. He aquí, sale de madre el río, pero él no se inmuta; tranquilo está, aunque todo un Jordán se estrelle contra su boca. ¿Lo tomará alguno cuando está vigilante, y horadará su nariz? (Job 40:15-24)

¿Sacarás tú al leviatán con anzuelo, o con cuerda que le eches en su lengua? ¿Pondrás tú soga en sus narices, y horadarás con garfio su quijada? ¿Multiplicará él ruegos para contigo? ¿Te hablará él lisonjas? ¿Hará pacto contigo para que lo tomes por siervo perpetuo? ¿Jugarás con él como con pájaro, o lo atarás para tus niñas? ¿Harán de él banquete los compañeros? ¿Lo repartirán entre los mercaderes? ¿Cortarás tú con cuchillo su piel, o con arpón de pescadores su cabeza? Pon tu mano sobre él; te acordarás de la batalla, y nunca más volverás. He aquí que la esperanza acerca de él será burlada, porque aun a su sola vista se desmayarán. Nadie hay tan osado que lo despierte; ¿Quién, pues, podrá estar delante de mí? ¿Quién me ha dado a mí primero, para que yo restituya? Todo lo que hay debajo del cielo es mío (Job 41:1-11)

Por fin, a través de la confesión de Job, podemos ver el poder transformador del cuestionamiento que hizo Dios. El resultado es la confianza y la fe de más alta calidad; es que es lo que encontramos da gloria a Dios. *Nuestra fe únicamente en él, es su objetivo*:

Respondió Job a Jehová, y dijo: Yo conozco que todo lo puedes, y que no hay pensamiento que se esconda de ti. ¿Quién es el que oscurece el consejo sin entendimiento? Por tanto, yo hablaba lo que no entendía; cosas demasiado maravillosas para mí, que yo no comprendía. Oye, te ruego, y hablaré; te preguntaré, y tú me enseñarás. De oídas te había oído; mas ahora mis ojos te ven. Por tanto me aborrezco, y me arrepiento en polvo y ceniza. (Job 42:1-6)

En última instancia, Dios está preocupado por la integridad de sus hijos. Porque nos ama tanto, él está continuamente trabajando en alinearnos con su palabra. Como un arquitecto está preocupado por la integridad del fundamento y la piedra angular, antes de comenzar a construir; el Padre celestial trabaja en nuestro corazón para prepararnos como su templo. Cuando caminamos con humildad ante Dios, lo ponemos en evidencia y le damos gloria en nuestra esfera de influencia: "Oh hombre, él te ha declarado lo que es bueno, y qué pide Jehová de ti: solamente hacer justicia, y amar misericordia, y humillarte ante tu Dios." (léase Miqueas 6:8) La experiencia de prueba de Job se asemeja al evento forjador de integridad de Israel durante sus cuarenta años deambulando en el desierto: "Y te acordarás de todo el camino por donde te ha traído Jehová tu Dios estos cuarenta años en el desierto, para afligirte, para probarte, para saber lo que había en tu corazón, si habías de guardar o no sus mandamientos." (léase Deuteronomio 8:2) Job se sometió a las pruebas de Dios sin tentar a Dios cuando respondía. Eso requiere humildad, pero es la única respuesta que forja integridad.

Proveedor único de nuestra alma

Hasta ahora hemos visto cómo Dios usa las experiencias en el desierto para conducir a su pueblo escogido a situaciones donde los fuerza a ampliar sus zonas de confort, dando por resultado la transformación. Dios también rompe barreras entre él y nosotros, quitando nuestras vendas espirituales a través de la oración. Esto resulta en una comunidad de personas que conocen los pensamientos de Dios, y caminan con él en la soledad de corazón y devoción. Otro tema de la prueba de Dios es confiar en él como nuestro único proveedor. En Génesis 22:1-19, Dios prueba a Abraham pidiéndole el apartar lo que es más importante para él: su hijo Isaac. De los desiertos más solitarios, Abraham persevera con confianza radical y demuestra su fe genuina:

> Por la fe Abraham, cuando fue probado, ofreció a Isaac; y el que había recibido las promesas ofrecía su unigénito, habiéndosele dicho: En Isaac te será llamada descendencia; pensando que Dios es poderoso para levantar aun de entre los muertos, de donde, en sentido figurado, también le volvió a recibir. (Hebreos 11:17-19)

Otros ejemplos ilustran cómo Dios estableció la confianza como el único sostén de su pueblo a través de todo el Antiguo

Testamento. En Éxodo 15:22-27 (un registro paralelo de esta relato esta en Números 20:8-14, donde los israelitas murmuran y se rebelan contra Dios en *Meriba*) lo vemos proporcionar agua de una roca para la gente. En Éxodo 16:1-7 ofrece maná, y en Éxodo 16:8-21 ofrece carne en forma de codorniz. Incluso a pesar de que se quejan, Dios provee. Jesús ilustra el mismo principio de *provisión inmerecida* en su parábola del hijo pródigo (léase Lucas 15:11-32).

En su comentario de la parábola de los obreros de la viña (Mateo 20:1-16), Michael Knowles identifica un tema similar. Los que murmuraban en la parábola han perdido el punto de que Dios es proveedor y que él es justo. Knowles escribe: "Cuando los que murmuraban acusan al dueño de la injusticia, la única injusticia en la situación es su propio egoísmo."[69] Así, la única injusticia de nuestras *quejas* a Dios por trato injusto es nuestro propio egoísmo.

Tal vez uno de los pasajes más instructivos del Nuevo Testamento con respecto a este principio de provisión es Juan 6:1-15. Después de mirar alrededor para ver a la muchedumbre que venía hacia él, Jesús prueba a Felipe diciendo: "¿Dónde podremos comprar pan para dar de comer a estas personas?" (Juan 6:5) Juan nos comenta entre paréntesis: "Él preguntó sólo para probarle porque él ya tenía en mente lo que iba a hacer." (Juan 6:5) Felipe estaba confundido y carecía de la fe que Jesús deseaba en él. Así que Jesús demostró este principio de disposición ante sus propios ojos. A pesar de que las multitudes fueron las beneficiarias del milagro, *él estaba apuntando la lección en este momento de aprendizaje a los doce* para transformar su fe en él como proveedor. Como un verdadero maestro vivencial, Jesús instruye a *recoger las sobras*. Al final, ellos reúnen doce canastas de sobras: suficiente para que cada uno tuviera su propia canasta. Enseñanza demostrada.

¿Ellos la entendieron? Lamentablemente, sus corazones todavía estaban endurecidos por la incredulidad. Por lo tanto, inmediatamente Jesús envió a los doce en una experiencia al aire libre a través del lago para verdaderamente transformar sus corazones. Después de caminar hacia ellos en el medio de la tormenta y calmar las olas, Jesús se sube a la barca para calmar sus temores. Marcos nos relata: "... ellos se asombraron en gran manera, y se maravillaban. Porque aún no habían entendido lo de los panes, por cuanto estaban endurecidos sus corazones." (Marcos 6:51-52)

La aplicación principal para líderes cristianos al aire libre es reconocer que, cuando las personas son empujadas fuera de sus zonas de confort ya sea a través de la escalada, el subir montañas por la noche, o el remar en aguas agitadas, etc., van a haber oportunidades importantes para una discusión en grupo. Usted no puede saber lo que está sucediendo en el alma de la gente mientras que son empujados a asumir un riesgo, pero usted puede estar seguro de que el Espíritu Santo ha utilizado escenarios como éste en épocas pasadas para sacudir a las personas desde lo más interno de su ser. El facilitar una discusión que use ejemplos de otros, quienes fueron probados por Dios (como los mencionados arriba), va a abrir oportunidades para discusiones honestas acerca de si sus temores humanos los forzaron a estar más cerca de Dios, o si por el contrario los alejaron más de él. Si esto último es cierto, es por orgullo, no porque Dios no se ha demostrado a sí mismo como un fiel proveedor. Él lo ha hecho una y otra vez; la pregunta es si nosotros lo creemos o no lo creemos.

Solus adorate Deum

El desierto es un lugar donde Dios motiva a su pueblo a adorarle *solamente a él (solus adorate Deum)*. Poco después de que Abram emprendiera su viaje dejando su país para seguir a Dios en el desierto, el Señor vino a él en una visión para recordarle del pacto que habían hecho. En esta visión, Dios promete a Abram un hijo a través del cual la salvación vendrá a todos los pueblos. Después de la visión, el escritor del Génesis dice: "Y creyó a Jehová, y le fue contado por justicia." (Génesis 15:6) Nahum Sarna nos comenta: "La escena que se abre con el miedo y la depresión, se cierra con una firme declaración de que Abram permanecerá constante en su fe en Dios."[70]

Más adelante, en el viaje de Abraham en el desierto, el Señor revela que el tiempo ya está cerca para que su esposa, Sara, quede embarazada con el niño que Dios prometió (léase Génesis 18:1-33). En su vejez, Dios pone a prueba sus creencias. Sara se ríe cuando escucha que tendrá un niño, a lo que el Señor responde, *"¿Hay para Dios alguna cosa difícil?....."* (Génesis 18:14) Es interesante notar que el ángel Gabriel dice la misma frase a María, la madre de Jesús, cientos de años más tarde, cuando ella pregunta en voz alta cómo será posible que ella lleve un niño siendo una virgen: *"porque nada hay imposible para Dios."* (léase Lucas 1:37) Así como con Sara y María, el Señor sabe que, a veces, nosotros también tenemos dificultad para creer. Pero nosotros no podemos permitir que esto se convierta en un patrón, porque esto afectará nuestra adoración. En esos momentos cuando sentimos que el Señor nos pide hacer algo que creemos que no es posible, tenemos la opción de aferrarnos a Cristo en adoración inquebrantable. Cuando luchamos con dudas, sigamos el modelo humilde del hombre que oró, "Creo; ayuda mi incredulidad." (Marcos 9:24)

Cuando Jesús hizo una pausa en el monte de Samaria para descansar de su viaje, él otra vez aprovecha una oportunidad uno-a-uno para ayudar a una mujer samaritana a encontrar nueva libertad para *adorar* al único Dios verdadero en espíritu y verdad. De esta solitaria escena en donde ella llegó a sacar agua de uno de los pozos de Jacob, Jesús invita a esta mujer quebrantada a abandonar su vida vacía de humillación, y adoptar en su lugar una nueva vida de plena adoración:

> Le dijo la mujer: Señor, me parece que tú eres profeta. Nuestros padres adoraron en este monte, y vosotros decís que en Jerusalén es el lugar donde se debe adorar. Jesús le dijo: Mujer, créeme, que la hora viene cuando ni en este monte ni en Jerusalén adoraréis al Padre. Vosotros adoráis lo que no sabéis; nosotros adoramos lo que sabemos; porque la salvación viene de los judíos. Mas la hora viene, y ahora es, cuando los verdaderos adoradores adorarán al Padre en espíritu y en verdad; porque también el Padre tales adoradores busca que le adoren. (Juan 4:19-23)

Este paraje solitario proporciona el escenario perfecto para una conversación larga y personal con Jesús que se presenta como el mediador entre ella, su pasado y el Dios que la ama tanto que envió a su único hijo a morir por ella. *Finalmente escuchó la voz de amor de Dios, irrumpiendo en su vida y desechando su pasado.* Como respuesta, ella corrió a su aldea adorando y alabando a Dios, invitando a otros a adorarlo. Muchos lo hicieron, y después de pasar dos días con él, "dijeron a la mujer,'ya no creemos solamente por lo que dijiste; ahora hemos escuchado por nosotros mismos, y sabemos que este hombre es realmente el Salvador del mundo'."(Juan 4:42)

CAPÍTULO 5: CAPACITACIÓN

¿Dónde vamos a aprender acerca del liderazgo? Es abrumador el ver la gran cantidad de libros, páginas web, seminarios y programas de estudios que están disponibles para el estudio del liderazgo. En la antigüedad no existían todos estos recursos a la disposición. Pero aun con esta escasez aparente de recursos, Dios fue capaz de desarrollar, de alguna manera, líderes catalíticos para pastorear, gobernar y dar forma a las normas de la sociedad. ¿Cómo lo hizo sin PowerPoint, sin YouTube, y sin oradores motivacionales? Curiosamente, la forma en que Dios escogió para formar a los líderes fue a menudo involucrando en aventuras y aprendizaje vivencial al aire libre. La experiencia adquirida por muchos hombres y mujeres en la Biblia nos da un verdadero libro de texto sobre liderazgo.

La manera en que estos líderes desarrollaron el corazón y las habilidades de liderazgo fue mediante experiencias con Dios, y el escuchar y obedecer su Palabra. Dios usa a veces escenarios de toma de decisiones intensas para sacar los líderes de un grupo. Desde el dilema de Moisés en el mar Rojo hasta el escenario del cruce de río por Josué, y el de la experiencia de los tres discípulos en el monte de la transfiguración, Dios orquesta las situaciones de forma tal que los líderes deben tomar acción y liderar. Las aventuras al aire libre pueden sentar las bases para establecer un entorno superior para el aprendizaje del liderazgo. Esto no le quita a lo que se puede lograr en un aula de clases, pero esta generación está anhelando especialmente el volver a las maneras antiguas de aprendizaje de liderazgo a través de la observación y la experiencia. "¡Muéstrame, no me digas!," dicen ellos.

Todo lo que tenemos que hacer para responder a su llamado es familiarizarnos con los principios de liderazgo recogidos a través de la historia bíblica, a continuación, ir a las tierras, a los bosques y al solitario paisaje que rodea nuestras ciudades, y afinar nuestros oídos y corazones a lo que Dios puede enseñarnos a través de los viajes de aventura. Esto puede sonar demasiado simplista para algunos, lo que es justo. Pero reto, a los que podrían pensar que esta es una opinión del simplón de liderazgo, para leer las Escrituras con un ojo en la metodología de la educación vivencial en la Biblia. Es difícil pasar por alto la simplicidad de Dios del modelo de aprendizaje si usted está buscando. El desierto-aula no es el único lugar que él utilizaba, pero se trata de una muy común.

Las Escrituras están llenas de principios de liderazgo, desde el identificar el estilo natural de liderazgo de uno, hasta las formas prácticas de cómo compensar nuestras debilidades. Sin embargo, ¿cómo se llega a ser un mejor líder sin ser abrumado con todo lo que hay que aprender? En pocas palabras, creo que esto proviene más de lo que eres, y no de lo que sabes hacer. Hay una perspectiva espiritual en lo que es ser un guía que es pasada por alto, en gran medida, en los paradigmas seculares de liderazgo al aire libre, porque esta no es una prioridad central para sus programas. Sin embargo, para los líderes cristianos al aire libre, la Biblia refleja una luz brillante en el corazón de un líder y su *espiritualidad como un prerrequisito para un liderazgo influyente*.

Apartados en el desierto

En la Gran Comisión, vemos que el desierto es un lugar especial para la capacitación de liderazgo. Una parte vital del entrenamiento es el de identificar quién es en realidad un líder. Dios a menudo identificó y aparto líderes al ponerlos en situaciones en donde tenían que afirmar su liderazgo. Tres pasajes ilustran este principio. Cuando los doce espías regresaron de observar la tierra de Canaán, Josué y Caleb fueron separados como los verdaderos líderes. Ellos se destacaron de entre los demás como auténticos líderes que estaban dispuestos a seguir Dios y a confiar en su Palabra (léase Números 13:1-33). Las experiencias al aire libre a menudo hacen que los verdaderos líderes sobresalgan cuando estos se imponen a la situación en donde el liderazgo es necesario. Para el guía atento, los elementos del clima y otras fuerzas de la naturaleza impredecibles le proporcionan un teatro de observación, en tiempo real, para ver como el liderazgo se desarrolla entre las personas en el grupo. Cada persona generalmente gravitará a asumir un papel específico en el grupo. Es muy común que los líderes innatos sobresalgan instantáneamente en momentos de crisis o estrés.

De acuerdo con las Escrituras, los líderes eran a menudo identificados a través de experiencias al aire libre (léase Josué 3:7, 4:14). El relato de Moisés delegando en Josué el dirigir a Israel a la Tierra Prometida es otro ejemplo de cómo el Señor establece líderes en el desierto. Un tercer ejemplo es el apóstol Pablo. En Hechos 27, nos encontramos con Pablo en un barco lleno de presos en medio de una feroz tormenta. Al pasar por el terror del naufragio, las habilidades de liderazgo dadas por Dios a Pablo sobresalen, y los demás pasajeros le identifican como un líder que conocía al verdadero Dios.

Evangelistas seleccionados y entrenados en el desierto

Elías fue nutrido y exhortado como un evangelista ante su cultura después de un encuentro con Dios en una gruta en el desierto de Damasco. Los pastores que apacentaban sus ovejas en el desierto cerca de Belén fueron transformados, al adorar al niño Jesús; y de allí salieron inmediatamente a proclamar las buenas nuevas en las ciudades y el campo. Pablo, después de que el Señor lo enfrentara en el camino a Damasco, se fue al desierto de Arabia por un número de años. ¡Tiempo después él se presenta en el libro de los Hechos como un evangelista radical!

Juan el Bautista fue llamado en el desierto por el Espíritu Santo para preparar el camino para que el Señor, cumpliendo así las profecías en Isaías 40:3 y Malaquías 3:1. Juan el Bautista sirvió como un evangelista llamando a la gente al arrepentimiento, señalándoles que siguieran a Jesús de Nazaret en lugar de seguirlo a él. Al tomar en cuenta la necesidad de desarrollar líderes jóvenes para enfrentar los campos misioneros en nuestras ciudades hoy en día, tenemos que prestar atención sincera a los líderes emergentes que tienen el don de evangelista. Al parecer, según el texto bíblico, a menudo este don espiritual fue nutrido y extraído de las personas mediante procesos de refinación a través de experiencias al aire libre, en donde el oír el llamado de Cristo con autoridad y claridad, determinó el curso de su ministerio.

El carácter, la competencia, y el doble estándar

David fue preparado para el liderazgo en un salón de clases en el desierto (léase 1 Samuel 17). Él creció en valentía en la medida que creció en su confianza en Dios. David muestra esta confianza cuando, antes de ponerse de pie ante Goliat, le dijo a Saúl que la batalla era del Señor. En segundo lugar, su valentía y confianza provienen de las habilidades que desarrolló mientras era un pastor de ovejas en las colinas de Judá. Él estaba seguro de su capacidad para matar leones y osos con sus manos desnudas. Confiaba en su precisión con la honda y una piedra. Él sabía, debido a su práctica diaria, que él era ferozmente eficaz. Lo había comprobado una y otra vez. Esto no era orgullo; se trataba simplemente de confianza basada en mucha práctica. Los líderes pueden aprender algo de cómo él obtuvo tal habilidad a través del ser expuesto a los desafíos de la vida silvestre, y al dominio de ciertas habilidades técnicas que le permitieron prosperar en un ambiente tan exigente.

Jonás era otro hombre de Dios, cuyo carácter fue formado en el desierto. Independientemente de cómo se sentía acerca de los ninivitas, tres días en el vientre de la ballena, cambiaron de seguro su perspectiva sobre la obediencia incondicional. A través de su dura experiencia en el océano, Dios puso al descubierto el estándar doble que vivía Jonás: él era egoísta, se preocupó por una planta del desierto que había dejado de darle sombra, pero no sentía preocupación o compasión por los miles de ninivitas que estaban perdidos, y a los que Dios estaba llamando a arrepentirse. A partir de esto aprendemos que *Dios también utiliza el desierto para exponer nuestro estándar doble de vida.*

Mientras Dios forma nuestro carácter, nosotros también luchamos contra estándares dobles. Por ejemplo, podríamos tener un gusto quisquilloso por los alimentos, sintiéndonos irritados cuando algo que queremos no está disponible. Sin embargo, con frecuencia hacemos caso omiso de las necesidades básicas de los pobres de nuestra ciudad. O puede que deseemos un intelecto superior para subir en la escalera proverbial de nuestra carrera, y sin embargo, ignorar las oportunidades para contribuir a promover la educación de los más desfavorecidos en nuestra sociedad. Nosotros no pasaríamos por alto oportunidades para salir adelante, pero aún nosotros mismos, convenientemente, pasamos por alto las oportunidades para aumentar el potencial de los pobres, cuando podríamos hacer algo para ayudarlos en su progreso al ayudarlos a desarrollar sus dones y talentos.

O que dice sobre este estándar doble: cuando estamos aburridos podemos encender la televisión para obtener entretenimiento pasivo, sin embargo, nos negamos a aprovechar oportunidades para alentar y dar vida a los que están solos, o a ancianos de nuestra comunidad cuyo aburrimiento excede todo lo que tenemos que soportar en nuestra experiencia diaria. Como la experiencia de Jonás en el medio del desierto, *estar a solas con Dios en reflexión solitaria expone la autoabsorción que nos quita el gozo verdadero.* Nuestra manera de pensar es transformada, dándonos la oportunidad de purificar nuestro corazón para que podamos ser más como la levadura y la sal que nuestra esfera de influencia tanto necesita. A todos nos gusta estar alrededor de gente que muestra un carácter piadoso. Como un ejercicio de liderazgo, entre en el hábito de preguntar a la gente que respeta cómo Dios ha conformado su carácter. Lo más seguro es que no les fue nada fácil.

Es bueno recordar que existen recompensas que son dadas por un carácter virtuoso. Es especialmente bueno para los jóvenes el escuchar que hay bendiciones y recompensas verdaderas cuando nos sometemos a Dios. Podemos demostrar esto en experiencias al aire libre, proporcionando un sistema de recompensas sencillo para alentar el desarrollo de carácter. Por ejemplo, considere el regalo tan maravilloso de una hora libre de tiempo, después de haber montado un campamento al final de un día largo de remado o de escalada en la montaña. Después de haber caminado o remado fuertemente para poder llegar a nuestro destino prontamente, es bueno el poder disfrutar de un tiempo de descanso y de ocio tan necesarios. En momentos en que he podido hacer esto como un guía, he mirado hacia la ladera de una colina, o a lo largo de la playa y he visto a la gente caminando, jugando o descansando bajo el sol disfrutando la recompensa de su trabajo duro. Esto es muy gratificante porque sé que ellos han aprendido algo que ha forjado su carácter, y ahora tienen la oportunidad de oler las rosas como recompensa. La recompensa es dulce y está directamente relacionada con el duro trabajo que nos ha costado llegar a este lugar tan hermoso.

Los escenarios que alientan el desarrollo del carácter abundan en las experiencias al aire libre. Por ejemplo, mostrar a personas que naturalmente no entienden cómo servir a otros es una situación común. Simon Beames toma nota del avance en este rasgo del carácter en uno de sus participantes en una actividad al aire libre:

> Rufus consideró que 'convivir en un comunidad unida de donde no hay escape' fue un aspecto importante de la experiencia. Él me explicó que a diferencia del Reino Unido, en donde 'si no te gusta alguien solo tienes que alejarte de ellos o no hablarles más por teléfono o simplemente permanecer fuera de su camino,' las circunstancias del entorno físico en la excursión exigían que la gente aprendiera a llevarse bien con los demás. Rufus amplió este punto diciendo: 'tienes que relacionarte con las personas, tienes que ceder, tienes que aprender a resolver los conflictos.'[71]

El descubrimiento de Rufus tiene un significado teológico profundo: se requiere de esfuerzo para la formación del carácter piadoso; y hay una recompensa inherente. Cuando nos sometemos al diseño de Dios, podemos experimentar premios en nuestra salud física, en nuestras relaciones y en nuestro estado emocional.

En tal vez uno de los estudios más exhaustivos de las organizaciones de educación al aire libre principales de los Estados Unidos, Stephen Kellert documenta el sentir de muchos de los participantes en una variedad de experiencias al aire libre. Su investigación afirma que las experiencias al aire libre están inherentemente predispuestas al desarrollo del carácter y recompensa personal de los jóvenes. Uno de los participantes compartió: "La fuerza de los lazos de amistad que se crearon en mi grupo fueron para toda la vida. Esta fuerza está indisolublemente ligada a la dificultad y a la naturaleza del trabajo que estábamos haciendo, y al hecho de que lo estábamos experimentando al aire libre."[72] Y otro participante indicó que fue enriquecido por la experiencia al aire libre, cuando fue:

> Llevado afuera al mundo real, mostrando lo que existe fuera de la televisión, las luces de neón, barrios residenciales, el cemento y el ruido; logró crear un sentimiento de comunidad auténtico en el que cada persona es importante para la supervivencia de todos, cooperación para existir, encontrar nuestro propio valor y el de los demás, amando lo que es revelado finalmente; dándole duro al trabajo, riéndonos en los valles y bañándonos en aguas de glaciares.[73]

Lleva menos, sé más efectivo

Dios quiere que nuestra actitud hacia nuestras posesiones materiales sea la más correcta. Mediante las experiencias al aire libre, Dios enseñó a cargar poco equipaje a su pueblo para ser más efectivos en la construcción de su Reino. Hay muchos ejemplos de esto en la vida de Abraham, Jacob, David, Josué, etc. También vemos a Jesús inculcar este principio a sus discípulos cuando les comisionó en su primer viaje misionero: "No lleven oro ni plata ni cobre en el cinturón, ni bolsa para el camino, ni dos mudas de ropa, ni sandalias, ni bastón; porque el trabajador merece que se le dé su sustento." (Mateo 10:9-10) Algo que ha resaltado en mi experiencia dirigiendo excursiones ha sido el observar como la gente descubre este principio de "empacar ligero" o "cargar poco equipaje." En mi experiencia, ya sea en una excursión, travesía en esquí, montar en bicicleta o remar, es notable como la gente disfruta la experiencia con tan pocos bienes materiales. En el desierto, estamos más aptos naturalmente para comprender una realidad anticultural: *son muy pocas las posesiones materiales que necesitamos para disfrutar una vida plena.* En este contexto aprendemos de primera mano el viejo proverbio: "no puedes desvestir a un hombre desnudo." O en las palabras de Salomón: "Como salió del vientre de su madre, desnudo, así vuelve, yéndose tal como vino; y nada tiene de su trabajo para llevar en su mano." (Eclesiastés 5:15) En las palabras de Jesús, "la vida del hombre no consiste en la abundancia de los bienes que posee." (Lucas 12:15)

Estas experiencias refinadas de desarrollo del carácter a menudo pueden ser el comienzo de una comprensión más profunda de lo que Dietrich Bonhoeffer llama el "trabajo" del discipulado. En su descripción de los doce él escribe:

> Ellos no van a ir como mendigos y llamar la atención sobre sí mismos, ni tampoco van a ser carga para otras personas como parásitos. Ellos van a ir hacia adelante vestidos para la batalla en pobreza, llevándose tan poco con ellos como el viajero que sabe que conseguirá alojamiento y pensión con amigos al final del día. Esta será una expresión de su fe, no en los hombres, sino en su Padre celestial quien los envió y se encargará de cuidarlos. Esto es lo que hará que su evangelio sea creíble.[74]

Esta es una descripción del tipo de líderes que necesitamos para las misiones del día de hoy. Los programas de entrenamiento al aire libre que son exitosos en desarrollar y multiplicar nuevos líderes, son aquellos que ofrecen entrenamiento conforme al estilo de vida que nos pide la Gran Comisión. Este entrenamiento producirá líderes valientes así como David y Daniel, con las habilidades necesarias para enfrentar los retos del campo misionero de hoy en día.

Autoridad auténtica contra autoridad asignada

Sólo porque alguien tenga una "posición," no significa que tenga mucha autoridad. En los entornos al aire libre esta afirmación se amplifica miles de veces. En tiempos de necesidad y crisis los líderes se levantan. La gente escoge el seguirlos porque ellos tienen una autoridad *auténtica*, no les ha sido *dada* o nominada por alguien. Ellos se la han ganado. Los líderes jóvenes en especial, necesitan aprender sobre lo necesario que es la humildad, habilidad y sabiduría para que ellos puedan ganarse el derecho de dirigir a otros. Recuerdo un viaje en particular en donde el guía era completamente incompetente, pero había sido nombrado o puesto en esa "posición" de guía del viaje. Sin embargo, en el mismo grupo había otros guías muy competentes, quienes en un periodo muy corto de tiempo se convirtieron en guías silentes del grupo. Ellos siendo humildes decidieron no usurpar la autoridad del guía que había sido *escogido* para dirigirnos, sin embargo, la gente los buscaba a ellos para ser guiados ya que eran *auténticos* líderes.

Ellos tenían una autoridad *auténtica* en vez de una autoridad *nominal o asignada*. El liderazgo al aire libre en la forma que lo hace Cristo no está basado en la edad o en el linaje, o aun en los credenciales de alguien. Más bien depende del carácter, de una habilidad para enseñar la palabra de Dios y en habilidades técnicas adecuadas, y en una pasión por dirigir a otros. La gente da autoridad rápidamente a aquellos quienes son líderes espirituales verdaderos. Las posiciones son útiles solo por un breve momento en la línea de tiempo del liderazgo, así que no te apoyes en un *título* o en la falta de uno. Solo tienes que aprender a ser un líder que está al servicio de otros y eventualmente te verás a ti mismo dirigiendo a otros.

Capacitación en movimiento

Como buen pastor, Jesús prestó atención al entorno en el que apacentaba su rebaño. Jesús enseñó en una variedad de entornos urbanos y desérticos. Él enseñó en sitios techados, al aire libre, en casas, a lo largo del camino, en el mar, en el desierto, en la cima de las montañas y a la orilla de los ríos. De seguro una cosa es cierta: Jesús capacitó mientras se movía. Él no se quedó en un mismo lugar por mucho tiempo. Él iba de aldea en aldea, a través de los campos y de los valles, viajando con sus discípulos a través de diferentes paisajes para proporcionar experiencias y un laboratorio desde el cual él les enseñaba acerca del Reino de Dios.

De la misma forma que nosotros usamos hoy ayudas audio visuales para capturar el interés de la gente, cuando Jesús capacitaba mientras andaba, el paisaje a su alrededor corría como la cinta de película llena de ilustraciones visuales. El paisaje era como una mesa de alfarero para manos que estaban construyendo. El entorno al aire libre le proveía un dúo dinámico de lecciones gráficas y tangibles que él podía convertir en parábolas que enfrentaban a sus seguidores con las realidades del ámbito espiritual.

C.H. Dodd en su libro "Las parábolas de el Reino" nos ayuda a ver como Jesús hacia esto cuando miramos el contexto de cada una de sus parábolas. A través de su viaje él hacia observaciones de la naturaleza, las cuales se convertían en fuente primaria para dar ilustraciones acerca del Reino de Dios. Las parábolas en los Evangelios están extraordinariamente conectadas con la vida diaria. Cada historia es una imagen perfecta de algo que podemos observar en el mundo en el que existimos.[75] En la creación, podemos ver en acción los principios del Reino de Dios:

> Ya que la naturaleza y lo sobrenatural pertenecen a un mismo orden, podemos tomar cualquier cosa de ese orden y encontrar en ella iluminación para entender las otras partes. Por lo tanto, la lluvia que cae del cielo es una cosa religiosa, porque Dios es quien hace que llueva sobre los justos y los injustos; la muerte de un gorrión puede contemplarse y aun no perder la esperanza en la bondad de la naturaleza, porque la avecilla no ha sido olvidada por el Padre; y el amor de Dios está presente en el afecto natural que él tiene por su Hijo de gracia expiatoria. Este sentido de sagrado en el orden natural es una de las premisas principales de las parábolas.[76]

Cuando Jesús enseñó a la gente sobre el Reino de Dios, su objetivo no era el de proporcionar generalidades morales a los propensos a la religiosidad. Cuando él enseñaba, creaba un ambiente que elevaba los sentidos y agudizaba el aprendizaje de los que le escuchaban. Esto lo lograba frecuentemente con solo conectarse con el entorno visible y tangible que los rodeaba mientras caminaban juntos. El entender *dónde* enseñaba Jesús nos hará mejores líderes al aire libre, porque nosotros también podemos usar *el ambiente natural* de la misma forma que lo hizo él. Por ejemplo, Jesús ilustra el poder de la fe usando analogías extraídas de la naturaleza. El autor F.F. Bruce escribe: "Si existe algo de fe, aun cuando no sea más grande que un grano de mostaza, esta puede lograr maravillas: piense en el hecho de que una planta tan grande nace de algo tan pequeño como un grano de mostaza."[77]

En el libro *"Las parábolas de Jesús,"* Joachim Jeremias nos provee con una descripción detallada del contexto de las enseñanzas de Jesús desde una perspectiva palestina. Él escribe: "Las parábolas de Jesús... [fueron] *pronunciadas en una situación real* de la vida de Jesús, desde un punto particular e imprevisto... ellas estaban principalmente relacionadas con una situación de conflicto. Ellas corrigen, reprenden, atacan... Todas ellas exigen una respuesta inmediata."[78]

Jesús continuamente tomó material de enseñanza de lo que Archibald Hunter llamó el "Libro abierto de la naturaleza."[79] Pareciera que cada recodo de esos caminos desérticos por los cuales se paseaba con sus discípulos era como una página nueva de Wikipedia que le daba la oportunidad para enseñar. Por ejemplo, en el libro *Interpretando las Parábolas*, el autor Hunter ilustra como Jesús usó metáforas sacadas del clima para pintar una visión del Reino de Dios:

> La nube en el oeste presagiando lluvia, el viento del sur con su promesa de calor; o el árbol de higo en ciernes como precursor del verano; o todas las imágenes de los hombres que se comprometen a cultivar y cosechar los campos: el labrador, con sus ojos fijos hacia el frente; la semilla creciendo en secreto, primero hierba, luego espiga, después grano lleno en la espiga; y a continuación los campos blancos con una cosecha abundante, con los obreros poniendo la hoz porque el tiempo de la cosecha ha llegado.[80]

Otro claro ejemplo de cómo Jesús capacita en movimiento se desprende del camino a Emaús. Los dos discípulos que se encontraron con Jesús a lo largo de su viaje tenían la necesidad de ser animados y entendidos. La autora Sharon Cheston escribe:

> Jesús se encuentra con dos discípulos desanimados días después de la crucifixión. Sin saber que era Jesús quien estaba caminando con ellos, los discípulos compartieron su desánimo y confusión acerca de los que habían presenciado. Jesús los escucha, y gentilmente les muestra como la profecía había sido cumplida, fue con ellos a casa, y compartió el pan con ellos. Entonces, se reveló así mismo ante ellos. Ellos se animaron tanto que inmediatamente corrieron varias millas de vuelta a Jerusalén.[81]

Es importante el notar que Jesús no evitó que estos hombres experimentaran el dolor y el desaliento. Mas bien, los encontró y animó en el medio de su lucha interna mientras caminaban por caminos solitarios a altas horas de la noche.

Escuchar activamente

El pasar horas o días con un grupo al aire libre provee bastante tiempo para hacer preguntas y escuchar con profundidad lo que hay en el alma de alguien. En una semana de campamento un líder de jóvenes pasa tanto tiempo con un joven como el equivalente al que pasaría por un periodo de doce meses haciendo actividades de ministerio en su Iglesia. Como consecuencia, las personas están más abiertas a compartir durante estetiempo, juntos en campamento. Lo que la persona comparte esta muy relacionado con el nivel de confianza que sienten en la relación. El *escuchar activamente* es una forma de mantener cautivo nuestros pensamientos, y crear un espacio para escuchar genuinamente a la otra persona cuando están abiertos a compartir. Al hacer un esfuerzo de entender la historia de una persona y los eventos que han dado forma a su vida, estamos ofreciendo un regalo de transformación.

Las discusiones en el camino surgen naturalmente como consecuencia de las experiencias que ocurren cada día. Esto nos ofrece oportunidades para hacer buenas preguntas. Uno de los aspectos más transformadores de cualquier actividad al aire libre es la oportunidad que cada persona tiene de compartir la *historia de su vida*: Este es un momento en el que cada persona (dentro del marco y la protección de la confidencialidad) comparte los logros alcanzados (hitos) y los recuerdos de su vida. Ellos son capaces de compartir lo que los ha formado y llevado a ser quienes son hoy. Más aún, puede ser hasta que hablen abiertamente (quizás por primera vez) acerca del quebrantamiento en sus vidas, como resultado de su pecado o como resultado del daño que otros le han hecho. Esto permite a los participantes, en el contexto de la comunidad, el experimentar el perdón y una esperanza significativa a través de poder manifestar su dolor, confesar, ser entendidos y aceptar un nuevo futuro en Jesucristo. El poder compartir estas historias de la vida proporciona una oportunidad para que el grupo se acerque uno a otro, demostrando un interés genuino al hacer preguntas significativas de seguimiento. Este es uno de los aspectos más influyentes de un viaje de varios días.

Las puertas de la hospitalidad

El apóstol Juan elogió a su amigo Gayo por su deseo de demostrar hospitalidad a los predicadores interinos enviados a evangelizar en la iglesia primitiva:

> Amado, fielmente te conduces cuando prestas algún servicio a los hermanos, especialmente a los desconocidos, los cuales han dado ante la iglesia testimonio de tu amor; y harás bien en encaminarlos como es digno de su servicio a Dios, para que continúen su viaje. Porque ellos salieron por amor del nombre de Él, sin aceptar nada de los gentiles. Nosotros, pues, debemos acoger a tales personas, para que cooperemos con la verdad (3 Juan 5-8)

El modelo efectivo de evangelización del apóstol Pedro incluye también un compromiso con el ministerio de la hospitalidad: "Hospedaos los unos a los otros sin murmuraciones." (1 Pedro 4:9) Una de las formas más comunes de demostrar la hospitalidad es a través de compartir comidas. En las actividades al aire libre, las comidas son una experiencia en comunidad, sentados usualmente en círculo para que cada persona se pueda ver una a otra cara a cara. A menudo, después que todos han sido servidos, haremos una pregunta que nos permita conocer algo nuevo de cada persona.

La hospitalidad es un ministerio que debe crear ambientes agradables y seguros, en donde las personas se sienten como en casa. Esta es una habilidad esencial que debe ser manejada con destreza por los líderes de actividades al aire libre. Hemos encontrado en nuestro ministerio, que muchos jóvenes pueden pasar una semana o más sin oír mencionar sus nombres de una forma afectuosa. Aun este aspecto tan simple del viaje, donde los líderes llaman a cada uno por su nombre, de una forma amorosa día tras día, puede tener un impacto duradero. En la medida que las ciudades se vuelven más violentas e impersonales, los jóvenes se sienten más vulnerables y ansiosos. En viajes de campamento, aun los muchachos más duros puede que inicialmente estén asustados por su falta de familiaridad con el entorno al aire libre. Irónicamente, estos mismos muchachos son los más afectados de una forma positiva por la sensación de *seguridad* que sienten al ser parte de un grupo que se preocupa por ellos aun en un ambiente tan *salvaje*. En la medida que el grupo trabaja, come y descansa junto, una sensación de seguridad y de pertenencia se desarrolla durante el curso de unos pocos días. Por ejemplo, una actividad que la gente más asocia con el sentido de pertenencia es el de compartir historias. El contar historias alrededor de una fogata en la noche o durante una comida juntos, puede ser una forma íntima y agradable para conectarse más profundamente con otros. Desafortunadamente, a veces adultos con buenas intenciones minimizan la importancia de la "diversión" como parte de la creación de un ambiente de hospitalidad. Pero, el crear un ambiente de diversión y humor en el viaje puede ser como lluvia en un campo reseco. El humor le permite a una persona compartir profundamente de sí misma, y hace que se sienta más conectada con el grupo.

Muchos jóvenes están sufriendo debido a relaciones familiares destruidas o por falta de respeto y un amor tierno proveniente de los adultos a quienes ellos más admiran. Jesús se preocupaba por la persona en su totalidad; un líder de actividades al aire libre efectivo estará constantemente consciente de las necesidades de la gente a lo largo del viaje, de manera que él o ella puedan proveer una *ayuda práctica* (que es la mejor hospitalidad).

El arte de guiar

Al comenzar, el guiar a otros puede ser un poco abrumador porque se siente responsable por la gente, en un ambiente que eventualmente puede tornarse peligroso. Pero de manera similar al ser parte de un gremio o aprender un arte u oficio, el desarrollo de habilidades para ser un guía toma práctica y tiempo. Observar a un maestro trabajar es la mejor forma de aprender un arte. En el evangelismo relacional y la enseñanza vivencial, el guía habilidoso será capaz de hacer resaltar verdades sobre el Reino de Dios, en la medida que las situaciones se presenten. Al igual que cualquier modelo de aprendizaje, después que haya estado dirigiendo gente por un tiempo, sus aprendices comenzarán a entender tus prioridades, y algunos comenzarán a vivir conforme a ellas. Esto se trata más acerca de quién es usted en vez de que hace usted. No puede pretender un modelo simplista de discipulado tipo molde, en donde todos los discípulos van a ser cortados por la misma tijera, sino que tiene que confeccionar sus relaciones y objetivos basado en la persona a la que está enseñando como su aprendiz. Jesús también se enfrentó a personalidades diferentes a lo largo del viaje; algunos eran más sensibles y necesitaban gentileza, mientras que otros eran de carácter muy fuerte y necesitaron mano dura.

Uno de los aspectos del arte de dirigir es la *actitud con la que servimos*. Jesús demostró una actitud de ánimo y esperanza, especialmente cuando ministró a aquellos que estaban cansados o desanimados. Auxiliar a una persona es una oportunidad maravillosa para identificarnos con él o con ella de una forma compasiva a través del contacto personal. Asumir su dolor físico asegura al paciente que algo se está haciendo para aliviar el malestar, ya sea físico o espiritual.

Una ironía que he observado en el arte de guiar, es que los guías de actividades al aire libre más experimentados y curtidos por el tiempo tienden a depender más y más en el ministerio de oración cuando dirigen personas en actividades al aire libre, en vez de utilizar su propia destreza o fortaleza para facilitar las actividades. Esto se debe a que han aprendido que buscar la mente de Dios en favor de otros, e interceder por ellos en el ámbito espiritual, es nuestra contribución más valiosa en la transformación de la gente. Esto me recuerda la escena cuando Jesús habló a la multitud que estaba a punto de apedrear a la mujer sorprendida en adulterio: Y como insistían en preguntarle, se enderezó y les dijo: "El que de vosotros esté sin pecado sea el primero en arrojar la piedra contra ella... Pero ellos, al oír esto, acusados por su conciencia, salían uno a uno, comenzando desde los más viejos hasta los postreros; y quedó solo Jesús, y la mujer que estaba en medio." (Juan 8:7,9) Los más viejos se fueron primero porque ellos tenían una memoria abundante de experiencias bajo sus hombros que los humilló. Del mismo modo, cuando un líder de actividades al aire libre se da cuenta de que la gente necesita de la intervención del Espíritu Santo, la oración se convierte en una disciplina fundamental en el arte de dirigir. Esto es aprendido a través de la experiencia como lo es la habilidad de un artista curtido.

Finalización

Traer una aventura a su fin es necesario para validar la experiencia como *"real"* para cada uno de los participantes. Un cierre inadecuado hará que la gente se pregunte, o hasta dude, sobre si lo que les sucedió en la excursión fue simplemente una experiencia de cima de montaña. Una manera de proveer un cierre adecuado es simplemente permitirle al grupo que se anime los unos a los otros, al reconocer la transformación de la que fueron testigos en cada uno de ellos durante el viaje. También encontramos que el elogiar a otros por sus dones y ayuda, nos fortalece en nuestro propio testimonio, al libremente edificar a otros y valorarlos porque son creados a la imagen de Dios.

TEOLOGÍA • CAPÍTULO 5 • CAPACITACIÓN

La Gran Comisión fue un evento de cierre concreto para los discípulos, y la ascensión de Jesús fue la culminación de este evento de cierre, marcando el punto decisivo en que los discípulos ahora eran enviados a actuar en la comisión que se les había dado. Curiosamente, el episodio de "duda" mencionado por Mateo (en donde algunos adoraron y otros dudaron) que precedió las palabras de comisión de Jesús a los discípulos, indica *la tendencia que todos tenemos de dudar la validez de la nueva orientación que se produce tras una experiencia que cambia la vida.* Es parecido a lo que sentimos después de un retiro realmente impactante en donde estábamos entusiasmados con lo que había ocurrido, pero, a continuación, pronto comienzan a preguntarnos si lo que hemos vivido realmente va a tener alguna influencia en nuestra vida. A Satanás le encanta arrebatar las semillas de crecimiento. Su plan es siempre el desacreditar la Palabra de Dios; este es uno de sus modos principales de ataque. Lo vemos claramente demostrado en las tentaciones de Cristo, donde todos los señuelos de Satanás tratan de desacreditar la Palabra de Dios. *El deseo de Satanás es hacer descarrilar los eventos vitales de cierre. Paradójicamente, él va o a lanzar una toalla mojada encima de llamas nuevas de fe, o tratará de ventilar las llamas ardientes de cualquier duda que pudiera estar aún resonando en nuestro corazón.* Éste es el motivo por el que necesitamos proporcionar cuidadosamente el cierre y la oportunidad de conversar acerca de lo vivido, para que la gente pueda validar su experiencia de manera que puedan hacer un plan para implementar cualquiera que sea la dirección que hayan recibido de Dios.

La parábola de los dos constructores proporciona otra lógica a nuestro concepto de cierre, afirmando el carácter crítico de la *aplicación inmediata y de los planes de seguimiento.* La parábola se produce al final del relato del Sermón del Monte en Mateo, y al final del Sermón de la Llanura en Lucas (léase Lucas 6:20-49), lo cual ejemplifica la eminente urgencia de una respuesta práctica y obediente a la predicación de Jesús. Esto es relevante porque al final de un viaje en el campo silvestre o un retiro, debemos inculcar en las personas la urgencia de responder a lo que Jesús les ha hablado. Lo que Jesús nos habla no cambia, por lo que es urgente que respondamos de inmediato. Incluso en la parábola del constructor sabio y el necio, Jesús dice claramente que el constructor prudente es el que escucha la Palabra y la pone en práctica diariamente (léase Mateo 7:24-27). Cuando ayudamos a la gente a entender lo que ha ocurrido en su vida y qué es lo que oyeron que Jesús les dijo, necesitamos ayudarlos a considerar como permanecer en Cristo diariamente cuando hayan regresado a su casa, para que su vida estén construida sobre la roca en lugar de sobre la arena. Lo más seguro es que muy poco ha cambiado en el contexto de sus hogares para el momento que ellos regresen de su experiencia al aire libre, así que es aun más urgente para nosotros el que les ayudemos a hacer un plan de compromiso con la misión y su crecimiento espiritual, sabiendo que van a regresar a situaciones que pueden ser hasta hostiles hacia lo que han aprendido.

Con respecto a este principio de cierre, hemos encontrado muy práctico lo que el Salmo 1 nos dice. Aquí David nos enseña a ser cuidadoso acerca de: 1) *Las bases* sobre las que construimos nuestra vida y 2) nuestras *relaciones* y prioridades. En otras palabras, ¿a quién estamos dejando que influya en nosotros? Es vital que las personas revisen si están edificando su vida (estructuras, patrones) sobre bases humanas para ser aceptados por otros, para impresionar, para salir adelante, etc. Debemos advertirles que construir sus vidas sobre un fundamento de prioridades orientadas en sí mismas, en algún momento se derrumbará debido a que fue construida sobre cimientos débiles. Igualmente, hemos de ser cuidadosos en nuestras relaciones porque son uno de los principales cimientos de nuestra vida. Si nuestras relaciones son pobres, entonces nuestro fundamento es pobre. Nuestra relación con Jesucristo debe ser la principal relación en nuestras vidas más que cualquier otra relación vital y significativa.

TEOLOGÍA • CAPÍTULO 5 • CAPACITACIÓN

El cierre adecuado es quizá el mayor reto para un líder de actividades al aire libre. Preparar a alguien para ir de vuelta a la casa y a la ciudad, después de experimentar una "experiencia increíble" es particularmente difícil. Con frecuencia nos encontramos que las lecciones aprendidas al aire libre (en condiciones ideales) pueden que se pierdan sin un contraparte obvio en el ambiente ocupado, violento e impersonal de la ciudad. Arnold Berleant ha explorado este dilema y ha descubierto el valor de *ver a la ciudad como un tipo de lugar desierto*. Al pensar en el aspecto orgánico de la ciudad, podemos descubrir muchas facetas del medio ambiente de la ciudad que son análogas a las experiencias en lugares desiertos. Esto puede ser útil para que las personas puedan relacionar sus experiencias al aire libre con la vida de vuelta en casa. Berleant escribe:

> Uno puede encontrar un paralelo entre el momentáneo respiro de inmersión en la densidad de una ciudad o de la fauna y flora silvestres, ya sea por las vistas panorámicas desde la plataforma de observación de un rascacielos o un amplio boulevard, o por el vasto panorama que uno puede tener desde la cima de una montaña, peñasco o árbol alto. El aroma de una panadería o restaurante podría recordarnos uno de los olores de los diferentes tipos de vegetación o superficies de la tierra, como agujas de pino o el suelo húmedo. El olor de las hojas en descomposición, los efluvios de un pantano, el desaguadero en el calor del sol pueden parecerse al olor de los contenedores de basura en la acera esperando a ser recogidos o el humo del escape de los autos. El moverse entre edificios y a lo largo de las calles tiene algo de la calidad perceptiva de desplazarse entre plantaciones de árboles y las aberturas en la vegetación. El ruido del tráfico te remonta al ruido del viento moviéndose a través de los árboles cuando un frente estaba pasando. Empujar a alguien entre una multitud se asemeja a la experiencia de presionar a través de un matorral denso. La preocupación constante de dar un paso en falso, ejerce influencia en nuestro paso, tanto por la ciudad como por el desierto, mientras que la aprensión en nuestra mente del peligro de los vehículos y ladrones es paralela a la constante amenaza, ya sea real o imaginaria, de las criaturas mortíferas que pensamos habitan en el desierto.[82]

Sea cual sea la forma en la que decida hacerlo, cuando pastoreamos personas, usted necesita considerar que es lo que han aprendido sus participantes, y entonces guiarlos en cómo aplicar esas lecciones en el contexto del sitio en donde viven y se desenvuelven.

Seguimiento

Darle seguimiento a la gente después que haya regresado a su casa, es también esencial para ayudarle a madurar y a aplicar de una forma práctica las decisiones que tomaron en su entorno familiar. Los líderes que hagan contacto con jóvenes en la ciudad y desarrollen relaciones con ellos, necesitan hacer todo el esfuerzo posible por *traer* a estos jóvenes a un viaje por el campo, en excursiones o actividades al aire libre. Decir a alguien que debería ir a hacer algo, sin estar dispuestos a ir junto con ellos, es contraproducente para la relación. El mejor modelo para seguimiento es cuando el líder de los jóvenes trae a alguien a un viaje, y después va a casa con esta persona para hacerle seguimiento a largo plazo después del viaje.

Esto lo encontramos en la propia experiencia de conversión de Pablo. Coleman explica: "Después de que Pablo afirma a Cristo como Señor, todavía queda la pregunta acerca de cuál va a ser su dirección específica. Aquí un seguimiento es imprescindible."[83] Por eso el Espíritu Santo lleva a Pablo a un sitio desértico para reorientar su vida a través de un tiempo en el desierto de Arabia. Ese tiempo de seguimiento después de su experiencia de conversión, fue crucial para el establecimiento de un nuevo camino de discipulado verdadero. El objetivo del ministerio de jóvenes es hacer discípulos y llevarlos a *su madurez en Jesucristo, más allá de sus máximas experiencias*. Los jóvenes en especial, están en una etapa crucial de su madurez en el que están tomando decisiones acerca de que tan lejos quieren llegar en sus vidas. Por lo tanto, necesitan líderes que les hagan seguimiento hasta que tengan los pies parados bien firmes, lo suficiente para que comiencen a hacer de otros sus discípulos.

Así que, ¿cómo podemos reconocer la madurez en aquellos a quienes estamos enseñando? Así como el crecimiento de la vid puede variar en apariencia, Roy Zuck describe algunos frutos de madurez reconocibles en los discípulos de Jesús. De acuerdo a la revisión de las enseñanzas de Jesús hechas por Zuck, el fruto espiritual llega a su madurez, o se madura en la medida que el creyente crece, de acuerdo a: 1) amar al Señor, 2) amar a los demás, 3) obedecer la Palabra de Dios, 4) hacer buenas obras, 5) poner las prioridades espirituales en primer lugar, 6) tener comunión con Dios en oración, 7) ejercitar su fe en el Señor, 8) resistir la tentación, y 9) manifestar las virtudes espirituales. Esta es una lista muy útil que le ayudará a organizar su plan de discipulado, en base a las necesidades específicas y las etapas del desarrollo de sus discípulos.[84]

El escritor de Hebreos también nos imparte sabiduría eterna en la necesidad de dar seguimiento. Estos principios aplican en todas las etapas de madurez:

> Mantengamos firme, sin fluctuar, la profesión de nuestra esperanza, porque fiel es el que prometió. Y considerémonos unos a otros para estimularnos al amor y a las buenas obras; no dejando de congregarnos, como algunos tienen por costumbre, sino exhortándonos; y tanto más, cuanto veis que aquel día se acerca. (Hebreos 10:23-25)

El seguimiento es posiblemente el aspecto más importante del viaje con el fin de ayudar a la gente a solidificar las decisiones o compromisos que hicieron en el desierto. Me doy cuenta de que, de muchas formas, la fe es un viaje en grupo, especialmente entre los adolescentes cuyas vidas giran en torno a sus amigos. Nuevamente Coleman afirma: "La fe inspira fe. Una sola persona que cree, crea un clima positivo que influenciará a otros. La incredulidad también tiende a ser contagiosa. Donde hay grandes dudas, como en Nazaret, las obras milagrosas de Dios son muy escasas."[85]

SECCIÓN II: TEORÍA

CAPÍTULO 6: RESULTADOS

Apuntando al centro fallarás menos

En la película *El Patriota*, Benjamin Martin le enseñó a sus hijos lo siguiente "Si apuntas al centro fallarás menos." La idea es que si le apuntas al centro del blanco, es más probable que le des al centro del blanco. Si apuntas al blanco, no al centro, puede que le des en algún lugar, pero muy probablemente no le darás al centro. En cuanto a liderazgo se refiere, tenemos que cuidarnos de no intentar hacer demasiadas cosas y mantenernos enfocados en la tarea en cuestión. Si mantenemos un enfoque fijo en el resultado particular que deseamos obtener, será más probable que acertemos y veamos el resultado que esperamos. Si nos ocupamos sólo de generalidades, entonces es probable que fallemos o que con mucha dificultad le demos al blanco. El liderazgo al aire libre tiene un objetivo específico, y ese es nuestro público. Tenemos que conocerlo, estudiarlo, amarlo y buscar orientación espiritual en Jesús para saber cómo dirigirlo. Mientras mantengamos un ojo atento en nuestro público y escojamos resultados y objetivos que faciliten un ambiente de formación espiritual para nuestro grupo, estaremos más satisfechos con los resultados. El liderazgo al aire libre es mucho más que tan sólo salir a pasar un buen rato con la gente.

Como un líder de actividades al aire libre, usted será más efectivo y organizado si sabe los resultados que quiere obtener. Este capítulo trata acerca de esos resultados que deseamos. Estos van a variar de un grupo a otro, pero hay frutos espirituales comunes que parecen madurar a través de las experiencias al aire libre. Comprender algunos de estos resultados comunes le ayudará a establecer un buen plan y objetivos concretos para su viaje, excursión o campamento. Me han preguntado muchas veces, "¿por qué el acampar al aire libre es tan efectivo?" Muchos de nosotros, que hemos llevado personas de campamento y las hemos dirigido en actividades al aire libre, sabemos por experiencia que sí funcionan, pero, ¿podríamos explicar por qué funciona de una manera rápida y sencilla? Por esto necesitamos una manera práctica de entretejer las "cinco piedras lisas de la teología del aire libre" en nuestras excursiones, y así mismo necesitamos una manera sencilla de proponer la visión del ministerio al aire libre en nuestras iglesias y organizaciones. Este capítulo elimina la cortina de misterio del por qué el evangelismo al aire libre es tan efectivo. Este texto está escrito como una herramienta para memorizar el marco básico de la teología del aire libre. Yo quiero ser un mejor líder y guía de excursiones tanto en un viaje de campamento como en la ciudad. Eso es lo que todos queremos, ¿no? El tener en la mente una explicación breve y sencilla acerca de qué es el ministerio al aire libre, le ayudará a presentar una visión convincente a aquellas personas que por temor a la aventura necesiten un poco de persuasión.

Este capítulo trata acerca de los resultados y los objetivos de las experiencias al aire libre. Le ofreceremos un acróstico que le hará más fácil la memorización de cinco de los resultados espirituales más comunes que observamos que ocurren en las experiencias al aire libre de la Biblia. Unas siglas que me son muy útiles para recordar los conceptos básicos de la teología del aire libre son *"las 5C."* Miraremos el significado de cada una de estas siglas y luego, más adelante en este capítulo, haremos una lista de los diez objetivos o metas comunes en una excursión al aire libre.

Antes de mirar a algunos de nuestros objetivos, necesitamos ver los temas o resultados generales que son abarcados en las páginas de las Escrituras. La razón por la que estoy presentando el siguiente modelo es para facilitar la memorización. Mi esperanza es que usted como líder cristiano de actividades al aire libre, se sepa de memoria las "cinco piedras lisas de la teología del aire libre: TEMPO, MOMENTO OPORTUNO Y TERRENO, PRUEBAS, CONFIANZA Y CAPACITACIÓN de las cuales ya hemos hablado en capítulos anteriores. También espero que usted pueda aprender a reconocer las 5C de los resultados más comunes de una aventura al aire libre. Los líderes más efectivos son capaces de propiciar experiencias al aire libre con miras a obtener resultados como estos.

El tener un marco teológico nos ayuda a enfocarnos en lo esencial. Admito que cualquier generalización, como este modelo que estoy por presentar, es sólo una aproximación a la realidad. Ya puedo oír a muchos de mis amigos y colegas líderes decir, "¡no me restrinjas!" Les aseguro que en realidad intento hacer lo contrario. Tan sólo intento ayudarnos a pensar en esto. Si queremos ver este ministerio crecer, necesitamos que muchas más personas puedan explicar por qué las excursiones son una herramienta tan efectiva para el evangelismo, el discipulado, el desarrollo de liderazgo y la formación espiritual. Yo espero que esto pueda traer luz a sus propias experiencias, y mejorar su labor futura como líder cristiano al aire libre.

Las 5C de los resultados del liderazgo al aire libre

Siempre es buena idea que cuando planifique un viaje usted lleve sus resultados en mente, para así poder guiar en oración a sus excursionistas hacia esos resultados. Los resultados 5C que yo he identificado, son cinco súper temas bajo los cuales podemos clasificar los tipos de transformación que ocurrieron a diferentes personas en la Biblia después de una experiencia al aire libre. No hay razón para no esperar, en oración, que los mismos resultados que vemos en la Biblia ocurran en nuestras excursiones.

Los cinco resultados más comunes que las personas experimentaron en actividades al aire libre según las Escritura son los siguientes:

1. CONOCER y RECONOCER: la existencia de Dios a través de la observación de su creación

2. CREER: en Jesucristo

3. COMUNIDAD: experimentar compañerismo bíblico

4. CONSTANCIA y DISCIPLINA: obtener la libertad y el gozo a través de la constancia de disciplinas espirituales

5. CHEQUEO: un hábito de introspección centrado en Cristo

Las experiencias al aire libre incrementan nuestro CONOCER Y RECONOCER de la existencia de Dios. Colosenses 1:15-20 nos dice que Jesús es quien ha hecho toda la creación, por lo que no debe sorprendernos que la obra de sus manos esté llena de ejemplos ilimitados que evoquen reverencia hacia a Dios. La naturaleza cambia nuestra perspectiva, expande nuestra zona de confort y nos muestra nuestra necesidad de la gracia de Dios.

Las aventuras al aire libre también nos invitan a tomar riesgos. El CREER implica siempre tomar un riesgo. Confiar en otras personas puede ser percibido como una decisión riesgosa, pero confiar en Jesucristo realmente no tiene ningún riesgo. Lo que realmente se interpone en nuestra decisión es nuestro orgullo al no permitirnos humillarnos ante él. Dios usó el ambiente natural para exponer la incredulidad de Israel, y Jesús utilizó tormentas y diversas pruebas para revelar la falta de confianza de los discípulos.

El experimentar la COMUNIDAD bíblica cambia nuestra visión errada de Dios, de otras personas y de nosotros mismos. Si aceptamos el individualismo pero ponemos a un lado la comunidad, nuestros conceptos de éxito y fracaso estarán también errados. La comunidad bíblica pone el mundo de cabeza pero de una manera correcta. Por ejemplo, nos damos cuenta de que el lavar los pies a otra persona produce gozo, porque Jesús vino a servir y no a ser servido; y eso nos incluye a nosotros, ¡Él vino a servirnos a nosotros! Los ambientes al aire libre nos enseñan que el fundamento de la comunidad es la gracia sobre la gracia.

TEORÍA • CAPÍTULO 6 • RESULTADOS

Lo opuesto a CONSTANCIA y DISCIPLINA es el caos y la confusión. El ordenar su vida para poder disfrutar la presencia y la paz de Cristo es algo que va en contra de la cultura. Significa decirle que no a muchas de las cosas a las que otros les dicen que sí. Sin embargo, también significa experimentar la libertad que muchos quizás jamás puedan disfrutar. Por causa de nuestro orgullo y pecado, las disciplinas espirituales nos enseñan que nuestras limitaciones humanas son buenas. Reconfórtese si Dios lo está disciplinando; esa es una señal de su amor.

Ignacio de Loyola utilizaba el término CHEQUEO para referirse a un estilo de vida de contemplación e introspección centrada en Cristo. El chequeo personal es un hábito de apartar tiempo cada día para meditar y orar buscando escuchar la voz de Dios que nos da dirección. El tiempo al aire libre nos ayuda a recordar la fidelidad de Dios. El silencio y la soledad de la naturaleza revelan el vacío que sentimos cuando nos escondemos de Dios, y le dan paso al bálsamo curativo del quebrantamiento, la honestidad y la confesión.

Como un líder de actividades al aire libre, usted será más efectivo si sabe qué es lo que espera de su grupo. Las 5C es un acrónimo de los resultados más comunes que podemos esperar de las experiencias al aire libre. (Nota: usted puede descargar este modelo de la página en Internet de mi libro www.outdoorleaders.com/resources). Si usted escoge uno o dos de los resultados del modelo 5C como tema principal para su excursión, usted verá mayor intencionalidad en todo lo que hace. Ahora bien, si usted escoge uno de los diez objetivos principales de aprendizaje propuestos en la próxima sección, el contenido de su enseñanza tendrá un enfoque más preciso hacia su público, y obtendrá un resultado más impactante y duradero. "¡Apuntando al centro y fallarás menos!"

La siguiente gráfica es tan sólo un intento de ilustrar de manera abreviada la forma en cómo estas *Cinco Piedras Lisas de la*

Teología de la Vida al Aire Libre se interceptan con los resultados 5C que he propuesto. Cada caja de la gráfica representa uno de los principios teológicos discutidos en este libro, y cómo se conectan con los resultados 5C. Para referencia y mayor estudio, los capítulos pertinentes a cada principio teológico están listados en la gráfica. Una vez más, la implementación principal que usted como líder puede dar a este recurso, es pensar cómo guiar a otros hacia estos resultados 5C, reconociendo que hay un fundamento teológico en lo que usted está haciendo. De la misma manera, usted debe reconocer que por siglos Dios ha usado el *tempo* de un retiro, el *terreno y momento oportuno* de una experiencia al aire libre y las *pruebas*, retos y experiencias para transformar y desarrollar la *confianza* de sus seguidores. (ver gráfico 171-172)

TEORÍA • CAPÍTULO 6 • RESULTADOS

		TEMPO	MOMENTO OPORTUNO Y EL TERRENO
	Las cinco piedras lisas de la teología de la vida al aire libre	Jesús tuvo un ritmo de trabajo arduo, y retiros frecuentes. "Los once fueron a Galilea..."	Jesús realizó sus ideas GEMA: Ambiente + Momento + Enseñanza bíblica = Gancho. "Los discípulos fueron a la montaña"
RESULTADOS DEL LIDERAZGO CRISTIANO AL AIRE LIBRE	**CONOCER y RECONOCER** de la existencia y del carácter de Dios	El estar al aire libre nos ofrece panoramas con nuevas perspectivas. Cap. 7	Las montañas inspiran reverencia hacia Dios. Cap. 2
	CREER en Jesucristo	El yermo nos prepara para conflictos espirituales y nos ayuda a discernir estrategias del Reino de Dios. Cap. 1 y 7	Situaciones de miedo pueden evocar fe. Cap. 3
	COMUNIDAD: experimentar compañerismos bíblico	El experimentar comunidad bíblica cambia nuestras opiniones de Dios, de nosotros mismos y de otros. Cap. 7	Jesús redefine el éxito y el fracaso a través de la soledad en el desierto. Cap. 2
	CONSTANCIA y DISCIPLINA: obtener la libertad y el gozo a través de disciplinas espirituales	Los límites son buenos y tienen un propósito espiritual. Cap. 1	El hambre, la sed y las pruebas físicas en el yermo forjan el desarrollo de nuestro carácter. Cap. 2
	CHEQUEO: un hábito de introspección centrado en Cristo	Las experiencias al aire libre nos ayudan a recordar la fidelidad de Dios. Cap. 1	El silencio y la soledad exponen el vacío que resulta del escondernos de Dios. Cap. 3 y 7

INSTRUMENTOS DE TRANSFORMACION

PRUEBAS	CONFIANZA	CAPACITACIÓN
Desafíos físicos, emocionales, espirituales e intelectuales nos forjan un carácter como el de Cristo. **"...ellos adoraron pero algunos dudaban..."**	Los discípulos fueron marcados por confiar en Jesús. No hay riesgo al confiar en Dios. Todo riesgo *percivido* es falso. **"Toda autoridad... me ha sido dada..."**	El liderazgo es más acerca de quién es que de lo que hace. Líderes saludables producen un ministerio saludable. **"Por tanto id y haced discípulos"**
La aventura expande nuestras zonas de confort. Cap. 3	El desierto provoca confianza. Entendemos que somos escogidos y salvos por *gracia*. Cap. 3	A través de situaciones de gran intensidad de toma de decisiones, Dios utilizó el yermo para levantar líderes.
Dios nos pide que examinemos nuestra integridad. Cap. 3	La restitución de Pedro: Dios es fiel aun cuando nosotros no lo seamos. Cap. 4	Debido a la falta de distracciones, el yermo fue un escenario común para comisionar líderes. Cap. 5
El trabajar juntos en aventura nos enseña que la base bíblica de la comunidad es la gracia. Cap. 3 y 4	La relación de Jesús con el Padre personifica cómo la confianza es la base de toda relación. Cap. 4 y 7	Jesús intencionalmente involucró a sus discípulos y él nos llama a hacer lo mismo con otros. Cap. 13
Dios usa la resistencia de manera intencional para descubrir si le tememos a él o al hombre. Cap. 3	Dios interrumpe a aquellos a quienes él escoge para moldear su identidad. Cap. 3	Empaque ligero para tener mayor efectividad en el avance del evangelio. Cap. 5
El yermo nos enseña el ritmo de los Salmos: orientación, desorientación y nueva orientación. Cap. 9	El desierto reta nuestro orgullo: ¡Quítese un peso de encima, este es el trabajo de Dios! Cap. 7	La creación nos enseña la diferencia entre la autoridad asignada y autoridad auténtica. Cap. 5

Objetivos del aprendizaje al aire libre (W.I.L.D.E.R.N.E.S.S.)

Cuando usted considere llevar a otros a una excursión o de campamento, debe tomar en cuenta qué tipo de personas llevará. Dependiendo de la iglesia a la que usted vaya a servir o la organización a la que usted represente, habrá por lo menos diez objetivos de aprendizaje que usted debe considerar para sus campamentos. Estos son objetivos comunes y bastante duraderos que pienso son importantes tener como enfoque, como temas de enseñanza o contenido para sus excursiones. Las diferencias entre los resultados 5C listados anteriormente y nuestros diez Objetivos del acrónimo W.I.L.D.E.R.N.E.S.S pueden parecer sencillas pero son importantes.

Creo que los resultados 5C son en gran manera lo que Dios cumple en nosotros como parte de su trabajo de santificación. Es decir, Dios es soberano y aunque nosotros, intencionalmente o no, intentemos trabajar para producir alguno de los resultados 5C durante nuestro viaje, parece que Dios da el fruto en esas áreas a través de las experiencias al aire libre, incluso a pesar de nuestros pocos o muchos esfuerzos, debido al poder intrínseco de encontrarse con Dios en la soledad de la creación. Pero eso no significa que nosotros no debamos *intentar* organizar nuestros viajes con el enfoque de obtener alguno de los resultados 5C. Pienso que el ser más intencional en querer obtener uno de esos resultados lo hará un mejor líder, y con la gracia de Dios usted verá más fruto. Así que vale la pena desarrollar estas habilidades en vez de improvisarlas y emprender camino hacia las montañas sin plan alguno. Jesús es nuestro modelo a seguir y al parecer él tenía una razón fundamental para todo lo que enseñó, así que nosotros también debemos tenerla.

Por otra parte, los *Objetivos* son diferentes a los resultados. Estos son pasos que podemos intentar tomar con miras a obtener esos resultados. Por ejemplo, en un juego de fútbol su objetivo o "meta" es que usted espera ganar el juego. Cada gol que usted anote es un objetivo para lograr su meta. Si usted no anota ningún gol entonces usted tampoco cumplirá la meta deseada. De la misma manera y de forma un poco misteriosa, el alcanzar un resultado deseado está íntimamente relacionado con nuestro esfuerzo.

Siguiendo esta línea de pensamiento, nuestros diez objetivos W.I.L.D.E.R.N.E.S.S. son pasos más específicos a tomar para ayudarnos a conseguir los resultados 5C que deseamos. Yo le invito a que empiece con poco mientras que usted crece en sus habilidades de liderazgo, ya que al tratar de hacer mucho puede diluir el impacto. Así que usted debe filtrar sus objetivos a través de un embudo pequeño y enfocarse sólo en unos cuantos.

A continuación le presento una lista de diez embudos comunes que le pueden ayudar a dirigir sus esfuerzos. El enfoque de este libro no es el de proveerle un plan completamente desarrollado para cada objetivo de aprendizaje, sino que este resumen le dará un punto de partida para el desarrollo de sus propios materiales de enseñanza o conversación para la excursión. Espero que de una u otra forma pueda medir si ha logrado su meta. Recuerde, esto no depende de usted nada más, este es el trabajo de Dios. Todo lo que estamos haciendo es ser buenos mayordomos de la pequeña responsabilidad que se nos ha dado bajo la absoluta soberanía de Dios sobre nuestro grupo. A continuación les presento algunas sugerencias como temas u objetivos de aprendizaje para sus excursiones:

W - Worldview (Cosmovisión)

El autor David Noebel en su libro *Understanding the Times (Entendiendo los Tiempos)*, el escribe: "La cosmovisión que usted tenga es como las raíces de un árbol, son esenciales para su vida y su estabilidad... las raíces son esenciales para la estabilidad de un árbol. No podemos ver la visión del mundo que usted tenga, pero podemos ver lo que sí está expuesto - sus acciones"[86] ¡Ese sí es un buen tema de conversación para una caminata! La próxima vez que usted lleve a un grupo de excursión, deténgase a la orilla de un río o arroyo donde haya un árbol grande cuyas raíces se alimenten del agua y pregúnteles de qué maneras las raíces del árbol son como la cosmovisión de una persona. Analice sus respuestas y luego ayúdelos a solidificar esta imagen en sus mentes. ¿Qué es visión-de-mundo? Hay muchas maneras de entender la cosmovisión de una persona, pero la carta de Pablo a Tito nos provee un modelo para observar las cuatro preguntas clave de la cosmovisión de una persona:

1. ¿De dónde vengo?
2. ¿Cuál es el significado de la vida?
3. ¿Cómo distingo entre el bien y el mal?
4. ¿Qué me va a pasar después que muera? (léase Tito 2:11-14)

Al utilizar las Escrituras y su conocimiento de la cultura contemporánea usted puede decidir enfocar el contenido de su excursión para ayudar a la gente a hacer una evaluación honesta de su cosmovisión, para así identificar en dónde su visión no se alinea con la cosmovisión de Cristo. Usted pudiera planificar tiempos de devoción para estudiar y discutir cada aspecto específico de la cosmovisión de Jesús o pudiera designar grupos que trabajen en dos o tres cosmovisiones durante la excursión para luego presentarle al resto del grupo lo que encontraron. Seríamos negligentes si en esta época no discutiéramos el contenido de la enseñanza de Jesús sin prestarle algo de atención a su sencilla cosmovisión. Debido a que hoy en día existe un creciente interés por una gran variedad de religiones y cosmovisiones basadas en otras culturas, es cada vez más importante encontrar maneras de ayudar a la gente a filtrar lo que están aprendiendo de este mundo a través de la cosmovisión coherente e incomparable de Jesús.

I - Intercesión
(Preparación para el conflicto espiritual)

Jesús se retiraba hacia lugares apartados al aire libre con frecuencia, para recibir bendición de Dios y prepararse para el conflicto o "guerra espiritual." El evangelista Lucas nos muestra cómo *el desierto fue un lugar de preparación para el conflicto con Satanás* (léase Lucas 4:1-13). El evangelio según Marcos también muestra como Jesús se retiró hacia el mar antes de enfrentar la carga espiritual de sanar a las multitudes a la orilla del mar (léase Marcos 3:7-12). Después de que los apóstoles habían estado evangelizando y enfrentando conflicto espiritual en los pueblos de Galilea, regresaban con Jesús exhaustos y muy necesitados de descanso, así que se retiraban (léase Marcos 6:30-31). Marcos nos relata cómo Jesús se retiraba para recibir guía y perspectiva espiritual del Padre por medio de la oración. Del relato de Marcos aprendemos que aunque en algunas regiones las puertas estaban abiertas de par en par para el ministerio, por medio de su tiempo de retiro con el Padre en oración, Jesús escogió ir a otros pueblos y villas. Necesitamos tiempo para orar y escuchar a Dios para que nuestra estrategia sea conforme al *ámbito espiritual* y no sólo al ámbito de lo que *vemos*.

L – Liderazgo

No hay límites en cuanto a cómo usted puede diseñar una semana de enseñanzas sobre este tema. Los temas son extensos y pudieran ser liderazgo tipo servicio, entendiendo los dones espirituales y cómo los líderes son comisionados para preparar y aumentar el potencial de otros. Pudiera estudiar lo que realmente significa ser un líder en la iglesia, y los tipos de cosas que un líder debe buscar en aquellos que están bajo su cuidado. Pudiera usar la semana para demostrar un entendimiento bíblico de cómo formar y llevar a cabo una visión. También pudiera enfatizar cómo motivar y capacitar a otros para que se involucren y participen en lo que Dios esté haciendo alrededor de ellos. En el Capítulo 5 le ofrezco más ideas de cómo maximizar el aprendizaje sobre este objetivo.

D - Discipulado

Usted pudiera pasar varios días de su viaje o excursión desarrollando un entendimiento más profundo sobre la adoración, o cómo hacer discípulos de una manera más efectiva. Pudiera enfocarse en el fruto del Espíritu o sobre el llamado que tenemos de mostrarle misericordia y buscar la justicia, en defensa de aquellas personas más vulnerables de este mundo. De cualquier ángulo que se vea, el dar prioridad al discipulado como un objetivo de aprendizaje, nos ayudará a canalizar el contenido de la enseñanza y nuestras discusiones hacia cómo estamos interactuando con nuestro mundo para la gloria de Dios.

E - Evangelismo

Como seguidores de Jesús debemos llevar la lluvia del evangelio a las almas secas y sedientas. Existen muchas maneras de compartir el evangelio de una forma efectiva con la gente en el contexto de las aventuras al aire libre. Hay tres objetivos que son importantes considerar: 1) Aprender a ser el iniciador de la lluvia de las buenas nuevas del evangelio a las almas sedientas (léase Oseas 6:3); 2) aprender a orar por la tierra de los corazones de la gente para que esté lista para recibir la lluvia del evangelio que usted como mensajero les llevará (léase Juan 4:13-14); 3) aprender a obedecer y sujetarse a Cristo, decidiendo humildemente salir de su zona de confort para ser un líder fiel que sea cual nube de lluvia que realmente traiga lluvia (léase Judas 12). Un alma que necesita la lluvia del evangelio se queda seca y sedienta, si la nube de lluvia es solo pasajera y no descarga ni una gota sobre su tierra árida. ¿Cuántas veces escogemos no mencionar el nombre de Cristo en nuestras conversaciones con personas que no le conocen?

Estas son algunas preguntas que pudieran serle útiles para compartir con efectividad el evangelio durante su semana de campamento:

1. ¿Qué esperaría yo si fuera *(coloque aquí el nombre de la persona)?* La respuesta a esta pregunta es lo que debemos orar y esperar que suceda. Es preferible suponer que nosotros somos los que debamos suplir esa necesidad en vez de otra persona.

2. No suponga o espere a que *(el nombre de la persona no creyente)* tenga algún interés por usted en un principio. Al principio no es necesario hablar mucho de nosotros mismos, sino más bien enfocarnos en hacer preguntas que den paso al entendimiento.

3.
Tenga Curiosidad: Siempre trate de aprender algo nuevo en sus conversaciones.

Tenga sentido del Humor: No sea muy serio, comparta historias chistosas y ríase de usted mismo.

Sea Entusiasta: Deje que ellos experimenten su propio entusiasmo por la vida.

Sea Empático: Póngase usted en la posición de ellos, y trate de entenderlos.

Relaciónese: Intente encontrar cosas en común de las que conversar y busque aprender de ellos. Sea humilde y servicial con otros.

4. Aprenda a diferenciar los "deseos" de las "necesidades": Pregúntese ¿Qué cosas de las que ofrece Jesús desea esta persona? ¿Qué realmente necesita esta persona pero no lo conoce aún?

5. Replantee las objeciones como metas: La gente siempre tiene preocupaciones y problemas que deben ser solucionados. Por ejemplo: el costo de seguir a Jesús, la confiabilidad de la Biblia, la relevancia de Jesús en sus vidas, conceptos erróneos de cómo Dios opera como el "Padre," etc. Después de identificar sus objeciones al evangelio, convierta sus objeciones en metas a lograr: Por ejemplo:

Objeción (ellos pudieran decir):
"Yo perdería mucha libertad si me vuelvo un seguidor de Cristo."
Replantee la Meta (pregúntese a si mismo):
"¿Cómo puedo hacer que mi amigo vea que él o ella aún pueden disfrutar de la libertad si ellos deciden seguir a Jesús?"

6. Escriba el camino del evangelio en su Biblia:

A continuación le presento un modelo sencillo que usted puede escribir en su Biblia. Esta guía le permite explicar el evangelio a través de su Biblia de una manera sencilla. Primero busque 1 Juan 5:13 subraye este verso y escriba al lado de este el próximo verso en la secuencia del evangelio como por ejemplo, Proverbios 14:12, y así sucesivamente (véase la siguiente tabla para una secuencia que articula el evangelio claramente). Así que si usted tiene la oportunidad de presentar a alguien todo el evangelio, tan solo debe recordar el primer verso 1 Juan 5:13 y seguir la guía. Es una manera sencilla y práctica de tener un *mapa* del evangelio en su Biblia.

Un mapa del evangelio en su Biblia

ESCRITURA	Puntos principales
1 Juan 5:13	Dios no está jugando a las escondidas con nosotros... Nosotros podemos buscarlo y conocerlo.
Proverbios 14:12	Los caminos del hombre no son los caminos de Dios. Necesitamos humillarnos ante él.
Romanos 6:23	El camino de la gracia.
Romanos 3:10,23; Isaías 53:6	Todos han pecado y están destituidos de la gloria de Dios.
Tito 3:5; Efesios 2:8-9	No podemos salvarnos a nosotros mismos.
Santiago 2:10; Gálatas 3:10	La maldición nos sobreviene aún por pecar una sola vez. Esto realza la gravedad del pecado.
Isaías 14:12-15	Un solo pensamiento pecaminoso de Satanás lo echó de la presencia de Dios.
Lucas 18:9	Confiar en nosotros mismos no nos salvará del pecado.

1 Juan 4:8; Génesis 1:31	¡Dios odia el pecado porque el pecado destruye su creación a la que él ama!
Romanos 5:8	Dios nos ama aun en nuestro pecado y rebeldía en contra de él.
Juan 3:16	Dios tiene un plan para salvar a la humanidad de la separación eterna de él.
Isaías 53:6; 1 Pedro 2:24; Juan 15:13	Jesús pagó por nuestros pecados y entregó su vida por nosotros.
Juan 19:30	Jesús pagó por la totalidad de nuestros pecados. Jesús pagó la penalidad de aquellos que creen en él.
Juan 14:2	Dios ha preparado un lugar en el cielo para aquellos que creen en su Hijo Jesús.
Efesios 2:8; Hebreos 11:6	Para poder ser perdonados de nuestros pecados y recibir el regalo gratuito de la vida eterna, debemos poner nuestra fe en Jesucristo.
Santiago 2:18-19; Juan 14:6	La fe es una decisión, no sólo un acuerdo intelectual. Uno debe poner toda su confianza en Jesucristo y creer que él es el camino, la verdad y la vida.
1 Juan 1:9	Dios perdonará a aquellos que confiesen sus pecados y pongan su confianza en Jesús.
Romanos 10:9	¿Cómo hago para escoger seguir a Jesús?
Juan 3:16; 6:47	La certeza de la salvación.

R –Relaciones

En el Capítulo 7, observaremos cómo nuestra vida está conectada a una red de relaciones. Veremos cómo deben ser las relaciones familiares saludables según la Biblia. También veremos cómo deben ser las relaciones con nuestras amistades, la iglesia, la comunidad local y entre otras culturas. La creación de Dios es un laboratorio que nos permite descubrir el diseño de Dios para las relaciones. Haga de esto un objetivo de aprendizaje en su viaje, y quizás usted pueda medir si en alguna forma su grupo regresa a casa con una perspectiva y un compromiso renovado sobre el diseño de Dios para las relaciones. Yo he visto grupos de estudiantes de secundaria quedar tan afectados por el diseño de Dios para las relaciones que iniciaron cambios radicales en toda la comunidad de su iglesia, y eventualmente también en su escuela secundaria después del viaje. Algunos pasajes para afianzar este tema podrían ser: *Hechos 2:21-47; Romanos 12:9-18; 1 Juan 3:13-18 y Juan 13:35.*

N -Nutrir - Terapia de Aventura y Salud Mental

Como se discute en el Capítulo 4, en un sentido psicológico, la aventura al aire libre o la terapia de aventura son en gran parte acerca de la formación de identidad y problemas de confianza de un individuo. En el proceso de reorientar nuestra vida hacia Jesucristo nuestro Verdadero Norte, nos damos cuenta que él es nuestro Gran Médico y la Roca de nuestra salvación. Al guiar a otros de una forma terapéutica durante la excursión, puede que necesitemos ayudarlos a cortar viejas ataduras a los patrones de comportamiento y pensamiento que han lastimado en gran manera su relación con Dios y otras personas. Este no es un libro sobre el tema de la terapia de aventura, pero como objetivo de aprendizaje, la aventura al aire libre es un ambiente ideal para dar a la gente espacio para cambiar sus maneras erradas de pensar, y para anclar toda su identidad en Jesús. Esto puede requerir sanar viejas heridas, perdonar a otros o simplemente ser escuchados y entendidos. Podemos ver que Jesús utilizó la terapia relacional en el contexto de las experiencias al aire libre cuando la gente como sus discípulos, individuos, grupos pequeños y hasta las grandes multitudes lo asediaban. El desarrollar una mejor salud mental es una meta noble y apropiada para el ministerio al aire libre.

Muchas personas concuerdan que la naturaleza es un ambiente excelente para dar consejería a través de un proceso vivencial a jóvenes con problemas de conducta. Desde el principio de su investigación, Patricia Doucette se hace una pregunta importante sobre la relevancia de dar consejería a jóvenes durante caminatas al aire libre, en lugar de dar consejería dentro de una oficina o consultorio médico. Ella escribe: "¿Será que los pre-adolescentes y adolescentes jóvenes con problemas de conducta se pueden beneficiar de intervenciones de enfoque múltiple con caminatas al aire libre durante la misma sesión de consejería?"[87] Su estudio revela que las caminatas al aire libre durante estas sesiones son definitivamente beneficiosas para el proceso de transformación del comportamiento de jóvenes en alto riesgo.

La autora e investigadora de adolescentes, Rebecca Cowan, descubrió resultados similares en la vida de varios participantes a los que ella llevó de campamento. Uno de los campistas le describió en su diario, su experiencia y la forma como aumentó su autoestima:

> Señor, tu sabes que estoy luchando con mi autoestima. Muchas veces Satanás pone pensamientos en mi cabeza de que no valgo nada. Pero sé que eso está mal. Tú me creaste y diseñaste especialmente de la misma manera que creaste esta vasta y bella naturaleza a mi alrededor.[88]

Otro campista escribió sobre su experiencia al dormir a solas toda una noche bajo las estrellas: "El estar solo me hizo realmente entender cuánto necesito de otras personas... Yo disfruto estar con otras personas y compartir mi vida con ellas, y que ellas compartan su vida conmigo."[89]

E - ¡Espere grandes cosas y emprenda grandes cosas!

Al estudiar los héroes de las misiones encontramos que muchos de ellos consiguieron su visión al leer las historias y biografías de otros misioneros aventureros como ellos. William Carey, uno de los héroes modernos de la misiones a nivel mundial, es famoso por decir "¡Espere grandes cosas, y emprenda grande cosas!" Este objetivo de aprendizaje se enfoca en cómo contagiar a otros con el espíritu misionero. La Biblia deja en claro que *Dios utilizó la naturaleza como un lugar especial para escoger y comisionar a la gente hacia su campo misionero (léase Génesis 12:1-5, Mateo 28:16-20)*. Esta puede ser una meta de enseñanza poderosa para alcanzar con un grupo de personas que deseen discernir el llamado de Dios sobre su vida, o para determinar las estrategias de cómo usar todo lo que Dios les ha dado (incluyendo su tiempo, talentos y tesoros) para enseñar acerca del Reino de Dios a nivel local y global.

Muchos pasajes de la Escritura proveen una base firme para este tema, pero hay unos cuantos que valen la pena mencionar como Lucas 19:1-10. ¿Qué significa que una persona esté perdida? ¿Qué nos impide acercarnos a los que no están en Cristo? Pudiéramos enfocarnos en 2 Corintios 5:14-21 y subrayar que tanto el *mensaje* como el *ministerio* de la reconciliación se nos ha entregado a nosotros los creyentes. Usted pudiera dedicar toda una semana a entender lo que el *mensaje* de reconciliación realmente significa, y cómo sería vivir ese *ministerio de reconciliación* una vez que estemos de regreso en nuestras comunidades. O podría estudiar la vida de un misionero en particular, escogiendo secciones de su biografía o de sus diarios para iniciar un diálogo con su grupo acerca de por qué aún hoy en día existe la necesidad de las misiones interculturales.

S - Spiritual Formation (Formación Espiritual)

Está de más decirlo, pero uno de los principales valores de estar al aire libre es que nos permite una soledad con Dios, y desarrollar una relación conversacional con él. Existen cuatro elementos principales para una conversación constante con él en oración: *1) Nosotros le hablamos a él; 2) nosotros creemos que él nos escucha; 3) él nos responde; y 4) nosotros ejercitamos la disciplina de escucharle y obedecerle.*[90] La gente con frecuencia debe despertarse de la parálisis espiritual que ocurre con el hábito de la desobediencia e incredulidad. Haga de esto un objetivo de aprendizaje para su viaje, y usted puede ayudar a la gente a disfrutar una semana de experiencias más íntimas con Dios. Esto puede ayudarles a entender el valor de desarrollar un patrón rutinario de apartarse, lo que aumentará las probabilidades de que ellos tomen iniciativas en su formación espiritual después del viaje. Algunos de los pasajes para estudiar este tema podrían ser: Lucas 10:38-42; Marcos 1:35; Lucas 5:16; Mateo 14:23; Mateo 6:7-13; 1 Juan 1:8-9; Hebreos 4:14-16; Mateo 11:28 y Filipenses 4:6-7.

S - Scenarios (Escenarios)

Este objetivo de aprendizaje se enfoca en el pensamiento crítico, en la toma de decisiones y el discernimiento de la voluntad de Dios. La manera en que las personas toman decisiones sabias para la supervivencia o para trazar un camino vocacional varía de una persona a otra. Pero en la mayoría de los casos, el desarrollar una habilidad para procesar las condiciones ambientales, las necesidades de un grupo y la sabiduría bíblica para tomar decisiones sensatas requiere de cuatro tipos de conocimiento: 1) Saber *qué* hacer; 2) Saber *cómo* hacerlo; 3) Saber *cuándo* hacerlo; y 4) Saber por qué hacerlo. Si hay una necesidad que tiene esta generación, es ayudarle a romper las cadenas que le impiden y paralizan para tomar decisiones sobre qué hacer con su vida entendiendo toda la libertad que ofrece Cristo. Especialmente en los países desarrollados, a nuestra generación más joven se le ha otorgado muchos privilegios y como resultado no han aprendido a tomar decisiones, y sabiamente escoger una buena dirección moral que glorifique a Dios. La naturaleza ofrece una verdadera cornucopia de escenarios para la toma de decisiones.

El planificar este objetivo de aprendizaje en su semana de excursión, simplemente requiere que usted espere con anticipación escenas que ocurrirán dependiendo de la ruta que usted tome. Después, planifique cómo presentar esas situaciones a su grupo para que ellos participen en la toma de decisiones. Aprender a tomar decisiones en situaciones de aventura o supervivencia, realmente les enseñará una habilidad que les será muy útil en cada aspecto de otras tomas de decisiones más allá del viaje.

CAPÍTULO 7: CARRETES DE PELÍCULAS

Planificación anticipada al contexto (Los trailers de películas como herramienta para captar a su público)

Cuando yo tenía doce años, el pastor de mi iglesia, Doug, nos invitó a mi padre, a mí y a mi amigo Mike a ir de expedición a la base de Chair Mountain, una montaña cerca de la ciudad de Marble en Colorado. Yo estaba súper emocionado. Los días se me hacían meses mientras esperaba la llegada del día de nuestra gran expedición. Ese día caluroso de verano finalmente llegó, y mientras subíamos camino a la montaña y nos zarandeábamos por caminos de tierra aptos para vehículos de doble tracción, me imaginaba que enfrentaríamos pumas, esquivaríamos despeñaderos y exploraríamos cavernas y cuevas para protegernos de los relámpagos repentinos típicos de la temporada de verano. ¡Como usted verá, yo estaba listo para la aventura!

Cerca del atardecer al final de nuestro primer día, y tras caminar muchos metros de distancia para llegar a la entrada de la cuenca de Buckskin, vi una belleza que nunca me hubiera imaginado. A los pies de los acantilados tipo catedral que parecían llegar hasta el cielo, reposaba un lago azul ópalo, cual piedra preciosa que silenciosamente reflejaba el lienzo rojizo del cielo. El sol parecía una esfera naranja que se posaba descansando sobre la cresta de las montañas. Me senté en el silencio y con cada respiro de aire fresco que llenaban mis pequeños pulmones; era obvio para mí que esta cuenca silvestre y hermosa había sido creada para que *yo* me sentara a observar la gloria de Dios. Yo me preguntaba "Wow, ¿me tendría Dios en mente cuando creó este paraíso alpino?" Parecía posible que así fuera. De muchas maneras, este sitio especial a los pies de Chair Mountain marcó el comienzo de mi viaje con el Señor. La cuenca de Buckskin marca el punto en el mapa donde el Señor me impartió la visión de que hiciera todo lo posible por ayudar a otros jóvenes alrededor del mundo a encontrarse con Jesucristo en el teatro cautivador de su creación.

A la mañana siguiente me desperté en la serenidad de la cuenca de Buckskin, y muy pronto recibí la lección de mi vida. Ese día, aprendí como pescar truchas. Mi papá sacó hilo de pescar, se lo amarró a un anzuelo y me lo dio. Después que el terminó de fumar, usamos el filtro de su cigarrillo como flotador, lo amarramos a la caña de pescar y pusimos un trozo de queso en el anzuelo. Con el hilo enredado entre mis manos, lancé el enredo de hilo con toda mi fuerza hacia el lago con la esperanza de pescar algo. ¡El queso no se había terminado de sumergir cuando una trucha silvestre se tragó mi carnada! Esa mañana agarramos el máximo de truchas permitidas con tan sólo una improvisada pero efectiva caña de pescar que mi papá me había hecho. Eso fue inolvidable.

Una cosa que es importante saber acerca de la pesca es el cómo *sacar el pescado del agua*. Si se jala con mucha fuerza se escaparán, pero si se le da mucha holgura al hilo, escupirán el anzuelo. Debe haber un balance muy preciso. Lo mismo es cierto acerca de su público. (Después de haber trabajado en ministerio de jóvenes y estudiantes universitarios por más de veinte años, ahora más que nunca me doy cuenta que nuestro reto más grande es captar la atención de los jóvenes a través de relaciones personales significativas. Tal vez, por eso es que Jesús usó la analogía de la pesca con Pedro. Los peces no buscan meterse en la red o tragarse un anzuelo... usted tiene que persuadirlos).

Un truco útil que he encontrado para ayudar a mantener a la gente *engarzada e involucrada* en el proceso de aprendizaje durante una experiencia al aire libre, es el darles un mirada a lo que tendremos por delante, y así convencerlos que bien vale la pena tanto esfuerzo para llegar a nuestro destino. Otro tipo de

TEORÍA • CAPÍTULO 7 • CARRETES DE PELÍCULAS

carrete que usamos con frecuencia para atraer a la gente es el de las películas. Los "trailers," o avances de películas, ayudan a la gente a decidir si la película les interesa lo suficiente como para sentarse a verla. También nos dan un adelanto del tema para que podamos seguir la historia desde la primera escena. La tarea para usted como líder al aire libre es encontrar un avance de la película para su viaje. Yo a esto lo llamo "planificación anticipada al contexto," ya que esto ayuda a las personas a saber qué esperar y a mantenerlos comprometidos con el viaje.

Como un líder de la vida al aire libre usted necesita saber la historia que quiere presentar, y también necesita conocer su público. Al conocer el ambiente al aire libre, los resultados que busca, sus objetivos y su público, usted debe poder escribir un pequeño esbozo para preparar a su público para el contenido que presentará al grupo durante toda su jornada. Hacer un avance de una película obliga al productor a condensar su mensaje a unos sesenta segundos. Una planificación *anticipada* nos obliga a hacer lo mismo. El verse obligado a reducir su mensaje a los términos más simples y claros, hará que usted ciertamente pueda hacer un mejor trabajo en preparar y planificar su semana para conseguir un objetivo que valga la pena.

Parte de lo que hace la enseñanza sobre la marcha algo más divertido y eficaz en lugares al aire libre, es tener una visión muy clara de los objetivos primarios y secundarios que usted desea. Esto le da la libertad de enfocarse en las necesidades del grupo, en lugar de seguir un manual de instrucción. En pocas palabras, usted debe encontrar distintas maneras de darle a su pequeño grupo, adelantos de lo que harán y lo que tendrán la oportunidad de *aprender, sin adelantarles todas las sorpresas. Luego, diseñe un plan que facilite el proceso de aprendizaje.* Una planificación anticipada es un excelente lugar para comenzar su viaje.

En este capítulo le ofreceré cuatro ejemplos de planificación anticipada que dan una visión general a varios objetivos de aprendizaje en los que me enfocaría durante una semana con un grupo. No están organizados en ningún orden particular, son simplemente muestras para que usted las estudie antes de intentar escribir las suyas propias. Algunas son más largas que otras, y no están hechos para ser utilizados literalmente. Yo más bien las uso como herramienta para ayudarme a pensar cómo puedo contar una historia que prepare a mi grupo para lo que van a hacer, y lo que esperamos que puedan aprender en la próxima aventura.

La incomodidad tiene un propósito

Una planificación anticipada para el objetivo de aprendizaje del DISCIPULADO

Vivimos en una época en la que la satisfacción inmediata es considerada una virtud y no un vicio. Desafortunadamente, o afortunadamente dependiendo de su punto de vista, no siempre conseguimos lo que queremos, lo que con frecuencia deja a la gente preguntándose si Dios realmente los ama porque él ha permitido que la dificultad llegue a sus vidas. Cuando finalmente llegamos a un punto de quiebre, culpamos a Dios o aprendemos a agradecerle a Dios por amarnos lo suficiente para permitir que las dificultades en nuestras vidas no nos dejen correr enfurecidos en nuestro orgullo. Nuestro tema esta semana es procesar un tema que está enormemente presente en las Escrituras y que va en contra de la satisfacción inmediata. *Esta semana vamos a aprender que Dios se propone expandir nuestras zonas de confort, para mantenernos humildes y dependientes de él. Sí, Dios ciertamente a veces elimina lo que nos es familiar para fomentar en nosotros la humildad y protegernos de los peligros del orgullo.*

Uno de los primeros ejemplos de esto se produce en la torre de Babel (léase Génesis 11:1-9). La gente de la civilización antigua confiaba en sí misma, era autosuficiente y excesivamente cómoda. Viendo esto como un peligro (un vicio no una virtud), Dios los sacó de su zona de confort confundiendo su idioma. Él los esparció a lo largo de todo el desierto con muchos idiomas para mantenerlos dependientes de él. Si alguna vez usted ha viajado a otra cultura en donde usted no entiende el idioma, usted puede entender cuán incómodo es esto y cuánto esto nos obliga a depender de Dios y de otras personas.

Dios no está en contra de la comodidad, pero él realmente ve el valor que tiene la incomodidad para mantenernos humildes. La humildad es más importante para él que nuestro propio confort. Así que cuando durante este viaje seamos retados más allá de nuestra zona de confort al ir por el camino, mojándonos, escalando, sirviéndonos unos a otros o cualquier otra cosa que suceda..., tómelo como una oportunidad ordenada por Dios para experimentar más libertad y bendición abundante en su vida. Seremos libres de la esclavitud de siempre querer satisfacer nuestros deseos egoístas. Dios quiere que sepamos que a través de Cristo podemos decir que "no," y aún estar bien cuando no tengamos lo que queremos. Al hacer esto, seremos más libres que otros que nos rodean y están *esclavizados por el materialismo y la adicción al reconocimiento*.

Más adelante en las Escrituras vemos este principio evidenciado a través del llamamiento y la misión de Abraham (léase Génesis 12:1-13:18). Una característica evidente en su llamamiento fue la intencionalidad de Dios al eliminarle toda comodidad y lo que le era familiar a Abraham y a su familia, con el fin de bendecir a toda generación a través de él (léase Génesis 12:18). La familiaridad es una bendición y también una maldición en cada cultura. Podemos descansar cuando estamos familiarizados con nuestro entorno (ej. la cultura, la familia, la música, la comida, los alrededores, el arte, etc.) pero la familiaridad puede también conducir a la autocomplacencia. Las experiencias al aire libre son usadas por Dios para eliminar de nosotros la familiaridad (ej. zonas de confort), y hacernos avanzar en la desafiante pero necesaria tarea de reconciliar a aquellos que han sido separados de Dios, para que regresen a tener una comunión con él.

Uno puede identificarse con el concepto de expandir las zonas de confort si hemos vivido la experiencia de ser nuevos en un grupo o extranjeros en otra cultura. Esta es una experiencia que nos hace ser humildes, y usualmente produce cambios en nuestro corazón hacia aquellos que son diferentes a nosotros, porque ya entendemos qué se siente ser un extranjero. Abraham fue un extranjero en cada lugar al que él viajó en el desierto, topándose con personas que hablaban diferentes idiomas, pidiendo tierras ajenas prestadas para apacentar sus ovejas, etc. En la vida de Abraham nada era cómodo, excepto su situación de dependencia y favor con Dios.

Cuando experimentamos una pequeña dosis de esto, al pasar tiempo en otra cultura o al hacer algo más allá de nuestra zona de confort, podemos identificarnos mejor con lo que Abraham experimentó. Después de mi primer viaje misionero al extranjero, cuando regresé a los Estados Unidos tuve un nuevo sentido de compasión y comprensión hacia los extranjeros que viven en mi cultura. Dios retó la zona de confort de Abraham al hacerlo permanecer como extranjero en un desierto ajeno a él. Esto desarrolló en él un corazón de compasión y entendimiento para con los que estaban perdidos. *La misión de Dios es usar a su pueblo escogido para buscar y salvar a los que están perdidos. Para ello, Dios creyó necesario humillarlos primero haciéndoles ser extranjeros y así convertirlos en una nación comprometida con las misiones, teniendo compasión por aquellos fuera de su familia, es decir, las otras naciones.* Ellos primero tuvieron que ponerse en los zapatos de un extranjero, para así tener un corazón y una visión de querer alcanzar a las naciones alejadas de Dios.

La familiaridad es un peligro para la Iglesia aún hoy en día. En el momento que nos sentimos demasiado cómodos y familiarizados con nuestra cultura, tenemos la tendencia a ignorar a aquellos que son ajenos a nuestra "familia." Este principio tiene implicaciones directas para los creyentes en cada iglesia: *El compromiso hacia las misiones en la iglesia depende de que el pueblo de Dios sea llevado hacia la falta de familiaridad con el fin de desarrollar una compasión por los que están perdidos.* Permanecer en la comodidad endurece el corazón de la iglesia por los que están perdidos..., tenemos que vivir y sentirnos como extranjeros en el mundo para permanecer siendo una iglesia con misión.

Hasta que Jesús regrese, Dios va a seguir empujando a su pueblo fuera de su zona de confort para mantenerlos humildes y comprometidos con la misión. El peregrinaje de Israel durante los cuarenta años en el desierto es un buen ejemplo para nosotros entender lo que Pablo quería decir cuando hablaba de que la ciudadanía de la iglesia está en el cielo. Somos extranjeros en este mundo, este no es nuestro hogar. Las experiencias al aire libre proporcionan incontables oportunidades para sacarnos de nuestras zonas de confort: dormir en el suelo, tener pocos baños, comer comida diferente, el no tener los medios de comunicación que nos distraigan, experimentar verdaderas exigencias físicas, tener que ir al baño en los bosque, etc. El objetivo de Jesús es purificar a la persona y transformarla para él; un pueblo que sea de su posesión, que entusiastamente entregue su vida deseando sólo una cosa: la buena, agradable y perfecta voluntad de Dios (léase Tito 2:14, Romanos 12:1-2). La realidad inevitable es que la condición de lealtad del corazón que Dios desea, generalmente se desarrolla y forma a través de las pruebas y los retos.

La continuidad indica una relación de pacto

Una planificación anticipada para el objetivo de aprendizaje de LAS RELACIONES Y LA COMUNIDAD

En la primera mitad de la carta a los Hebreos, aprendemos un principio acerca de los retos y las pruebas: El *persistir* en nuestra relación con Jesús es una verdadera prueba de nuestra realidad: *nuestra permanencia en la fe es la garantía que pertenecemos a Cristo*. Dios disciplina a quienes él ama, y aquellos que tengan verdadera fe en Cristo continuarán obedeciéndole hasta el final. La fe se mide a través de toda una vida, por lo que habrá temporadas de lucha e incluso incredulidad en nuestro camino, pero al final, los que pertenecen a Cristo continuarán y persistirán en la fe. El autor de Hebreos habla extensamente de la rebelión de los israelitas en el desierto en Meriba. Allí aprendemos que el motivo por el cual al pueblo hebreo no se le permitió la entrada a la Tierra Prometida fue debido a su persistente incredulidad. Y el mensaje del autor de Hebreos fue que este principio ciertamente permanece a través de los siglos. El comenzar bien con Cristo no es la prueba de nuestra realidad, esa parte es fácil. Más bien la continuidad de nuestra fe y nuestra sumisión a su autoridad, aún en los momentos difíciles, es la señal de que le pertenecemos.

En Hebreos capítulo 5, vemos cómo el retar las zonas de confort de Israel en el desierto rompió con su pereza e incredulidad. Esta lección también la vemos en nuestras propia vida; cuando Dios nos reta nos volvemos hacia Cristo en dependencia. Él nos obliga a cortar los lazos viejos que nos lo impiden. El autor nos advierte en contra de distanciarnos de nuestra fe: "Porque debiendo ser ya maestros, después de tanto tiempo, tenéis necesidad de que se os vuelva a enseñar cuáles son los primeros rudimentos de las palabras de Dios; y habéis llegado a ser tales que tenéis necesidad de leche, y no de alimento sólido." (Hebreos 5:12) El pueblo hebreo a quien se dirigía el autor se había vuelto perezoso, se sentían firmes en la fe y cómodos. Proseguir en su fe significaría que ellos tendrían que cortar los viejos lazos del legalismo y las cómodas tradiciones familiares que les daban falsas esperanzas. Dar un giro de 180 grados alejándose de todo lo que usted siempre ha conocido no es fácil, pero es exactamente lo que esta carta dirigida a los cristianos judíos les exhorta a hacer a sus lectores. El autor F. F. Bruce comenta: "El intelecto no está dispuesto a considerar una idea que el corazón no considera agradable."[91] Necesitamos que líderes jóvenes hoy en día respondan a este mensaje, y que corten con viejas ataduras para forjar nuevos caminos en las misiones por los que están perdidos; libres de las trampas y las cadenas de la familiaridad y la comodidad.

El autor Bruce explica que la diferencia entre la comida (espiritual) suave y la sólida era un tema común en el principio de la iglesia. Pablo escribe a la iglesia de Corinto: "De manera que yo, hermanos, no pude hablaros como a espirituales, sino como a carnales, como a niños en Cristo." (1 Corintios 3:1) Y Pedro escribe: "Desead, como niños recién nacidos, la leche espiritual no adulterada, para que por ella crezcáis para salvación." (1 Pedro 2:2) Pedro estaba escribiendo a una iglesia prácticamente llena de nuevos convertidos. Sin embargo, aquí en la carta a los Hebreos, los lectores serían personas *maduras pero débiles* en su fe. Estos cristianos "maduros" habían creado un estándar de justicia que usaban para juzgar indiscriminadamente a los demás, sin embargo, sus corazones seguían resistiéndose al cambio y no tenían compromiso alguno hacia las misiones.

Quizás usted tenga un grupo de gente que ha crecido siendo parte de la iglesia, y han desarrollado una actitud de superioridad y de querer separarse de los demás. Ellos pueden juzgar a otros pero no reconocen su propio pecado, ni ven la complacencia en sus propios corazones. Aunque se sientan muy maduros o bendecidos, habiendo crecido en la iglesia, debemos sentir compasión por personas así, y debemos retarlas con firmeza a dejar de depender de la leche espiritual. Ya es hora de crecer y de alimentarse de carne espiritual para enfocarse en ser más como Cristo, en vez de aferrarse a tradiciones y patrones de vida que nos impiden relacionarnos con aquellos que están quebrantados y esclavizados a su pecado.

Por esta misma razón fue que el Señor inició la transformación que Israel experimentó a finales de la vida de Moisés, cuando tuvieron que experimentar cuarenta años de reforma en el desierto. Esta fue la misma actitud del corazón de aquellos para los que se escribió el libro de Hebreos. Sería prudente que reconociéramos que esta advertencia es también igualmente relevante hoy en día para tantos cristianos que han crecido dentro la iglesia. Tal vez, una aventura al aire libre sea exactamente lo que un grupo de gente "religiosa" necesita, para empujarlos hacia una vida de fe que no sea nada cómoda. Comenzar bien con Cristo es sólo el punto de partida; la verdadera marca de autenticidad de nuestra relación con Dios es como continuamos creciendo a la semejanza de Cristo.

Cortando viejas ataduras y vendas espirituales

Una planificación anticipada para el objetivo de aprendizaje DEL CUIDADO DE ELLOS y LA TERAPIA DE AVENTURA

Debido a la desobediencia de Adán y Eva, nosotros no cortamos con viejas ataduras naturalmente, sino que nos aferramos a lo que conocemos, es decir, a la comodidad y a la familiaridad de nuestra naturaleza pecadora. Es por esto que Pablo escribió en su carta a los Colosenses, dándoles instrucciones para cortar viejas ataduras:

> Si, pues, habéis resucitado con Cristo, buscad las cosas de arriba, donde está Cristo sentado a la diestra de Dios. Poned la mira en las cosas de arriba, no en las de la tierra. Porque habéis muerto, y vuestra vida está escondida con Cristo en Dios. Cuando Cristo, vuestra vida, se manifieste, entonces vosotros también seréis manifestados con él en gloria. Haced morir, pues, lo terrenal en vosotros: fornicación, impureza, pasiones desordenadas, malos deseos y avaricia, que es idolatría; cosas por las cuales la ira de Dios viene sobre los hijos de desobediencia, en las cuales vosotros también anduvisteis en otro tiempo cuando vivíais en ellas. Pero ahora dejad también vosotros todas estas cosas: ira, enojo, malicia, blasfemia, palabras deshonestas de vuestra boca. No mintáis los unos a los otros, habiéndoos despojado del viejo hombre con sus hechos, y revestido del nuevo, el cual conforme a la imagen del que lo creó se va renovando hasta el conocimiento pleno, donde no hay griego ni judío, circuncisión ni incircuncisión, bárbaro ni escita, siervo ni libre, sino que Cristo es el todo, y en todos. (Colosenses 3:1-11)

Nuevamente dio instrucciones similares a la iglesia en Roma:

> Porque los que son de la carne piensan en las cosas de la carne; pero los que son del Espíritu, en las cosas del Espíritu. Porque el ocuparse de la carne es muerte, pero el ocuparse del Espíritu es vida y paz. Por cuanto los designios de la carne son enemistad contra Dios; porque no se sujetan a la ley de Dios, ni tampoco pueden; y los que viven según la carne no pueden agradar a Dios. Mas vosotros no vivís según la carne, sino según el Espíritu, si es que el Espíritu de Dios mora en vosotros. Y si alguno no tiene el Espíritu de Cristo, no es de él. Pero si Cristo está en vosotros, el cuerpo en verdad está muerto a causa del pecado, mas el espíritu vive a causa de la justicia. Y si el Espíritu de aquel que levantó de los muertos a Jesús mora en vosotros, el

que levantó de los muertos a Cristo Jesús vivificará también vuestros cuerpos mortales por su Espíritu que mora en vosotros. (Romanos 8:5-11)

Por medio de la limitación de nuestras zonas de confort en actividades al aire libre, podremos cortar viejas ataduras o vendas, y abrir nuestros ojos a la realidad del mundo espiritual. Este es quizás uno de los frutos de transformación más importante que resultan de las experiencias al aire libre. Vivimos en una sociedad que ignora el reino espiritual, y lo considera como algo imaginario e irreal. Pero la Palabra de Dios enseña claramente que sólo por medio de la Escritura y la oración podemos discernir lo que Dios está *pensando* y, por lo tanto, escuchar de él lo que él quiere que *hagamos*. En vista de que vivimos en una sociedad tan ocupada, y con frecuencia carecemos de la disciplina necesaria para escuchar a Dios en oración, las experiencias al aire libre son aún más urgentes para que la gente pueda oír la voz de Dios en soledad. El apóstol Pablo explica el principio de que *las vendas espiritual son eliminadas a través de la oración* en la primera carta a la iglesia de Corinto, donde él enseña esta misteriosa realidad con una simple analogía terrenal. Él escribe:

> Antes bien, como está escrito: Cosas que ojo no vio, ni oído oyó, ni han subido en corazón de hombre, son las que Dios ha preparado para los que le aman. Pero Dios nos las reveló a nosotros por el Espíritu; porque el Espíritu todo lo escudriña, aun lo profundo de Dios. Porque ¿quién de los hombres sabe las cosas del hombre, sino el espíritu del hombre que está en él? Así tampoco nadie conoció las cosas de Dios, sino el Espíritu de Dios. Y nosotros no hemos recibido el espíritu del mundo, sino el Espíritu que proviene de Dios, para que sepamos lo que Dios nos ha concedido, lo cual también hablamos, no con palabras enseñadas por sabiduría humana, sino con las que enseña el Espíritu, acomodando lo espiritual a lo espiritual. Pero el hombre natural no percibe las cosas que son del Espíritu de Dios, porque para él son locura, y no las puede entender, porque se han de discernir espiritualmente. En cambio el espiritual juzga todas las cosas; pero él no es juzgado de nadie. Porque ¿quién conoció la mente del Señor? ¿Quién le instruirá? Mas nosotros tenemos la mente de Cristo. (1 Corintios 2:9-16)

En otras palabras, una persona no puede conocer los pensamientos de otra persona a menos que esa persona se los revele. Una de las mayores causas de ansiedad psicológica, tanto en los cristianos como los que no los son, es que nos creemos capaces de saber lo que otros están pensando. Confiamos en nuestras percepciones, cuando en realidad nuestras percepciones con frecuencia (si no la mayoría de las veces) están equivocadas. Aquí Pablo nos provee de una solución para librarnos a aquellos que luchamos con la ansiedad. No podemos saber los pensamientos de otros, de la misma manera que otros no pueden saber los nuestros.

Existe otro lado muy interesante de esta realidad: así como nosotros no podemos saber los pensamientos de otras personas, tampoco podemos saber los pensamientos de Dios, a menos que su Espíritu nos los revele. Lo que más necesitamos es escuchar la voz amorosa del Padre Celestial, quien nos habla para ahogar las otras voces que nos condenan (bien sean la nuestra o las de otros). Necesitamos una sanación genuina de esas voces destructivas, pero eso sólo es posible si podemos escuchar la voz de Dios. Sin embargo, Pablo claramente dice: si usted no tiene una relación con Jesucristo, no se ha arrepentido de su pecado, no ha entregado en humildad su vida a Cristo, entonces, usted no podrá escuchar la voz del Padre Celestial como aquellos que están en Cristo si lo hacen. Esto sólo es posible a través de Cristo. Él es la entrada, él es la puerta, él es el camino. Es crucial que los no creyentes se enfrenten a esto.

Y como cristianos, tenemos que recordar que a menos que estemos en una posición de escuchar y comunicarnos con Dios a través de la oración y su Palabra, tampoco conoceremos sus pensamientos. Los pensamientos de Dios son sólo accesibles a través de su Espíritu, y en la medida que él nos los quiere revelar. La analogía de Pablo es tanto de sentido común (la cual podemos ver en el mundo de relaciones humanas), como también es una realidad espiritual. *¡Sólo a través de la oración y la meditación en la Palabra de Dios podemos remover las vendas espirituales de nuestros ojos!* Por esto la oración y el estudio de la Biblia son vitales para el crecimiento en Cristo. Existen muchos tipos de *vendas espirituales que nos impiden "continuar en nuestra fe y nuestra confianza."* El ser humano siempre es tentado a creer mentiras, y si seguimos siendo débiles y "faltos de oración" seremos enredados entre muchos obstáculos. El pastor y autor E. M. Bounds, nos da instrucciones sobre cómo protegernos de esta "falta de oración":

> La oración vana y vacía, que tiene la forma y el movimiento de la oración pero no es hecha con el verdadero corazón de la oración, nunca mueve a Dios a respondernos. Santiago se refería a este tipo de oración: 'No tenéis lo que deseáis, porque no pedís. Pedís, y no recibís, porque pedís mal.'[92]

El yermo es un lugar especial donde Dios ha quitado la ceguera espiritual a su pueblo, llevándole hacia la incomodidad y el sufrimiento para abrirle sus ojos y oídos, mostrándole su gloria y su bondad. El resultado es una convicción y confianza sin restricción que nos transforma, avivando la llama del fuego del evangelio que brilla en las tinieblas de nuestras mentes que han sido influenciadas por el mundo. El evangelio lava las mentiras que hemos creído y limpia nuestro pensamiento para que esté alineado con la mente de Cristo. En lugar de dejar que nuestras mentes sean arrastradas por caminos que no conducen a nada, o por vientos de falsa doctrina que podamos recibir por medio de la radio, los libros o la televisión; somos llamados a someter nuestras mentes al "control del Espíritu" en fe y oración (léase Romanos 8:11). Pablo promete que si permitimos que el Espíritu controle nuestras mentes, experimentaremos "la vida y la paz." Vida y paz son señales de una mente transformada. Ese es el objetivo de cualquier tipo de terapia psicológica. Y el Gran Médico puede darnos la sanación de nuestras mentes.

¿Quién establece los términos del discipulado?

Una planificación anticipada para el objetivo de aprendizaje del DISCIPULADO

Desde una perspectiva teológica, el deseo de un individuo de querer establecer los términos de su discipulado es una muestra peligrosa de cuán obstinada o terca es la esencia de su zona de confort. No obstante, Jesús es el que establece los términos de nuestra relación con él y no nosotros. Michael Knowles explora esta idea en la parábola del siervo indigno (léase Lucas 17:7). Juan Calvino escribe: "El objetivo de esta parábola es demostrar que no importa el entusiasmo con que queramos obedecer a Dios, esto no obliga a Dios en ninguna manera, ya que como propiedad suya que somos, él por su parte no nos debe nada."[93] En esta parábola, al discípulo se le niega el fijar los términos de su discipulado... su relación con el amo está basada en los términos impuestos por el amo y el amo es bueno por naturaleza. Knowles continúa diciendo, "En la segunda parte [de la parábola] queda claro que no existe la posibilidad de que el servicio a Dios sea algo basado en méritos... El discipulado no es algo que uno determine y no somos compensado de acuerdo a nuestros méritos, sino a otro principio."[94]

Nosotros aprendemos en la medida que limitamos nuestra zona de confort y eliminamos la familiaridad. Un principio que es fundamental para poder disfrutar la vida abundante que Cristo desea para nosotros es: *Ser un discípulo no nos da ningún estatus especial. En esta tierra no hay "ventajas adicionales" o bonos extras por servirle a Dios.* ¡Eso sí que va en contra de la cultura de hoy! Y muy ciertamente opuesto al evangelio de la prosperidad. A veces, este principio puede resultar ser una verdad rechazada por los cristianos. Pero el objetivo de Dios no es siempre nuestra comodidad. Algunas veces necesitamos represión y exhortación si nos hemos desviado del camino.

Parte del arte de guiar excursiones al aire libre, es saber cómo aprovechar las oportunidades que se presenten para retar las zonas de confort del grupo, usando este principio como guía. Con frecuencia nosotros podemos establecer los términos de una actividad durante el viaje, en vez de dejar que sean los participantes quienes establezcan los términos de la experiencia (ej. definir los límites, guiar la aventura, comunicar los aspectos de la excursión que no son opcionales por razones de seguridad, salud, etc.) Para la persona típica, comer en una excursión y beber agua tratada son dos ejemplos comunes de las cosas que causan algún tipo de incomodidad. ¿Qué cosas ha visto usted que causan incomodidad a las personas en una excursión? Sin duda la lista debe ser larga.

Dirigiéndome al grupo le diría: "En esta aventura ustedes van a tener un guía que tiene habilidades que puede que ustedes no hayan aprendido todavía. Puede que esto sea humillante, pero tómenlo como una gran oportunidad para pensar acerca de cómo Cristo es nuestro 'Maestro'. Piensen cuánto dependemos de él diariamente para que nos enseñe y nos guíe a través de las cosas que poco conocemos. Puede que usted no tenga la habilidad para sobrevivir y prosperar a la intemperie por sí mismo, pero si usted escucha, aprende humildemente de los guías, y practica lo que ellos le enseñan, muy probablemente, usted podrá sobrevivir y prosperar sólo la próxima vez que salga de excursión. Este es el objetivo del discipulado. Sus guías no le van a imponer nada, estamos aquí para ayudarles a aprender y que se sientan más cómodos estando al aire libre."

La voluntad de Dios es que todos aprendamos con humildad de aquellos líderes que tienen autoridad espiritual en nuestra vida. De hecho, esa es una de las razones por las que Dios dio a la iglesia líderes como parte de su diseño: "Obedeced a vuestros dirigentes, y sujetaos a ellos; porque ellos velan por vuestras almas, como quienes han de dar cuenta; para que lo hagan con alegría, y no quejándose, porque esto no os es provechoso" (Hebreos 13:17). El discipulado se hace de la manera en la que lo estableció Jesucristo; prosperaremos, creceremos y tendremos un impacto más significativo en el mundo en la medida que nos sometamos en humildad a aprender de aquellos que saben más que nosotros. En definitiva, nuestro Guía es Jesucristo, pero en su amor él nos provee de líderes quienes puedan invertir en nosotros como aprendices. Yo le diría algo así al grupo antes de emprender el viaje: "Aunque los guías no son perfectos, al terminar esta semana de viaje, me gustaría que escriban un poco acerca de cómo el rol de su guía le ha ayudado a entender que Jesucristo es su guía en todo aspecto de la vida."

CAPÍTULO 8: RELACIONES

La relación maestro-discípulo

La naturaleza es una gran escuela de socialización. Como cualquier otro grupo de estudiantes, las relaciones de Jesús con sus discípulos iban más allá del aula de clases. Ellos compartían la vida juntos. Nuestras vidas giran en torno a las relaciones humanas, pero ¿cuán saludables son esas relaciones? Hoy en día podemos escondernos detrás de un teléfono inteligente tipo iPhone, o poner nuestra mejor cara en la página de cualquier red social como Facebook o Twitter. Pero me temo que algún día nuestra sociedad pueda disfrutar más el comunicarse por mensajes de texto que en persona. Las experiencias al aire libre nos proveen un lugar muy saludable para aprender el diseño de Dios para las relaciones humanas. Creo que muchos coinciden en que ya es hora de retomar este tema, antes de que la tecnología sea la base de nuestras relaciones, en vez de la confianza .

Saber a quienes enseñó Jesucristo no es un misterio. Sabemos que él normalmente enseñaba a individuos y a grupos de todos los tamaños; sin embargo, él invirtió la mayoría de su tiempo en Pedro, Santiago, Juan y sus otros nueve discípulos. Él pasó tiempo con un grupo de setenta y dos, y con un grupo aún más grande de ciento veinte, a quienes él envió a predicar. Él también pasó una gran cantidad de tiempo con las multitudes. Jesús comió con "pecadores," actividad que parecía disfrutar mucho (ej. cuando comió con Mateo y sus amigos cobradores de impuestos, así como cuando en casa de Zaqueo se recostó cómodamente). También invirtió tiempo dialogando con los fariseos y maestros religiosos. Él dio prioridad a hablar con la gente de Israel, pero también trató con unos cuantos gentiles y con otros también, así como la mujer en el pozo de Samaria.

Podemos suponer, basado en lo que sabemos de los doce discípulos, que muchos de ellos no hubieran escogido ser los mejores amigos. Por ejemplo, Simón el Zelote probablemente fue un nacionalista extremo y *defensor de la independencia* de Israel del gobierno Romano, aún cuando esto significara levantarse en armas. Leví, el recaudador de impuestos, probablemente hubiera tomado una posición de *acomodo* al imperio romano con el fin de sobrevivir y prosperar, capitalizando los beneficios financieros de la helenización. Por esta razón, es probable que sus diferencias políticas hubieran afectado el respeto del uno por el otro.

Sin embargo, el respeto es un componente fundamental para poder disfrutar de relaciones significativas. Así que Jesús, por medio de su enseñanza y diversas experiencias trabajó arduamente para forjar respeto y confianza aún entre las relaciones más espinosas en su comunidad de discípulos. Los grupos deben ser unificados, y para ello muchas veces los líderes tienen que hacer lo necesario para proveer una variedad de experiencias que permitan romper el orgullo y la autosuficiencia del grupo, logrando que todos aprendan a dar y a recibir. Las excursiones o viajes cortos pueden ser un ambiente propicio para lograr que una variedad de personas experimenten una comunidad de relaciones significativas. Por ejemplo, el autor Simon Beames en su artículo "Elementos críticos de una experiencia de expedición," entrevistó a varios participantes durante una excursión en Ghana que confirmaron esta realidad:

> Rufus sentía que 'vivir en una comunidad de gente cercana donde no hay escape,' era un aspecto importante de la experiencia al aire libre. Él explicó que... a diferencia del Reino Unido, en donde 'si alguien no te gusta es normal que te alejes de esa persona, que no la llames por teléfono y que te mantengas fuera de su vida,' aquí las circunstancias del entorno físico exigían que la gente se llevara bien. Rufus continuó diciendo 'tienes que llevarte bien con la gente, tienes que aceptar a la gente, tienes que resolver los conflictos y las diferencias'... Bien lo dijo Gordo al hablar sobre cómo el

entorno físico afecta las interacciones sociales... 'no sólo se trata de conversar con las personas con quien uno se lleve bien, sino también ¡hablar con aquellas personas que uno quiera evitar!.' De la misma manera, Tracy comenta con firmeza que 'el hecho de que estemos a kilómetros de distancia de cualquier hogar, y que nos pongan juntos en esta situación es importante.'[95]

Estos jóvenes hacen una observación interesante sobre la naturaleza del aprendizaje en comunidad. Al igual que Rufus y Gordo, los discípulos también entendían la importancia de las enseñanzas de Jesús de manera *retrospectiva*. Jesús no pretendía que sus discípulos entendieran *inmediatamente* el significado de lo que les enseñaba. Él sabía que una transformación estaba ocurriendo aun cuando no existiesen señales externas de crecimiento. El profesor Peter Scaer coincide con esto al decir: "En la pedagogía con frecuencia ocurre que el estudiante aprende a realizar tareas para luego entender su importancia."[96]

En el discipulado, aprendemos a imitar a Jesucristo (por lo general por medio de algunas tareas), y sólo después de que sometemos nuestra voluntad en obediencia a Cristo, podemos comprender el significado e importancia de nuestras acciones. Hoy en día, especialmente entre las personas de las sociedades occidentales, "mi derecho" se ha convertido en un ídolo por lo que se suele decir: "Muéstrame primero el beneficio que voy a recibir, y si me parece que vale la pena luego haré la tarea." Si somos honestos debemos admitir que hasta cierto punto la enseñanza cristiana de hoy en día se centra en persuadir a los creyentes hacia el discipulado, poniendo de manifiesto la *importancia o propósito* de la obediencia en lugar de nuestra obligación a la obediencia. Esto sólo consigue alimentar una visión de discipulado basada en derechos más que en obediencia; es decir: "Muéstrame que esto vale la pena y que merece que le dedique mi tiempo y entonces me comprometeré con esto." ¿Cree usted que esto suena parecido a la invitación de Jesús? ¡De ninguna manera, ni parecido!

Por el contrario, Jesús se adueña de sus discípulos por el resto de sus vidas. *En la medida que nos movamos a obedecerle, entonces comenzaremos a entender la importancia y significado de lo que estamos haciendo.* Nosotros caminamos por fe y no por vista. Este principio no debe ser ignorado, sin importar cuán posmodernista, iluminada o centrada en el entretenimiento se haya convertido nuestra cultura. Las iglesias de hoy en día están luchando contra tendencias sincretistas para que el seguir a Jesús sea "relevante," "significativo" o "valga la pena"; esta es una respuesta insuficiente e inadecuada a Jesucristo, y solo va a desarrollar creyentes con raíces poco profundas que carecen de perseverancia cuando son puestos a prueba (léase Marcos 4:4-6).

Jesús invitó a una variedad de amigos a vivir en comunidad. Se embarcó con ellos en una búsqueda y aventura como lo dijo George Müller *"para dar gloria a Dios."*[97] No hay mayor búsqueda que esta, bien sea hecha en forma individual o colectiva. Y fue para la gloria del Padre que un grupo tan diverso de hombres y mujeres darían mucho fruto al poner en práctica el diseño duradero hecho por Dios para las relaciones santas (léase Juan 10:10; 15:8).

El método de Jesús fue basado en las relaciones

Una de las primeras cosas que un líder de experiencias al aire libre necesita hacer es conocer a su grupo. Mientras más conozcamos a los que estamos dirigiendo, la experiencia será más enriquecedora. Jesús nos mostró cómo debemos priorizar las relaciones personales. Piense en un grupo con el que haya experimentado una aventura o un viaje misionero, y trate de recordar las diferentes características de cada persona en el grupo. Estoy seguro de que estaba lleno de una gran variedad de dones y personalidades. Mantenga ese grupo en su mente mientras miramos al grupo principal que Jesús dirigió en múltiples experiencias al aire libre.

Jesús empezó su misión con un grupo pequeño. Como un arquitecto que sabe cómo construir un fundamento que perdure, o un guerrero experimentado que conoce el arte de la guerra, Jesús buscó primero *establecer una base fuerte de operaciones* en la Tierra Santa.[98] Jesús pasó la mayor parte de los tres años de su ministerio con los doce. Claramente, el centro de su estrategia era desarrollar una comunidad con enfoque misionero que llevaría su mensaje hasta los confines de la tierra. En otras palabras, *su método fue la gente, no tener programas*: "Su preocupación no fue con programas para alcanzar las multitudes, sino con hombres que las multitudes siguieran."[99] Sus discípulos eran un grupo de gente ordinaria a quienes él llamó a una relación extraordinaria. La variedad de personalidades entre los discípulos nos hace preguntarnos cómo es que Jesús los transformó. ¡Su comunidad misionera sería *unificada pero ciertamente no uniforme*!

El autor William Barclay en su libro "*Los hombres del Maestro*" da una idea de la personalidad de los doce. Jesús era el Maestro de cómo hacer madurar a las personas. Junto con Santiago y Juan, Pedro, el que pasó a ser conocido como la "Roca," era un pescador de Galilea quien fue parte del círculo de discípulos cercanos a Jesús. Los galileos eran tradicionalmente un grupo de hombres valientes.[100] Esto lo vemos desde un principio cuando los hombres que Jesús escogió eran aquellos que estaban dispuestos a seguirlo..., aquellos a quienes el Espíritu Santo había impulsado a abandonarlo todo por él: "Jesús no tenía el tiempo ni el deseo de dispersarse entre aquellos que querían establecer sus propios términos de discipulado."[101]

Pedro tuvo varias experiencias inolvidables con Jesús. Él fue testigo de la resurrección de la hija de Jairo (léase Marcos 5:37; Lucas 8:51), de la transfiguración (léase Mateo 17:1; Marcos 9:2; Lucas 9:28) y de la agonía de Jesús en el huerto de Getsemaní (léase Mateo 26:40; Marcos 14:37). También Jesús envió a Pedro por delante con Juan para preparar la última Pascua en Jerusalén.[102] Él también es conocido por su declaración de que Jesús era el Mesías, y su gran descubrimiento que nadie más que Jesús tenía las palabras de vida.[103] Él fue también quien recibió la gran promesa de Jesús (que Jesús construiría su Iglesia sobre él), así como su *gran reproche* "apártate de mí, Satanás."[104] Irónicamente, Pedro es conocido tanto por *haber negado a Jesús, como por la lealtad de Cristo hacia él* cuando le impartió su llamado en el mar de Tiberias. Así mismo, Pedro es recordado por entender que la *Missio Dei* (Misión de Dios) incluía a los gentiles, al recibir a Cornelio en la comunión de la iglesia.[105]

También tenemos mucha información histórica sobre el apóstol Juan. En las palabras del autor Barclay, "él fue el hijo del trueno que se convirtió en el apóstol del amor."[106] Los Evangelios sinópticos (Mateo, Marcos y Lucas) describen principalmente a Juan de una manera poco atractiva, subrayando el aspecto volátil de su personalidad, a diferencia del Evangelio de Juan que lo presenta como un hombre transformado en el apóstol del amor:

> A primera vista Juan aparece como un hombre muy ambicioso, con un temperamento explosivo, un hombre con corazón intolerante... Juan es el ejemplo supremo de como Jesucristo puede tomar a un hombre tal cual es y usar sus dones naturales, su poder y temperamento para grandeza. El poder en sí mismo siempre es neutral. El poder se hace bueno o malo de acuerdo a la mente y el corazón de la persona quien está controlando y usando ese poder. En el caso de Juan siempre hubo poder y ese poder se unió a la hermosura cuando éste fue controlado por Jesucristo.[107]

Andrés, el segundo discípulo escogido por Jesús, estaba únicamente dedicado a traer a otros para que conocieran a Jesús. Todo líder fuerte necesita un seguidor como Andrés: "Andrés era el tipo de hombre que nunca recibió el primer lugar, sin embargo, es el tipo de hombre sobre quien depende todo líder, y quien es la columna vertebral de la iglesia cristiana y la sal de la tierra."[108] Él mostró varias cualidades maravillosas en su relación con Jesús. Primero, él *no fue egoísta*. Andrés sabía que su hermano Pedro era un líder natural así que rápidamente lo trajo a Jesús para presentárselo: "Para Andrés, la obra misionera comenzó en su casa."[109] Segundo, él se mostró *optimista* y *entusiasta* trayendo con mucho deseo gente a Cristo; por ejemplo el joven con los panes y los peces.[110] En tercer lugar, fue un hombre adelantado a su tiempo, ya que él vio la universalidad de la invitación de Jesús; que la gracia de Dios, la cual trae salvación a todos los hombres había aparecido en la persona de Jesucristo: "él entendió muy bien a Jesús y sabía que no había nadie a quien Jesús no quisiera ver, y que no había hora ni momento en la que Jesús estuviera muy ocupado para entregarse a aquellos quienes buscaban y preguntaban acerca de la verdad."[111]

Tomás fue el discípulo que por dudar término 100% convencido.[112] Él es conocido por varias cualidades únicas: 1) era un hombre de valor quien apoyó el deseo que Jesús tenía de ver a Lázaro: "vamos también nosotros, para que muramos con él" (léase Juan 11:16); 2) estaba a menudo desorientado (léase Juan 14:1-16); 3) en un principio, no podía creer sinceramente en Jesucristo (léase Juan 20:25); y 4) se convirtió en un hombre de devoción y de fe (léase Juan 20:26-28). Hay dos principios que surgen al observar la relación de Tomás con Jesús: 1) Jesús no culpa a ningún hombre por querer estar seguro de quién es Jesús;[113] y 2) ciertamente es más probable que le suceda esto a una persona que se encuentre en la comunidad de creyentes; lo cual deja en claro lo importante que es el ser parte de una comunidad de creyentes.[114] Al leer la conversión de Tomás, podemos ver que aunque él dudaba que Jesús había resucitado de entre los muertos, él se mantuvo lo suficientemente cerca de la comunidad de los discípulos para estar presente en el momento que Jesús se les apareció en el aposento alto, donde Tomás lo vio, lo tocó y creyó. Tomás nos da un ejemplo maravilloso a muchos de nosotros quienes participamos en los viajes de experiencias al aire libre: aunque aquellos que participan pueden estar en una búsqueda y tener muchas dudas, el ambiente de la comunidad cristiana en sí mismo es a menudo un ambiente que promueve nueva fe. Cuando aquellas personas con dudas están consistentemente conectadas con la comunidad, a menudo son iluminadas a la verdad del evangelio. La experiencia de Tomás puede darnos esperanza y, al miso tiempo, recordarnos que debemos hacer todo lo posible por mantener a las personas escépticas y con dudas involucradas en las discusiones de grupo.

Mateo fue el discípulo quien, previo a su sumisión a Jesús, fue probablemente despreciado por la mayoría de los de su comunidad debido a su profesión como cobrador de impuestos.[115] Sin embargo, podemos aprender del ejemplo de Mateo, que Jesús llamó a pecadores egoístas a que le siguieran. Él estaba preocupado por todo tipo de personas. El autor A.B. Bruce destaca la importancia del llamado de Mateo:

> El llamado a Mateo ilustra de una forma significativa una característica muy destacada en la acción pública de Jesús, es decir, su desprecio total de las máximas de sabiduría mundana. Un discípulo publicano, más aún un apóstol publicano, no podría dejar de ser una piedra de tropiezo para el prejuicio judío y, por lo tanto, ser al menos por un tiempo, una fuente de debilidad y no de fuerza... Aun estando consciente de que tanto Jesús como sus discípulos serían despreciados y rechazados por los hombres de su tiempo, el Maestro siguió su camino calmadamente, eligiendo a sus compañeros y agentes 'a quienes él quería' sin importarle la oposición de su generación; como alguien que sabía que su trabajo afecta a todas las naciones y en todos los tiempos.[116]

El Nuevo Testamento no nos dice mucho sobre el resto de los discípulos. Judas Iscariote fue el hombre que se convirtió en el que traicionó a Jesús. Felipe fue el primer hombre llamado a seguir a Jesús. Simón el Zelote era el hombre que comenzó con la ira pero terminó lleno de amor. Jacob, el hermano de Juan, fue el primero de los doce en convertirse en un mártir.[117] De las Escrituras y de la historia de la iglesia sabemos muy poco sobre Natanael, Jacobo el hijo de Alfeo, y de Tadeo. Así que no se desanime cuando al dirigir a un grupo en una experiencia al aire libre no logre conectarse con cada participante por igual. Esto es normal. Usted podrá conocer a algunos estudiantes más profundamente que a otros..., esto es sólo la naturaleza de las relaciones. Nuestra capacidad de profundizar no es ilimitada como fue la de Jesús, y aún para él, al parecer, fue una prioridad el pasar más tiempo con Pedro, Jacob y Juan.

Cuando fueron invitados a seguirle, los discípulos no entraron en su comunidad en una relación típica de rabino a estudiante, sino que siguieron a Jesús en una forma personal. El llamado de Jesús fue severo e inflexible, incluso aún más que alguno de los ejemplos del Antiguo Testamento.[118] En 1 Reyes 19:20, Eliseo fue llamado a seguir a Dios como aprendiz de Elías, pero cuando él preguntó si podía regresar a despedirse de su papá y de su mamá se le dio permiso. Por el contrario, Jesús prohibió a sus discípulos el poner sus manos en el arado y mirar hacia atrás:[119]

> Él dijo a otro hombre: 'Sígueme.' Pero el hombre le contestó: 'Señor, déjame que primero vaya y entierre a mi padre. Jesús le dijo: Deja que los muertos entierren a sus muertos; y tú ve, y anuncia el reino de Dios. Entonces también dijo otro: Te seguiré, Señor; pero déjame que me despida primero de los que están en mi casa. Y Jesús le dijo: Ninguno que poniendo su mano en el arado mira hacia atrás, es apto para el reino de Dios.' (léase Lucas 9:59-62)

El objetivo del compañerismo de Jesús fue el de una comunidad de misión leal y valiente, así que invirtió mucho en las vidas de aquellos a quienes él entrenaba. "Mientras más concentrado sea el tamaño del grupo al que enseña, mayores serán las oportunidades de aprendizaje. En un sentido profundo, nos está mostrando como la Gran Comisión puede convertirse en el propósito que controle cada círculo familiar, cada reunión de pequeño grupo, cada relación de amistad estrecha en esta vida."[120]

Los doce también fueron *compañeros de viaje* de Jesús. Ellos estaban con él casi todo el tiempo, "presenciando todas sus obras y su ministración en las necesidades diarias."[121] Los discípulos eran pastores bajo el liderazgo de Jesús para continuar y llevar a cabo su trabajo. Jesús estaba limitado a su humanidad, por lo tanto no podía pasar tiempo con todos; al contrario, él decidió desarrollar líderes espirituales que otros seguirían.[122]

En la preparación de sus discípulos, Jesús elevó sus conciencias en el conocimiento de la estrategia de Satanás para derrotarlos. El autor A. B. Bruce nos provee una perspectiva del interés tan torcido de Satanás:

> Todo el objetivo de la política satánica es lograr que el autointerés sea reconocido como el fin principal del hombre.

Esta es la peor de las tentaciones de Satanás... Satanás es llamado el príncipe del mundo porque el autointerés domina al mundo; él es llamado el acusador de los hermanos, porque él cree que los hijos de Dios no tienen mayor motivación... Absolutamente no existe cosa tal como renunciar a la propia vida para buscar algo más; todos los hombres son egoístas y tienen un precio, algunos pueden resistirse más tiempo que otros pero a la final, cada hombre preferirá sus propias cosas a las cosas de Dios. El hombre dará todo lo que tiene por su vida, ni su integridad moral, ni su piedad son la excepción. Tal es el credo de Satanás.[123]

Ya que Jesús estaba llevando a sus discípulos en un viaje (espiritualmente, físicamente, emocionalmente e intelectualmente) y los peligros eran eminentes debido a su enemigo, el diablo, él los instruyó para que no llevaran mucha carga, es decir que *empacaran ligero*. Como cualquier buen soldado o pastor, ellos tuvieron que aprender a vivir con poco, y mantener un estilo de vida simple para así poder enfocar sus esfuerzos en la misión más que en las preocupaciones del mundo. En otras palabras, el mensaje de Jesús a los discípulos fue:

Vayan de inmediato, y vayan como están; no se preocupen ustedes acerca de la comida, del vestido o de cualquier necesidad del cuerpo; confíen estas cosas a Dios. Sus instrucciones se basaban en el principio de división del trabajo, asignando a los sirvientes del reino las obligaciones militares, y a Dios el departamento de comisaría... Dios proveería para ellos a través de la instrumentalidad de su pueblo.[124]

Cualquier grupo en un viaje experimentará la dinámica de formación del grupo. Vivir en comunidad puede poner de manifiesto lo mejor y lo peor de cada uno. Al formarse los grupos, surgirán líderes naturales y también aquellos que tienen los dones apropiados para ocupar los diferentes roles necesarios para que el grupo funcione. El grupo de discípulos de Jesús provee una parábola viviente de la dinámica de grupo, en la que él trajo la unidad dentro de un grupo con diferencias muy grandes en cuanto a personalidades, proveyendo así visión para el reino de Dios: "esta unión de polos opuestos no fue accidental, pero fue diseñada por Jesús como una profecía del futuro... Así que en la iglesia del futuro no debería haber ni griego ni judío, circunciso o incircunciso, libre o esclavo, sino solo Cristo."[125]

El modelo relacional de aprendizaje de la primera iglesia

Robert Coleman, en su libro *"Plan supremo de evangelización,"* trazó la estrategia subyacente del ministerio personal de Jesús destacando un modelo de trabajo con los tres, los doce, los setenta y dos y con las multitudes. En el *"Plan supremo del discipulado"* el autor muestra cómo (después de la ascensión de Jesucristo) la iglesia apostólica llevó a cabo el mandato de la misión. Este modelo de discipulado es observado en buena medida en el libro de los Hechos de los Apóstoles. Coleman escribe, "El Libro de los Hechos deja claro que llevar el evangelio a toda criatura es programa de Dios y este se puede llevar a cabo."[126] En la historia de la primera iglesia hay un precedente para el ministerio de grupos pequeños. El aprendizaje en grupos pequeños conduce a la transformación. Esto ocurre no sólo porque las personas se conocen unas a otras, y se sienten seguras en una comunidad pequeña, sino también porque es más fácil para el pastor o líder del grupo el facilitar el aprendizaje mediante las experiencias de la vida real. Coleman también nota:

> Uno tiene que preguntarse, con toda honestidad: ¿Por qué los cristianos no erigieron edificios especiales para cuando la congregación se reunía, especialmente después de salir de la sinagogas?... Es probable que 'los cristianos simplemente no vieron razón alguna para levantar edificios para la adoración.' Se reunieron en sus casas, donde vivían su fe cada día. En este ambiente relajado aprendieron juntos, aun cuando compartían sus cargas unos con otros.[127]

A veces los padres reconocen un don único en sus hijos, por lo que cuando llega el momento de elegir una universidad o escuela a donde los van a enviar, ellos tratarán de encontrar algún sitio en donde sus hijos puedan obtener capacitación especializada. Bien sea un instituto privado de arte, música o una escuela especializada en ingeniería, el sueño de la mayoría de los padres es proveer la mejor educación que ellos puedan para ayudar a que sus hijos desarrollen sus talentos al máximo de su potencial. ¿Y qué sobre una escuela para aprender cómo desarrollar relaciones saludables? Gran parte de la vida se trata de las interacciones que tenemos con otros, ya sea familia, matrimonio, amistades o incluso relaciones de trabajo. Hoy la gente necesita modelos piadosos (conforme a lo que Dios quiere) de relaciones saludables. Esta es una responsabilidad que recae en los líderes.

Si usted es un líder, entonces usted tiene personas que lo siguen. Las personas dependen de su liderazgo en alguna medida. Esto aplica a los padres, maestros, jefes e incluso compañeros líderes. Los líderes deben ser capaces de mencionar los resultados deseados tanto en su propia vida como en la vida de las personas a quienes él o ella están aceptando como aprendices. Esto es lo que significa tener una visión para otra persona. Y entonces, una vez que se tenga una visión para alguien, su trabajo es encontrar todas las maneras en las que usted puede ayudar a su aprendiz a aumentar su potencial en todos los ámbitos de su vida: en sabiduría, en estatura y en gracia ante Dios y el hombre (léase Lucas 2:52; Efesios 4:11-13). Los líderes ayudan a otros a aprender cómo apuntar las fronteras de sus vidas para glorificar a Dios a través de las relaciones. En el contexto de liderazgo al aire libre, los objetivos variarán de un grupo a otro, pero un área importante de crecimiento que vemos a través de las experiencias al aire libre es el de las relaciones. El aire libre es una verdadera escuela de aprendizaje para cultivar relaciones saludables.

Estableciendo una relación con Dios y en contra de Satanás

Las crisis de identidad pueden causar una cojera debilitante a través de toda la vida. Esto provoca una inseguridad que arruina las relaciones, de la misma manera que una manzana podrida arruina el saco entero. Por lo tanto, no es de extrañar que la formación de identidad estuviera al principio de la lista de los resultados deseados por Jesús cuando llevaba a sus discípulos en experiencias al aire libre. A través de su propio bautizo y en la elección inmediata de los primeros discípulos en el mar de Galilea, vemos que Jesús hizo hincapié en su preocupación de que los discípulos establecieran relaciones firmes y comprometidas *con* Dios y *con* otros. Pero también quería que ellos desarrollaran una postura más fuerte en su relación *en contra* de Satanás. Esta es una relación muy diferente; él es nuestro enemigo no nuestro amigo. Nuestra relación de mayor fundamento es con Dios. Una vez que somos reconciliados con él, nuestra relación con la Trinidad se convierte en una de *descanso*. El Espíritu Santo nos ayuda a ordenar nuestras relaciones con los demás de una manera sobrenatural basada en la abnegación y el amor. En cambio, nuestra relación hacia Satanás es una de conflicto incesante. El yermo nos prepara para esta batalla. El Evangelio de Marcos ilustra como Jesús usó el yermo como un terreno para prepararse para la tentación y el conflicto: Y luego el Espíritu le impulsó al desierto. Y estuvo allí en el desierto cuarenta días, y era tentado por Satanás, y estaba con las fieras; y los ángeles le servían (Marcos 1:12-13).

Vemos un poco de la experiencia de Elías en el internado relacional por el que pasó durante sus muchas experiencias al aire libre. Una de sus lecciones se produjo en una cueva con Dios (léase 1 Reyes 19:1-21). Previo a este seminario inolvidable, Elías tuvo un increíble enfrentamiento de poder con los profetas de Baal. Elías le pidió a Dios y "cayó fuego de Jehová y consumió al holocausto, la leña, las piedras y el polvo y aún lamió el agua en la zanja." (1 Reyes 18:38) A continuación Elías mandó a sacrificar a todos los profetas de Baal. Al enterarse de esta noticia, Acab, rey de Israel, le dijo a su esposa Jezabel lo que Elías había hecho. Ella en su cólera envío este mensaje a Elías: "Así me hagan los dioses, y aun me añadan, si mañana a estas horas yo no he puesto tu persona como la de uno de ellos." (1 Reyes 19:2) Naturalmente, Elías se dio media vuelta y corrió para salvar su vida. Fortalecido por una comida traída por un mensajero de gracia, el ángel del Señor, "se levantó, pues, y comió y bebió; y fortalecido con aquella comida caminó cuarenta días y cuarenta noches hasta Horeb, el monte de Dios." (1 Reyes 19:8) Y el Señor se reunió con él, de tal manera que el curso de su vida cambió para siempre. Es importante recordar que lo que precedió a este tutorial con Dios fue el ayuno de 40 días y 40 noches de Elías. Él estaba cansado y hambriento. A través de esta experiencia de mesa redonda vemos que Dios lo estaba preparando en el desierto para acrecentar su ministerio profético. Para eso es la escuela, para prepararnos para lo que viene a continuación.

Dios podría haberle dado a Elías unas vacaciones en las playas del Mediterráneo para proveerle descanso y prepararlo para el camino que tenía por delante. Pero generalmente esa no es la forma en la que Dios nos prepara para el conflicto. En su lugar, el retiro que experimentó Elías fue precedido por el hambre y la fatiga, culminando en un encuentro intimidante con el Dios viviente. Esta clase en "la escuela de relaciones" llevada a cabo en el desierto, bendijo inmensamente a Elías. Ahora con su confianza profundamente establecida en Dios, él podría rechazar los temores humanos que le traían el ejercicio de poder de Jezabel. Ahora él estaba preparado para la nueva tarea que tenía por delante, y podía pararse con confianza ante el conflicto en contra de Jezabel, sabiendo que la batalla era del Señor y que él estaría bien, siempre que se mantuviera fiel a Dios en lugar de titubear debido a sus temores humanos. *El desierto expone el origen de nuestros temores.*

Después de esta experiencia cumbre en la montaña y con su diploma en la mano después de haber pasado la prueba, Elías fue enviado de vuelta hacia el valle con una nueva misión para ungir a Hazael, rey de Aram, a Jehú, rey sobre Israel, y a Eliseo su sucesor. Inmediatamente después de descender de la montaña, el reino espiritual se desató con conflictos en esos días después de haber ungido a Hazael y a Jehú. Dios había sacudido a Elías un poco para asegurarse que pudiera manejar el manto de responsabilidad que le estaba dando.

El relato de la experiencia de Elías en la cueva tiene muchos paralelos similares a la tentación de Jesús en el desierto como preparación para su ministerio. El punto culminante del encuentro de Elías fue su reunión con Dios con un "suave susurro." Similarmente, con palabras que fueron pronunciadas desde el cielo, Jesús fue bendecido en el desierto durante su bautismo, así como Elías. Al igual que Elías, la bendición y bautismo de Jesús ocurrió justo antes del despliegue de una larga temporada de intenso conflicto espiritual en su ministerio. Con el fin de permanecer firmes en nuestra relación de conflicto en contra de Satanás, debemos permanecer en Cristo constantemente para recibir el alimento espiritual que necesitamos. Las pruebas y los retos van a venir, pero él es fiel para prepararnos y ayudarnos a pasar a través de ellas.

El Evangelio de Marcos nos muestra como Jesús se retiraba para prepararse para su ministerio y por consiguiente para el conflicto espiritual del mismo. Antes de que él sanara las multitudes junto al mar, subió al monte a orar y a elegir a sus discípulos (léase Marcos 3:7-12). Otro ejemplo es cuando los apóstoles regresaron a Jesús con necesidad de descanso, después de su primera misión evangelística (léase Marcos 6:30-31). Durante la preparación para la semana antes de la crucifixión, Lucas nos relata como Jesús continúa su ritmo de retiro en preparación para el conflicto espiritual: "Y enseñaba de día en el templo; y de noche, saliendo, se estaba en el monte que se llama de los Olivos." (Lucas 21:37) Él se retiraba al jardín cada noche, en preparación para el intenso conflicto espiritual que estaba creciendo hasta llegar a su punto culminante en la cruz.

A partir de Génesis 4, vemos como Dios va desplegando su plan de misión para restablecer las relaciones a su diseño original: 1) El hombre está destinado a relacionarse con Dios bajo su autoridad y su bendición; 2) el hombre está destinado a una relación de conflicto en contra de Satanás al igual como Dios se relaciona en conflicto con Satanás; y 3) el hombre está destinado a relacionarse con otros hombres en comunidad e interdependencia. Tanto las experiencias de Elías como las de Jesús en el yermo fueron ordenadas por Dios para establecer a estos hombres bajo su autoridad y bendición. De este modo los capacitó para que estuvieran dispuestos a participar en los conflictos venideros en contra de Satanás para el propósito y la gloria de Dios. En el contexto de las experiencias al aire libre, usted debería acostumbrarse a preguntarle a aquellos a quienes está dirigiendo sobre las batallas espirituales que ellos enfrentaran al regresar a casa. Como líderes de experiencias al aire libre, tenemos el privilegio de deliberadamente facilitar experiencias que ayuden a los participantes a tener un encuentro con Dios que les cambie la vida, y los prepare para los conflictos espirituales que van a enfrentar cuando regresen al valle en donde viven.

Jesús no se tarda en establecer su relación con los discípulos y su relación de conflicto contra Satanás. Muy pronto después de llamar a sus primeros discípulos, Jesús envía a los setenta en una misión a predicar las buenas nuevas a cada pueblo y ciudad que él tenía la intención de visitar. Antes de enviarlos, Jesús *preparó a su grupo de seguidores para enfrentar el conflicto*, porque ellos ahora estaban identificados por su nombre en el reino espiritual. Por ende, el conflicto era inevitable:

> Después de estas cosas, designó el Señor también a otros setenta, a quienes envió de dos en dos delante de él a toda ciudad y lugar adonde él había de ir. Y les decía: La mies a la verdad es mucha, más los obreros pocos; por tanto, rogad al Señor de la mies que envíe obreros a su mies. Id; he aquí yo os envío como corderos en medio de lobos. No llevéis bolsa, ni alforja, ni calzado; y a nadie saludéis por el camino. (Lucas 10:1-4)

Cuando los setenta regresaron, estaban muy contentos porque muchos demonios se habían sometido al nombre de Jesucristo mientras ellos predicaban. Jesús habló apocalípticamente acerca de los efectos de su predicación en el reino espiritual diciendo: "Y les dijo: Yo veía a Satanás caer del cielo como un rayo. He aquí os doy potestad de hollar serpientes y escorpiones, y sobre toda fuerza del enemigo, y nada os dañará." (Lucas 10:18-19)

Ver caer un rayo del cielo a unos pocos metros de distancia en el yermo es una experiencia asombrosa. Yo he sido testigo de esto en más de una ocasión. La imagen de ver caer a Satanás como un rayo desde el cielo es literalmente una analogía trascendental. Los rayos se estrellan contra la tierra, estos no descienden como una pluma. La naturaleza de nuestro conflicto con Satanás es una batalla decisiva; es nada menos que una guerra a gran escala. Jesús sabía esto. Su llamado en las vidas de los discípulos no era un juego, no era algo adicional para agregarle a sus vidas cotidianas; se trataba más bien de un llamado total y absoluto a entregar sus vidas. Jesús, siendo el buen pastor, prepara, protege y lucha por su rebaño. Y a través de experiencias en el yermo Jesús capacitaba a sus discípulos para pastorear a otros de la misma manera.

Jesús también les advirtió a los setenta sobre los peligros de la complacencia. Vemos a Jesús continuamente probando y formando a sus discípulos para protegerlos de la pereza. Él redirecciona constantemente la atención de ellos hacia sí mismo, en lugar de la propia autosuficiencia: "Pero no os regocijéis de que los espíritus se os sujetan, sino regocijaos de que vuestros nombres están escritos en los cielos." (Lucas 10:20)

El yermo es un lugar único en donde se pueden profundizar las relaciones. De hecho, la relación del hombre y la mujer con Dios y con cada uno comenzó en principio en un jardín (léase Génesis 1-3). Después en Génesis 4 vemos como la caída de Adán y Eva trae como resultado el *conflicto en todas sus relaciones*. Adán y Eva ahora se encontraban en conflicto con Dios, con Satanás y entre ellos. ¡Qué desastre! Esta es la imagen final de la soledad como resultado de la rebelión. Entonces Dios los envía al desierto para doblegarlos y restablecer su dependencia en él, así como también la interdependencia entre ellos. El yermo está lleno de duras realidades, y si alguna vez ha estado en el yermo con un grupo, usted sabe que en el yermo una comunidad en buen funcionamiento que se somete al diseño de Dios para las relaciones, es la mejor forma de sobrevivir y prosperar. Por si sola, una persona no tiene mucho chance de sobrevivir por mucho tiempo. Esta realidad, muy fácil de comprender en el yermo, es una analogía perfecta de cómo la iglesia es vital como sal y luz del mundo.

El yermo cambia nuestra visión de Dios, de nosotros mismos y de otros.

Además de establecer la relación de los discípulos con sigo mismo, con otros y en contra de Satanás, Dios muchas veces cambia la visión que sus seguidores tienen de él, de ellos mismos y de otros a través del retiro al yermo. Tres textos son particularmente instructivos con respecto a este principio. Primero, en el Evangelio de Lucas se nos da una clara constancia de los primeros que escucharon la noticia del recién nacido Jesucristo. Los pastores quienes estaban atendiendo a sus ovejas fuera de la ciudad, en la vecindad del desierto, fueron los primeros fieles en ser invitados a adorar al niño Jesús. En este relato, vemos que Lucas aborda a su audiencia para ayudarles a entender como la visión que los pastores tenían de Dios cambió significativamente después de su visita a esta escena rústica. Este gobernante, Jesús, quién era el Mesías esperado, no fue el rey guerrero como muchos esperaban en Israel, más bien fue el Rey humilde quien nació en un pesebre. Lucas también usa este relato para comunicar como Dios estaba cambiando la visión que los pastores tenían de sí mismos. Imagínese: ellos fueron los primeros en recibir las buenas nuevas. ¡El tan anhelado reino estaba muy cerca! Los humildes y marginados fueron los primeros invitados a ver al Hijo de Dios. Este sí era un mensaje de buenas nuevas para los pobres, que como estos pastores, vivían marginados de la sociedad.

El segundo pasaje que nos ilustra como Jesús cambió las visiones equivocadas que tenían de Dios, de sí mismos y de otros en el yermo está en Lucas 5:1-11. Jesús se lleva a Pedro y a sus trabajadores mar adentro, porque en el tiempo de Dios, la hora de Pedro ya había llegado. Ese fue el día en el que Pedro sería llamado a seguirle incondicionalmente. En este relato, *Pedro comprendió*, una vez más, que él era un pecador pero que aún así fue elegido.

Después de la pesca milagrosa, exclamó a Jesús, "¡Aléjate de mí, Señor, yo soy un hombre pecador!" (léase Lucas 5:8) Según Jesús, *el aceptar esta paradoja, de ser un hombre lleno de pecado y al mismo tiempo ser elegido, es cómo uno entra en el reino de los cielos.* Después de llegar a la orilla, Pedro salió de su barco en la playa y siguió a su Maestro.

El tercer pasaje que es relevante para este principio es el encuentro de Jesús con la mujer junto al pozo, en las afueras de la ciudad en una solitaria cisterna (léase Juan 4). Jesús cambia la *visión que ella tenía de Dios*, en que Dios *no se parcializa con nadie*. A pesar de que ella era una pecadora y una mujer samaritana, Jesús le pidió a ella que le diera agua de beber. Él cambió su visión de Dios al revelarle sus pecados ocultos pero, al mismo tiempo, al invitarla a disfrutar del agua viva a través del arrepentimiento y la fe. Él *modificó radicalmente su visión de Dios y de sí misma* al revelarle que la razón por la que *Dios odia el pecado es porque el pecado destruye a aquellos a quien él ama*. Dios no la odiaba a ella por su pecado; él la amaba (léase Juan 4:13-18).

Habiendo cambiado su punto de vista equivocado, con gran entusiasmo y gratitud ella tomó el regalo gratuito de la gracia que Jesús le ofreció. A continuación, muchos de los habitantes de su pueblo creyeron gracias al testimonio que ella proclamó en las calles después de haber tenido este encuentro que cambió su vida cerca del pozo solitario. A través de este testimonio tan poderoso, también vemos que los discípulos reconocen *que tenían una visión equivocada de los samaritanos*. Ahora ellos también han sido cambiados: "En esto vinieron sus discípulos, y se maravillaron de que hablaba con una mujer; sin embargo, ninguno dijo: ¿Qué preguntas? o, ¿Qué hablas con ella?" (léase Juan 4:27)

Tenemos muchas posibilidades de desafiar la visión que las personas tienen de Dios estando en el yermo. Al estar rodeados de la creación de Dios por unos días, nuestros ojos y oídos son abiertos, y con frecuencia la gente reconoce más fácilmente como hay una tendencia en sus vidas hacia la autoabsorción. Este rasgo comúnmente se manifiesta en nuestro carácter de varias formas: menospreciando a otras personas que son diferentes, viéndonos a nosotros mismos con una falsa superioridad con respecto a los demás, y sintiendo inseguridad hacia nosotros mismos o viviendo en base a nuestros derechos (es decir, creer que merecemos un cierto nivel de vida o comodidad material, en lugar de madurar en una actitud de agradecimiento por los dones que Dios nos ha dado libremente). Todos estos falsos puntos de vista de nosotros mismos y de Dios evitan que podamos experimentar una vida verdadera a través del morir a nosotros mismos. El yermo es un gran nivelador, nos enfrenta con nuestra realidad y nos invita a arrepentirnos.

CAPÍTULO 9: RETIROS

En el Egipto del siglo IV, muchos cristianos devotos estaban luchando por sobrevivir en una sociedad que parecía tener un desprecio desenfrenado por Dios. Como una casa que se estaba incendiando por dentro, la única opción, que al parecer, muchos cristianos devotos tuvieron fue la de huir y salvar sus vidas antes de ser consumidos por la cultura. De todos los lugares posibles, se fueron al desierto. Ellos no corrieron con la intención de buscar un hermoso pedazo de tierra verde para hacer un picnic. Claro que no, en vez de esto, ellos estaban huyendo a lo más profundo del desierto para recuperar su cultura a través de una renovación y una guerra espiritual. Muchos de estos egipcios anacoretas dejaron las regiones fértiles e inhabitadas del valle del río Nilo o del delta para meterse en las partes más desoladas del yermo. El término anacoreta viene de la palabra Griega anacoreo, que significa "retirarse" o "partir hacia el medio rural." Estos hombres (y algunas mujeres) se retiraron de la sociedad para poder llevar una vida asceta (espiritualmente disciplinada), intensamente orientada a la oración.[128] Para el anacoreta, la sociedad era considerada un naufragio de grandes proporciones, y la única respuesta apropiada ante esa situación era la de huir nadando por sus vidas: "Estos hombres creían que el dejarse arrastrar, pasivamente aceptando los principios y valores de la sociedad que ellos conocían, sería simplemente un desastre."[129]

Su retirada a una vida solitaria en el desierto es un concepto ajeno y desconcertante para muchos de nosotros hoy en día. Debido a nuestra perspectiva moderna, es posible que tengamos algunas "críticas" naturales en contra de estos ermitaños del desierto. Aquí están algunas de las objeciones más comunes a su decisión de escapar al desierto para buscar renovación espiritual:

1. ¿Habrán sido egoístas al dejar a la gente de sus ciudades, que estaban perdidas sin el evangelio, para

irse al desierto en busca de su purificación espiritual? ¿No debieron haberse aguantado y vivido como sal y luz entre su cultura, en lugar de elegir el depender únicamente de la oración para hacer el trabajo de transformar la sociedad a su alrededor?

2. Los Padres del Desierto escribieron extensamente acerca de su creencia en la realidad y la personalidad de los demonios. Ellos creían que toda tentación era un acto de un demonio en específico (demonios de ira, desesperación, etc.). ¿Acaso fueron estos solo fanáticos espirituales quienes se volvieron locos en sus cuevas?

3. Tal vez eran muy exagerados en su ascetismo. Los detalles de su guerra contra la carne a través de las disciplinas espirituales, aparentemente insoportables, son prácticamente detestables. Sin embargo, al leer sobre ellos, vemos como buscaban el sufrimiento y el "crucificar sus cuerpos" con alegría. ¿Acaso estaban exagerando, o realmente estaban participando de los sufrimientos de Jesucristo?

4. Ellos tenían como objetivo la imitación literal de Cristo. Por ejemplo, regularmente ayunaban por 40 días como lo hizo Jesús en el desierto. Y así como él vivió como virgen, así lo hicieron ellos también. Ellos literalmente se convertían en personas sin hogar, y se hacían pobres porque Jesús no tuvo sitio donde descansar y donde posar su cabeza durante todos sus años de ministerio en la tierra. Debido a que él terminó su vida en la cruz, ellos siempre encontraban formas nuevas de negarse a sí mismos y morir a los deseos de la carne para unirse a los sufrimientos de Jesús. ¿Esto parece un poquito exagerado, no le parece?[130]

¿Entonces qué hacemos con los Padres y las Madres del Desierto? A menudo tratamos de explicar sus experiencias espirituales pensando que tal vez sus ayunos prolongados los hicieron delirar, o que su estilo de vida tan solitario lo hicieron enloquecer un poco. Algo de esto puede ser verdad, pero podría ser también que ellos veían la realidad mucho más claramente debido a su renuncia total de todas las cosas seculares. La autora Susan Bratton reflexiona sobre nuestros perjuicios dándonos a considerar algunas implicaciones inquietantes y actuales:

En occidente, una cultura materialista se ha apoderado fuertemente de las actividades religiosas, hasta tal punto que, denominaciones enteras miden su éxito basado en los números de personas que atraen, programas de construcción consumados y cantidad de fondos financieros solicitados. Atrapados en las presiones de ser cristianos exitosos, los creyentes a nivel individual dejan de reflejar la sustancia real de sus vidas; o la esencia de su relación con Dios. La experiencia bíblica al aire libre está asociada con una transición espiritual, una adquisición más profunda del conocimiento de Dios, un fortalecimiento del ministerio y una liberación de la esclavitud personal y cultural; todas estas, funciones que son potencialmente amenazantes a una religiosidad materialista. Algo de la renuencia de definir la relación cristiana con las experiencias al aire libre puede, y de hecho, surge de un temor profundo a que Dios pueda mandar a la iglesia de nuevo hacia el desierto.[131]

En lugar de desacreditar y considerar a estos apasionados pobladores del desierto como un grupo de ermitaños salvajes con quien no nos podemos relacionar, podríamos tratar de aprender algo de ellos. Pero, para poder aprender algo de ellos, yo creo que tenemos que llegar a un acuerdo con la realidad de que tal vez nosotros nunca nos hemos sentido "hambrientos y sedientos tras la justicia y la rectitud de la forma tan intensa que estos primeros monjes lo estaban."[132] Puede ser que los veamos como locos por haberse retirado al desierto, *pero también puede ser que ellos lo hicieron porque valoraban más el estar puros que el ser útiles.* Yo pienso que si nosotros consideramos el contexto en el que ellos vivían, las decisiones que ellos tomaron pueden tener un poquito más de sentido. Aunque puede ser que no estemos de acuerdo con su escape del mundo secular para sumergirse completamente en lo sagrado, al menos podemos reconocer que estos ermitaños del desierto estaban más interesados en quien se estaban convirtiendo, más que en preocuparse en lo que estaban produciendo (lo cual, para ser honesto, es la forma en la que yo pienso).

Algunos de nosotros, que vivimos en sociedades basadas y consumidas por la sobreactividad, podríamos beneficiarnos grandemente al recibir con agrado el rechazo que ellos tenían de formar su identidad a base de su *utilidad*. Una de las razones por las que me apasionan tanto los ministerios de aventuras al aire libre es porque estos pueden servir para sacudir nuestras almas, y alejarnos de construir sobre el fundamento arenoso de la autopromoción. Día a día, debemos encontrar formas de apegarnos nuevamente a nuestra vid, Jesucristo, de manera que desde adentro hacia afuera, nos convirtamos de una forma orgánica en la savia que necesita nuestra sociedad. La triste alternativa sería el continuar encajando blandamente en el vacío espiritual de lo mundano, lo cual trae una *muerte* que es aún peor que "el morir a sí mismo" al que somos llamados. Este es el estilo de vida que los Padres y las Madres del Desierto nos dieron. ¡Es suficiente!

El estar a solas con Dios pone al descubierto las formas más comunes en las que Satanás continuamente nos engaña y nos aleja de Dios, y de lo que Dios tiene para nosotros que siempre es lo mejor. El aire libre le dio una nueva forma de ver a sus ojos, convirtiéndolos en microscopios para observar el alma. Ellos comenzaron a ver lo *extraño* que era que los hombres y las mujeres se fueran a *extremos* tan grandes para conseguir *logros tan pequeños*, en vez de entregarse a sí mismos a la ganancia más grande que es el poseer a Cristo. Un ermitaño, la historia de Macedonio, nos ilustra este punto:

> Un cierto capitán de soldados, quien se deleitaba mucho en la cacería, llegó una vez a las desoladas montañas en búsqueda de animales salvajes, donde vivía Macedonio. Él se estaba preparado para cazar, había traído con él hombres y perros. Al dirigirse hacia la montaña, muy a lo lejos vio a un hombre. Sorprendido de que cualquiera estuviera en un lugar tan desolado, él preguntó quién podría ser. Alguien le dijo que era un ermitaño Macedonio. El capitán, quien era un hombre piadoso, saltó de su caballo y corrió a saludar al ermitaño. Cuando llegó hasta él le pregunto: '¿Qué estás haciendo en un lugar tan desierto como este?' El ermitaño como respuesta preguntó: '¿Y usted? ¿Qué ha venido a hacer aquí?' El capitán le contestó: 'He venido a cazar.' Entonces el Macedonio dijo: 'Yo también soy un cazador. Yo estoy de caza buscando a Dios. Tengo ganas de capturarlo. Mi deseo es disfrutar de él. Y no cesaré de esta mi cacería.'[133]

¡Touché! Macedonio observó todo el costo y el esfuerzo que este hombre se había tomado para disfrutar de una caza recreacional, y

gentilmente le preguntó si él estaría igualmente apasionado en poner el mismo esfuerzo y tener como objetivo de vida el ir de caza por Dios. Siendo un cazador muy ávido, yo entiendo el mensaje de esta parábola. Invertí semanas de preparación para ir a mi gran cacería anual de animales salvajes junto con mis hijos y mis hermanos, y soy bastante apasionado acerca de ello. La lección de la historia de Macedonio me invita a considerar de una forma pausada como yo me parezco tanto al cazador de la narrativa: ¿Tengo yo la misma planificación, pasión y esfuerzo para ir de *cacería* buscando el conocer a Dios más íntimamente? Quiero aprender más de este tipo de cacería. ¡Gracias Macedonio, por la sabiduría que has adquirido en tu soledad en el desierto!

¿Atraídos hacia el desierto?

Escapar al desierto fue crítico para estos creyentes coptos, pero esto tuvo un precio. El desierto al este del río Nilo era muy rocoso, el terreno montañoso con altitudes en algunos puntos de hasta 2.000 metros. Más allá de estos desiertos estaba el llamado "desierto interior."

Este desierto interior es una tierra inhabitable ya que es estéril, y no apta para suplir a la gente con las necesidades esenciales mínimas de supervivencia, por ejemplo, un buen suelo y agua para los cultivos. Algunos de los Padres del Desierto más conocidos, como Antonio, de hecho encontró una forma de vivir en estos climas de condiciones extremadamente duras, lo cual implicaba el caminar por cuatro millas o más para conseguir agua. ¿Qué es lo que atraía a esta gente a este desierto interior? A ellos no se les pagaba para entretener la curiosidad que otros tenían de cómo sobrevivir en el desierto. Ellos hicieron esto porque ellos querían y no había ningún tipo de recompensa tangible por hacerlo. Al considerar alguna de sus razones, es útil el hacernos a nosotros mismos una pregunta importante y personal: ¿Qué haría que yo haga sacrificios intensos para empezar un viaje hacia el interior de mi alma en donde reside Jesús y desde donde él me llama? Como un entusiasta del aire libre, ¿me gusta la aventura por lo que puedo sacar de ella, o en realidad me gusta porque me da una lección de humildad y me doblega hacia darle la gloria a Dios? Si nosotros nos volviéramos desesperados por una salud espiritual interna y una paz como la que estos habitantes del desierto tenían, entonces también podríamos hacer cosas radicales para lograr que pase esta transformación.

Hay muchos tipos de razones para explicar su retirada al desierto, sin embargo, sólo miraremos algunas de las razones más comunes mencionadas por estos guías espirituales únicos y calificados. Aquí está una lista de las razones más comunes por su vuelo hacia el desierto.

1. Renunciar a todo tipo de ataduras
2. Unificar la vida y el corazón de uno al deshacerse de todo lo que distrae y que divide, tales como bienes de la tierra y preocupaciones humanas
3. Removerse completamente a sí mismo del alcance del mundo
4. Pertenecer completamente a Dios

Tomando el llamado que hizo Jesús de "negarse a sí mismo" literalmente, ellos trataban de renunciar a todo tipo de ataduras al mundo, de manera que podrían sólo obtener vida del néctar de la Trinidad. Por ejemplo, una vez le preguntó un filósofo a San Antonio a qué se parecía el renunciar incluso a sus libros. Él contestó, "mi libro, oh filósofo, está en la naturaleza de las cosas creadas, y cada vez que quiera leer la palabra de Dios, esta, generalmente, está justo delante de mí."[134] Aunque algunos criticaron sus puntos de vista aparentemente extremistas, aún San Atanasio, el gran obispo de Alejandría, quien fue el respetado y ardiente defensor de la divinidad de Cristo en contra de los arrianos, resultó ser un ferviente apologista de la vida monástica. Él se puso del lado de los extremistas, como una respuesta apropiada a la ausencia de la adoración de Cristo en su cultura.

Llevándose solamente lo necesario para mantener el cuerpo, pero nunca lo suficiente para satisfacer plenamente, estos aventureros del yermo vivieron una vida de oración y trabajo, para convertirse en atletas espirituales corriendo una carrera hacia

Dios. Ellos eran capaces de recitar palabras de la Escritura a través de su jornada diaria, porque muchos de ellos sabían partes de la Biblia de memoria. Una de las lecciones que podemos aprender de lo que ellos ganaron a través de su experiencia en el desierto es:

> La santidad cristiana no depende de hazañas espectaculares sino de gestos de humildad realizados cada día con amor por los hijos que solo buscan el complacer a su Padre, haciendo todo lo que él les pide que hagan con corazón abierto... Esto era lo más importante en la vida cotidiana de estos ermitaños en el desierto.[135]

Extrayendo las gemas espirituales de los padres del desierto

Alrededor del 420 a.C., el obispo Paladio escribió algunas instrucciones sencillas de cómo vivir una vida monástica. Paladio mismo fue un monje del desierto, y pasó muchos años entrevistando y aprendiendo de algunos de los Padres del Desierto más famosos.[136] A continuación se presenta una lista de dieciséis principios superiores que él obtuvo de la sabiduría de los Padres del Desierto. Me imagino que si nosotros también comenzáramos a darle prioridad al estar a solas con Dios en el entorno inspirador de su creación, nosotros podríamos hacer nuestra propia lista por la cual viviríamos. Entonces podríamos pasársela a aquellos a quienes están aprendiendo de nosotros como guías para conocer a Cristo más completamente. ¿Qué palabras de sabiduría estarían en tu lista si tú pudieras hacer una? Aquí está la lista de Paladio:

> 1. Hacerle bien a un necio y enterrar al muerto; ambos son iguales.[137]

> 2. Es beneficioso que el hombre se ponga una armadura sobre su pecho y la palabra de nuestro redentor Cristo sobre el dolor de su alma; la armadura y el escudo para ocultar el pecho, pero sólo la fe y la acción pueden ocultar el alma.

> 3. Así como es posible ver la habilidad de un pintor en un lienzo pequeño, también un regalo pequeño muestra la grandeza de la disposición del alma.

4. No se confíe en la creencia de que aquello que está puesto fuera de su alma es su posesión.

5. La ropa y los trajes visten a las estatuas, pero los hábitos y los modales visten a los hombres.

6. Una palabra de maldad es el comienzo de hechos de maldad.

7. Hable de acuerdo a lo que es correcto, donde es correcto y sobre lo que es correcto. No hable acerca de cosas que no son correctas.

8. Es mejor sacudir a una piedra vanamente que pronunciar una palabra vana, y es mejor estar sometidos a los bárbaros que a las malas pasiones.

9. La excelencia de un caballo se pone de manifiesto en la batalla, y la disposición de un amigo es puesta a prueba en la tribulación.

10.- Es imposible dividir el mar y es también imposible calmar las olas, aunque para ellos siempre es fácil el calmarse a sí mismos.

11. El hombre sabio y temeroso de Dios es aquel que odia lo que no es justo.

12. El hombre suave y gentil es aquel quien mantiene su orgullo bajo el pie; pero aquel que se establece en aquello que es contrario a esto es uno que es gobernado por la soberbia.

13. La oración constante es la fuerza, la armadura y la pared del alma.

14. El vino calienta el cuerpo, y la palabra de Dios calienta el alma.

15. Sepa que cualquier acto que usted piense que debe ser ocultado lo llevará rápidamente a la destrucción.

16. La mente del creyente es el templo de Dios por lo cual le es beneficioso al hombre el adornarlo diariamente y quemar incienso en su interior, ya que es Dios mismo quien habita allí.

Tal vez la próxima vez que usted vaya solo o con un grupo a un sitio al aire libre, trate de escribir un par de palabras de sabiduría que Señor le haya enseñado a través de su tiempo a solas con él. Yo pienso que usted quedará sorprendido por la sabiduría que él le va a dar, en la medida que usted le pida y escuche lo que él ofrece. Entonces vea como poniéndolas en práctica, usted puede ofrecer esperanza a la gente en su vida, a quienes están buscando una alternativa a los caminos sin salida que siguen encontrando. Con el mundo, que cada vez se hace más y más urbano, se está haciendo cada vez más difícil el quitarse uno mismo de la lucha y el bullicio. Entonces, ¿no hace esto mucho más importante el que nos retiremos regularmente para que podamos ofrecer botes salvavidas de buenas nuevas a aquellos en nuestra sociedad quienes se dirigen a un naufragio de grandes proporciones?

¿Cuál es su coeficiente de yermo?

Teniendo una preocupación especial por los jóvenes de hoy en día, yo creo en una filosofía de ministerio para jóvenes, trabajando y relacionándonos con ellos en los espacios o ambientes en donde se reúnen, combinando con oportunidades periódicas de aventuras de campamento con propósito. Quisiera que la gente joven aprenda del ritmo de trabajo de Jesús, quien trabajaba arduamente para la gloria de Dios, y entonces se retiraba para descansar, renovarse y ganar nueva perspectiva. El clima de nuestros tiempos puede que no nos llame a luchar por el desierto de la forma que lo hicieron los Padres del Desierto, pero no podemos negar nuestra necesidad de retirarnos del mundo de una manera rutinaria para afilar nuestra sierra espiritual. Tener un coeficiente alto de yermo significa que valoramos las aventuras, campamentos y retiros al aire libre como parte regular de nuestra formación espiritual, evangelización, discipulado y desarrollo de liderazgo.

Yo quiero tener un coeficiente alto del yermo como Jesús lo tuvo en su modelo de ministerio. Uno de mis sitios favoritos al aire libre para buscar un tiempo de soledad es estar a las orillas de una playa solitaria. He aprendido que las olas del mar generalmente vienen en grupos de dos a cinco rompientes, pero algunas veces pueden venir en grupos de hasta quince, ¡lo cual las hace perfectas para un buen día de surf! Antes de chapotear en al agua, un surfista experimentado se sube en un montículo de arena para observar las olas y observar los intervalos entre las rompientes. Entonces una vez que se lanza al agua el surfista tiene una mejor idea de cómo prepararse para montarse en la ola. Aunque soy un novato en lo que se refiere al surf, mientras vivía en Nueva Zelanda comencé a encontrar muchas comparaciones entre el ministerio de jóvenes y el surf. Curiosamente los movimientos de misión a través de la historia también parecen venir en grupos; desde los altamente activos viajes misioneros de Pablo, hasta los logros radicales de las misiones de San Patricio en Irlanda, al movimiento misionero moderno liderado por William Carey que dio lugar a una serie de organismos misioneros comprometidos a trabajar con personas no alcanzadas. ¿Qué olas vemos en camino hoy en día? ¿Y qué está haciendo el surfista?

Una cosa que muchos misionólogos ven que está pasando en el mundo es la *creciente población joven* en todas las naciones. Esto tiene consecuencias muy importantes cuando grandes grupos de gente joven entran en las sociedades, en donde hay un acceso limitado a líderes más sabios y más viejos que estén disponibles para orientarlos con amor. La iglesia a nivel mundial debe hacer frente a este desafío de entrenar un número adecuado de líderes jóvenes, quienes puedan dar un ejemplo a sus compañeros.

Otro grupo de rompientes que vienen en camino es el efecto de la cultura juvenil global en el mundo en su conjunto, pero aún más importante su impacto a un nivel micro en los vecindarios, las aldeas y las ciudades. La *globalización* tiene muchas implicaciones en el mundo de los jóvenes. La gente joven alrededor del mundo tiene la capacidad de ver programas de televisión similares, acceso al Internet e interacción a través de redes sociales en su propio idioma. Existe una gran preocupación de que muchos jóvenes, debido a los efectos de la cultura juvenil global, en muchos casos están alejándose de sus modelos tradicionales de tribu y familia.

Esto está causando un conflicto entre los jóvenes, los padres y los abuelos. Por ejemplo en una cultura tradicional no occidental, en donde se espera que la gente joven ayude a proveer con el ingreso familiar, los jóvenes de hoy en día están obteniendo trabajos de mayor paga en sitios más alejados, y al mismo tiempo viviendo con el conflicto de cómo reconciliar su nuevo estilo de vida y las necesidades de su familia extendida. ¿Deben ellos someterse a un sistema en donde todo el dinero que hacen va a ser distribuido bajo la autoridad de su padre o su abuelo? Este es uno de muchos ejemplos de cómo la cultura joven y la globalización están causando tensión familiar y una actividad cultural sísmica. Por lo tanto, ¿qué es lo que debe hacer la iglesia?

Por desgracia, muchas veces la iglesia es muy lenta en considerar en intervenir en esta ola sísmica de cambios en la cultura. Entonces se elevan las tensiones, llevando a una sobrerreacción y a que el péndulo se mueva muy lejos, en la dirección contraria. Esto hace que la voz de la iglesia parezca irrelevante a la cultura dominante. En particular, cuando trabajamos dentro de una cultura juvenil, tenemos que resistir la tentación de mirar hacia el otro lado y esperar que las cosas se arreglen a sí mismas y cambien para mejor. En lugar de ello, tenemos que luchar valientemente usando la Palabra de Dios, y proveer respuestas a las preguntas que la cultura dominante está preguntando realmente. Tal vez usted se pueda tomar un momento y escribir cinco o diez preguntas con las que usted piensa que los jóvenes están luchando. ¿Puede usted ofrecer respuestas bíblicas a sus preguntas? *Si usted puede hacerlo, yo le garantizo que se convertirá en un instrumento catalizador de cambio en su vecindario, ciudad o hasta en su nación.* Esta es la clase de pensamiento y teología que necesitamos hoy en día para poder galopar las olas de la cultura juvenil que está viniendo hacia nosotros.

Para los misionólogos juveniles, estos problemas y retos también presentan oportunidades muy emocionantes. El muy conocido evangelista juvenil John Mott, tenía la misma perspectiva sobre los retos de sus días (hace más o menos unos 100 años). Él una vez escribió en su diario que "no había trabajo más importante en la tierra que el de influenciar a los jóvenes."[138]

Hoy en día, necesitamos más líderes juveniles que se tomen el tiempo para observar las olas que vienen para que puedan aprovechar su poder y montarse en ellas. Sin un liderazgo visionario para hacer discípulos jóvenes, muchos bien intencionados líderes juveniles van a ser arrastrados por un grupo de rompimiento fulminante de olas; derrotados antes que preparados. Yo veo el liderazgo de esta forma. Aquellos que se sientan y observan y formulan un plan de juego antes de tirarse al agua tendrán un día mucho más productivo en el surfeo. Usted se divertirá más, y montará a la ola mucho mejor cuando su fuerza lo impulse hacia adelante, en lugar de barrerlo si es que usted es lo suficiente iluso para luchar en *contra* de las olas que vienen hacia usted. Así es la misión juvenil. Tratamos de extraer el poder de los cambios de la cultura dominante y para traer redención, reconciliación y buenas nuevas para transformarlo, más que rechazarlo de un todo. El pensar que nosotros podemos parar todas las olas de cambio cultural es una tontería. *La naturaleza nos enseña que no es sabio tratar de parar las olas, es mucho más realista aprender a montarse sobre ellas.* El autor Richard Niebuhr exploró este fenómeno en su libro clásico "*Cristo y la cultura.*" Su conclusión fue que Cristo vino a transformar la cultura. Él *no vino en contra* de la cultura, él *no era de la cultura*, y ni siquiera trató de reclamar para sí una posición más alta *sobre la cultura*. No, él vino a transformar la cultura. Jesús lo dijo de esta forma :

> Nadie pone remiendo de paño nuevo en vestido viejo; de otra manera, el mismo remiendo nuevo tira de lo viejo, y se hace peor la rotura. Y nadie echa vino nuevo en odres viejos; de otra manera, el vino nuevo rompe los odres, y el vino se derrama, y los odres se pierden; pero el vino nuevo en odres nuevos se ha de echar. (léase Marcos 2:21-22)

No importa el día que sea en la playa, el surfeador es presentado con una variedad de olas de diferentes intervalos y tamaños. Semejantemente, los ministerios locales juveniles van a lucir diferentes, donde quiera que usted vaya. Así que tenemos que trabajar respetando nuestro contexto único para comunicar el evangelio de una forma intercultural. Necesitamos evaluar de una forma *personal* cuánto tiempo disfrutamos con Dios en lugares solitarios. Allí él puede formarnos en los líderes que sepan cómo acercarse a la cultura, mientras que él coloca nuestras vidas como escalones de piedra para que otros caminen sobre ellos. Si su coeficiente de yermo es bajo, y usted no está tomando el tiempo para sentarse y observar las olas de una forma regular (hablando en sentido figurado), entonces puede que usted quiera desarrollar primero ese hábito antes de que continúe su carrera de surfista en el ministerio de los jóvenes, en el trabajo pastoral, en el ministerio del mercado de trabajo en las misiones, o en el liderazgo al aire libre. Yo espero que alguna de estas reflexiones le ayude a mejorar su coeficiente de yermo para el beneficio de su salud, la salud de su ministerio y más que todo para la gloria de Dios.

La verdad

Los mejores maestros son capaces de simplificar lo que ellos enseñan, aún al punto de que las mentes más sencillas puedan entender el significado y las implicaciones de lo que ellos enseñan. El salmista nos da un ejemplo de este tipo de enseñanza al mostrarnos la simplicidad en el Salmos 27, diciendo que sólo hay "una cosa," que él desea... habitar en una *relación* cercana con el Señor por siempre. De la misma forma Jesús nos resume, en la Gran Comisión, lo que significa seguirlo a él. La simplicidad tan impresionante de las órdenes de marcha sobresale como el modelo último de gran enseñanza. Simplemente dicho, los seguidores de Jesucristo le pertenecen y están llamados a hacer discípulos (estudiantes) por el resto de sus vidas.

Un reto para mantener un coeficiente de yermo saludable en su vida es el encontrar tiempo para salir de la ciudad por breves espacios hacia sitios al aire libre. Muchas ciudades tienen grandes parques y caminos, lo cual es bueno, pero todavía hay algo único acerca del alejarse del ambiente hecho por el hombre y adentrarse en la creación espléndida raramente tocada por el hombre. Éste es un reto creciente porque nuestro mundo se hace cada día más urbanizado. Pero los líderes no pueden rendirse enfrente de los obstáculos, ¿o sí? No, nosotros nos sobreponemos a ellos o navegamos a través de ellos. Así que le propongo que si usted está decidido acerca de hacer crecer su coeficiente de yermo, usted necesita darle prioridad a tiempos de retiro regulares *fuera de la ciudad* para su propia formación espiritual, y la de aquellos a los que usted dirige. Usted necesita tanto más como aquellos a lo que usted está dirigiendo.

Esta sección ha presentado el aspecto teórico del liderazgo cristiano al aire libre. *Una teoría es un grupo de principios sobre los cuales está basada la práctica de una actividad.* Nos da la justificación para seguir un camino de acción específico. Muchos coinciden en que no existe un examen para todos por igual que haya que pasar en orden de certificarse como líderes al aire libre. Por esta razón aún más tenemos que *fortalecer continuamente las teorías y principios* sobre las cuales practicamos el ministerio de aventura al aire libre. Los capítulos subsiguientes nos van a proveer un razonamiento *bíblico, teológico y teórico* para justificar un camino de acción específico para la práctica de este tipo de ministerio en organizaciones, iglesias, universidades, etc. Ahora vamos a poner a trabajar, en la próxima sección, nuestra teología, teoría y filosofía mientras proponemos una visión para la *práctica* del liderazgo cristiano al aire libre.

SECCIÓN III: PRÁCTICA
CAPÍTULO 10: INSPIRAR

Cómo Jesús motivó el aprendizaje

Jesús no sólo cautivó la imaginación de su audiencia, sino que también los motivó a que cambiaran. Él lo hizo al crear una sed por el aprendizaje, al retarlos a realmente oír lo que les estaba diciendo. Si fuéramos a enseñar como lo hizo él, tendríamos una reputación de hacer muchas preguntas, seríamos conocidos por contar historias y estaríamos contados entre aquellos quienes usan ayudas visuales para llegar al punto clave de lo que estamos enseñando. Jesús también se ganó a la gente al llamarlos por sus nombres (léase Lucas 10:41; 19:5; 22:31; Juan 1:42), y muchas veces sorprendió a la gente al hacer peticiones poco comunes como pedirle a la mujer samaritana que le diera algo de beber (léase Juan 4:7).

Hace unos años, estaba dirigiendo un grupo en el área de yermo West Elk, de Colorado, durante un verano muy seco. No podíamos encontrar agua por muchas horas porque muchos de los arroyos intermitentes se habían secado. El grupo comenzó a murmurar por tener una sed insoportable. Por último, al final de la tarde, mientras nos acercábamos a un arroyo tan esperado, nos paramos bajo la sombra de un árbol y leímos el salmo: "Mi alma tiene sed de Dios, del Dios vivo; ¿cuándo vendré, y me presentaré delante de Dios?" (Salmos 42:2) Antes de soltar nuestras mochilas para mojar nuestras lenguas resecas en el agua fría, dije al grupo: "¿Imagínense cómo sería el estar sedientos por Dios de la misma manera en la que estamos sedientos ahorita por beber agua del arroyo que oímos tan cerca?"

Aunque muy débil, este es mi mejor intento de dar un ejemplo parecido al que Jesús daba para motivar a sus seguidores. Al llamar su atención a nuestra sed física de aquel día, hemos podido apreciar un poco más la relevancia de los pasajes que hablan acerca de la sed de nuestras almas por Cristo. Jesús es el agua viva. Él conocía los corazones de sus oyentes, y les *habló cuando ellos estaban más que sedientos*. Enseñar de la forma en que Jesús enseñó nos reta a traer principios del Reino de Dios a la luz, en un contexto basado en el tiempo en el que *nuestra audiencia está motivada a "beber."* ¿Conoce usted a sus ovejas así de bien? ¿Ha intentado ponerse en su lugar e identificarse con su sed? Observamos con frecuencia que Jesús se proponía motivar a sus oyentes primero antes que ofrecerles una invitación a él mismo. Él es el pan de vida y el agua viva que puede saciar el hambre y la sed de la gente; pero él se mostró paciente al esperar lo suficiente, hasta que la gente estuviera al final de su cuerda antes de intervenir y darles un salvavidas.

Una manera en la que Jesús suscitó el interés en otros fue al determinar sus necesidades. Las investigaciones han demostrado que cuando la gente se cuestiona acerca de la respuesta a una de sus preguntas o a la solución a un problema que enfrentan, su atención se incrementa. El autor Howard Hendricks afirma que una de las mejores formas de motivar es la de "ayudar al alumno a darse cuenta de su necesidad."[139] Otra manera en la que Jesús motivó a sus discípulos fue a través de historias. "Las historias más efectivas son aquellas que siguen el principio de los cuentos: mientras más grande es lo impredecible dentro de una situación familiar, mayor será el interés generado en la audiencia."[140] Jesús fue el maestro de atraer a la gente a través de la sorpresa y lo impredecible.

Descubrimientos del aprendizaje vivencial

Un gran número de literatura está disponible para el estudio de las formas en las que el aprendizaje vivencial inspira al estudiante. Aunque esto está más allá del alcance de este libro, es importante hacer notar algunos casos de estudio pertinentes que se relacionan más directamente al aprendizaje vivencial basado en la fe. Por ejemplo, un patrón interesante se desarrolló en un estudio hecho por Keijo Erickson en un grupo de estudiantes inscritos en un curso de religión en Suecia. Su objetivo fue el de terminar qué clase de experiencias él podría desarrollar para enseñar y desafiar a los estudiantes en las áreas de más interés. Cuando se les pidió a los estudiantes que escribieran acerca de las cosas más importantes en su vida, emergieron las siguientes categorías (en orden de popularidad):

1. Familia
2. Educación
3. Preocupación por asuntos sociales
4. Tiempo de ocio
5. Simpatía y comprensión
6. El medio ambiente
7. Salud y mantenerse en forma
8. Religión
9. Muerte
10. La alegría de crecer y la satisfacción de progresar
11. Paz
12. Seguridad en el entorno social de uno [141]

Al proveer una síntesis mayor, las tres categorías principales de mayor preocupación para este grupo de adolescentes fueron:

1. Las personas y de sus relaciones
2. La sociedad
3. El concepto de Dios y la religión [142]

Hay varias maneras en las cuales usted puede ayudar a la gente en su grupo a reconocer sus necesidades y mostrarles cómo Jesús puede satisfacerlas. En primer lugar, dele prioridad al conversar con su grupo acerca de sus *temores y expectativas* antes de empezar el viaje. Luego haga una lista de lo que ellos compartieron, y use esta lista de "temores y expectativas" para desarrollar material de enseñanza a través de la semana. Esta lista también sirve como una lista de peticiones de oración que puede dejar con un grupo de personas para que intercedan por su viaje específicamente, mientras usted esté fuera. En segundo lugar, usted puede desarrollar un grupo de preguntas para tiempos a solas al aire libre que se adapten a los niños y las niñas. Por ejemplo, las niñas con frecuencia quieren explorar temas sobre *relaciones y seguridad*, y los niños necesitan que se le hagan preguntas donde puedan dar sus *opiniones*.[143] En tercer lugar, los niños especialmente necesitan ser animados a escribir sus experiencias en un diario de manera que puedan procesar lo que están pensando o las decisiones que necesitan tomar. Y en cuarto lugar, debe incorporar discusiones en los tiempos de comida como parte de la rutina diaria del viaje en el aire libre. Las comidas son un tiempo oportuno para darle al grupo una oportunidad de compartir lo que ellos han escrito en sus diarios. Además de ayudarles a consolidar lo que piensan y sienten, esto también le ayudará a usted a establecer un contenido para su enseñanza, apuntando a las preocupaciones más importantes que tiene el grupo.

Lo esencial de una auténtica experiencia en el desierto

En el año 1996, especialistas en la educación del yermo y la vida al aire libre se reunieron en "Aldo Leopold Wilderness Research Institute" en Bradford Woods, Indiana, para explorar la pregunta atrevida de qué es lo que comprende una autentica experiencia en el yermo. Después de que las ponencias y conferencias fueron presentadas, un pequeño grupo escribió un reporte para describir los diversos elementos que la mayoría de los especialistas en educación al aire libre acordaron que eran componentes esenciales para una experiencia autentica en el yermo. A pesar de que este encuentro estaba buscando una justificación secular para la educación al aire libre, sus hallazgos coinciden con nuestra teología *raison d'être* (razón de ser) del carácter transformativo de las experiencias al aire libre.

La primera característica identificada fue la manera de cómo las experiencias al aire libre desarrollan la *humildad* de los participantes. Ellos escribieron, "El yermo es un gran nivelador, que quizás nos recuerda nuestro lugar correcto en el mundo natural y nos hace crecer en nuestra humildad intelectual."[144] La segunda es el aspecto del *primitivismo,* que es una calidad de experiencia que muchos habitantes de la ciudad raramente experimentan. Como ejemplo, los autores citaron Thoreau para ilustrar el significado de primitivismo: "Me fui a los bosques porque quería vivir deliberadamente para enfrentar solo los hechos esenciales de la vida... Quería vivir a profundidad y absorber toda la médula de la vida, para vivir intensamente y como un espartano poner a un lado todo lo que no era vida."[145] Aunque esta es una descripción muy humanista, estoy de acuerdo en que vivir en un sentido primitivo si confronta al viajero de la vida al aire libre con los fundamentos de la vida. Un miembro del personal de "Vida Joven," quien sirvió como guía de una experiencia al aire libre a un grupo de jóvenes de la escuela secundaria en Colorado, comunicó muy bien el efecto que tiene el yermo en el entendimiento que uno tiene de Dios y los elementos esenciales de la vida:

> El andar por el camino creó un espacio virgen para que Dios trabajara en mí y en las niñas que yo guíe como ninguna otra cosa lo ha hecho. Me encontré cara a cara conmigo misma, y cara a cara con lo indómito y el espíritu de aventura de Jesús. El escalar o subir no solo te enseña, sino que te cambia y te hace dar más de ti mismo; te forza a moverte. Tuve el honor de ver una transformación no solo en mi misma sino también en las vidas de decenas de adolescentes.[146]

Tercero, nos encontramos con un elemento de *atemporalidad* en el yermo, el cual confronta el ídolo del estar ocupado que envenena las raíces de la comunidad y el compañerismo. Esto es un problema especialmente en la sociedad occidental en donde el progreso personal y la ambición son a menudo más valiosos que las relaciones:

> El yermo provee una oportunidad para dejar atrás el ritmo frenético de la vida moderna para entonces experimentar una paz mucho menos controlada y quizás inmensurable. Algunos pueden encontrar una afinidad con los ritmos de vida antiguos, los ciclos de las estaciones y los patrones de luz de día y noche, la temperatura y actividad... Olsen, por ejemplo, 'estaba convencido de que dado el suficiente tiempo, todos los visitantes del yermo pueden experimentar la atemporalidad, y que al aceptar el reloj de tiempo del yermo, sus vidas serían completamente diferentes. Esta es una de las grandes

compensaciones de la experiencia primitiva, y cuando uno finalmente alcanza el punto donde los días están gobernados por la luz y la oscuridad, en lugar de horarios, donde uno come si tiene hambre y duerme cuando está cansado, y se vuelve completamente inmerso en los ritmos de la antigüedad, entonces uno comienza a vivir.'[147]

Otro líder provee una descripción viva de la visión de comunidad de uno que es profundamente cambiada a través de las aventuras de pequeño grupo en el yermo:

> Una de mis cosas favoritas del caminar por los senderos en el campo es la comunidad que se genera. Las defensas se vienen abajo. Se tumban las barreras. Relaciones auténticas se hacen posibles. Una vez que usted prueba esto, la realidad cambia. Sus expectativas son mayores. El deseo cobra vida. En esta cultura posmoderna, a menudo caracterizada por el aislamiento y la soledad, la comunidad que se forma en un viaje de excursión se conecta con el aspecto central de necesidad que tienen tanto los jóvenes como los adultos de hoy.[148]

Una cualidad similar a la atemporalidad que el simposio identificó como un aspecto crítico de una experiencia autentica al aire libre es la soledad. El salmista declara que puesto que Dios se preocupa por su creación, su deseo es que su gente experimente la soledad, de manera que sus vidas sean alimentadas por su placer para con ellos. Escuchamos las palabras de nuestro Dios-Creador en el salmo:"Estad quietos, y conoced que yo soy Dios." (Salmos 46:10) El estar quietos nos empuja hacia un nuevo nivel de comunicación con Dios. Por ejemplo, una excursionista llamada Holly, al reflexionar sobre su estadía por una semana en el campo dijo: "Realmente me sentí fuera de mi zona de confort cuando tuvimos un tiempo para estar callados y tranquilos por cuatro horas."[149] Y Riley lo resumió de esta forma después de su primera experiencia de tiempo a solas durante un viaje de una semana en las afueras, en el yermo de Colorado: "Tiempo a solas = bueno."[150]

Para los jóvenes, las experiencias al aire libre son a menudo caracterizadas por la cantidad de tiempo ininterrumpido que jamás hayan experimentado en soledad leyendo la Palabra de Dios. Ellos descubren que muchos otros (jóvenes y viejos) han estado buscando a Dios por milenios y que la Biblia contiene el relato de su búsqueda. Por lo tanto, un encuentro personal con Dios a través de la soledad y de la lectura de las Escrituras son elementos indispensables en el ministerio al aire libre.

Por último, en esta reunión en Bradford Woods se acordó que una cualidad final de cualquier experiencia autentica al aire libre forjará una *actitud de mayor cuidado* entre aquellos que caminan sus senderos: "La visita al yermo puede inducir cambios profundos en las relaciones de la gente con la naturaleza y su sistema de valores."[151] En el liderazgo Cristiano al aire libre a esto le llamamos *comunidad bíblica y mayordomía bíblica*. Los cristianos están llamados a ser excelentes en su cuidado por la creación y su cuidado por las personas. Al explorar las formas en que las personas de hoy en día pueden enfrentar los desafíos de la pobreza, la violencia, las diferentes religiones y el choque de culturas y civilizaciones, un prerrequisito para una influencia significativa requerirá del líder una actitud de cuidado y amor para con aquellos quienes están caminando en tinieblas, aquellos que son diferentes a nosotros, o tal vez hasta violentos con nosotros. El yermo puede forjar esa actitud. Andy lo resumió después de su aventura de una semana al aire libre: "Algo que aprendí acerca de la comunidad a través de esta experiencia es que aunque se supone que debes cargar tu propio peso, todavía tienes que dejar que la gente te quite parte de tu carga."[152]

Luckner y Nadler presentan un modelo de proceso de aprendizaje basado en la aventura en su libro, "*Processing the Experience*," el cual proporciona una buena sinopsis del por qué el aprendizaje basado en aventura es tan efectivo. Esencialmente, aquí está la secuencia de lo que pasa en un aprendizaje vivencial:

> 1. En primer lugar, las personas experimentan alguna forma de desequilibrio o experiencia "fuera de su zona de confort" al ser puestos en un lugar extraño o desconocido, como lo es el aire libre.
> 2. A continuación entran en un ambiente de apoyo y cooperación.
> 3. Son enfrentados a una miríada de situaciones tipo problema/solución en el curso de la aventura. Esto puede ser algo tan simple como qué hacer para permanecer

calientes y secos en una tormenta, o tan complejo como la forma de llegar desde la parte inferior de la cara de la roca hasta la parte superior utilizando destrezas recientemente adquiridas de cómo escalar rocas.

4. Esto conduce a sentimientos de logro los cuales son descubiertos a través de...

5. Reuniones evaluativas de la experiencia lo que promueve la...

6. Generalización y transferencia de lo que se ha aprendido a otros esfuerzos futuros.[153]

Principios puestos en práctica

Muchas organizaciones han descubierto la eficacia de los modelos de aprendizaje vivencial. Outward Bound es una escuela de educación del aire libre que se destaca en facilitar este tipo de ambiente para el aprendizaje. Emily Cousins, en su libro *"Roots; From Outward Bound to Expeditionary Learning"* sintetiza varios principios de diseño expedicionario:

> Dados los niveles fundamentales de salud, seguridad y amor, todas las personas pueden y quieren aprender. Creemos que el aprendizaje expedicionario saca provecho de la pasión natural de aprender, y es un método poderoso para desarrollar la curiosidad, habilidades, conocimiento y el valor necesarios para imaginarse un mundo mejor y trabajar hacia su logro. Se aprende mejor cuando hay emoción, reto y apoyo necesario. Las personas descubren sus habilidades, valores, 'grandes pasiones y responsabilidades en situaciones que ofrecen la aventura y lo inesperado. Ellos deben tener tareas que requieran perseverancia, buena condición física, artesanía, imaginación, autodisciplina y logros significativos. La tarea primordial del educador es la de ayudar a los estudiantes a superar su miedo y a descubrir que ellos tienen mucho más para dar de lo que ellos creen... El aprendizaje se fomenta mejor en pequeños grupos en donde hay confianza, cuidado continúo y respeto mutuo entre todos los miembros de la comunidad que está en un proceso de aprendizaje... Todos los estudiantes deben tener garantía de un grado considerable de éxito en su aprendizaje, con el fin de fomentar la confianza y la capacidad para tomar riesgos y levantarse ante retos cada vez más difíciles. Pero, también, es importante el experimentar el fracaso, para sobreponerse a inclinaciones negativas, para prevalecer contra la adversidad y aprender a cambiar discapacidades en oportunidades.[154]

La Escuela nacional de liderazgo al aire libre (National Outdoor Leadership School o NOLS), también se especializa en la educación en el yermo. En *"El nuevo manual del yermo,"* Paul Petzoldt (fundador de NOLS) describe varios principios de la enseñanza vivencial al aire libre:

> La simple actividad de viaje a mochila es una experiencia de aprendizaje. Respiración rítmica, uso de los músculos de las piernas, métodos para ir de subida o bajada y otras técnicas de sendero se explican, demuestran y practican durante la caminata. El comportamiento de expedición es aprendido en la medida que los miembros más fuertes comparten la carga de personas más débiles, y el paso es determinado por el excursionista más lento.[155]

Las oportunidades surgen en situaciones que, si son reconocidas por el líder, pueden utilizarse para ilustrar y enseñar principios de cambio de vida:

> A alguien le sale una ampolla. Mientras el líder trata el dolor, él explica el por qué ha pasado, el por qué debe ser atendido inmediatamente y de cómo se puede evitar la situación en el futuro... Una mochila se revienta. Una tienda de campaña se daña por una colocación indebida. Un dedo es lastimado. Alguien se cae, tiene un sitio muy estrecho por donde escapar, se desenvolvió muy bien. Todas son oportunidades para enseñar mientras la atención de los estudiantes y su motivación son estimuladas. 'Oportunidad de enseñanza no es el apuntar a alguien con el dedo o avergonzar a cualquier persona. El líder debe indicar su reconocimiento por esa persona y la situación específica como una oportunidad para la enseñanza.[156]

Otro libro de texto sobre el liderazgo al aire libre nos proporciona más perspectiva en términos de la importancia de la capitalización del tiempo (oportunidades) en la enseñanza:

> Una de las estrategias de enseñanza al aire libre más poderosa implica el motivar al alumno a aprender mediante la creación de 'la necesidad de saber'. Los líderes de actividades al aire libre pueden crear situaciones que ayuden a motivar a los participantes a buscar el conocimiento y las habilidades. El líder logra esto al poner a los participantes en una situación en donde ellos tengan que buscar el conocimiento y las habilidades para cumplir con la tarea.[157]

La enseñanza oportuna abre las puertas para lecciones espirituales también. La ocurrencia muy común de ampollas al viajar por el sendero provee una oportunidad para la enseñanza de un principio espiritual vital en el momento en el que puede ser ilustrado de la mejor forma en la vida real. En 1 Corintios 10:13, Pablo escribe, "No os ha sobrevenido ninguna tentación que no sea humana; pero fiel es Dios, que no os dejará ser tentados más de lo que podéis resistir, sino que dará también juntamente con la tentación la salida, para que podáis soportar."

Antes de que se formen las ampollas, se desarrollan unos "puntos calientes" en los pies; estos sirven como "señales de advertencia" de que algo está mal y necesita atención inmediata. Si una persona se detiene inmediatamente y se pone unas almohadillas o cinta adhesiva, entonces pueden impedir que los "puntos calientes" se conviertan en una ampolla paralizante. Esta situación es similar a la que Pablo describe en la iglesia de Corinto. Todos nosotros experimentaremos tentaciones en nuestras vidas. Las tentaciones son como los "puntos calientes," una señal de peligro potencial. Cuando somos tentados, la respuesta apropiada es la de parar y lidiar con ella inmediatamente, de manera que no se convierta en una herida paralizante. Un viajero sabio del yermo se detendrá cuando sienta las señales de advertencia de una ampolla potencial, de la misma forma que una persona sabia se detendrá y prestará atención de las señales de advertencia de la tentación, para evitar consecuencias dolorosas. Usando esta lección dada por la formación de la *ampolla* para enseñar acerca de la naturaleza de la *tentación*, nos demuestra la forma en la que Jesús usó analogías físicas para explicar realidades espirituales profundas.

Hay otro principio espiritual que se puede sacar de la simple analogía de la ampolla. En 1 Corintios 12, el apóstol Pablo describe la belleza del cuerpo de Cristo (es decir, la iglesia). Cuando alguien siente un "punto caliente" formándose en su pie durante una subida a la montaña, puede que sea reacio a hablar y pedir ayuda, porque él no quiere ser una carga para el resto del grupo. En 1

Corintios 12:12-31, Pablo explica como la comunidad de Dios (el cuerpo de Cristo) es análoga al cuerpo humano. En los versos 26-27, el escribe: "De manera que si un miembro padece, todos los miembros se duelen con él, y si un miembro recibe honra, todos los miembros con él se gozan. Vosotros, pues, sois el cuerpo de Cristo, y miembros cada uno en particular." Por lo tanto, la lección del aprendizaje vivencial es que, aunque solo una persona sufre, todo el grupo debe reconocer la "herida" y detenerse para atender la parte individual (es decir, la ampolla). Si el grupo no se detiene, entonces el grupo (cuerpo) irónicamente sufrirá aún más a largo plazo, en la medida que el excursionista con la ampolla se convierte en una carga mucho mayor.

Recuerdo un viaje en donde un joven no compartió acerca de sus "puntos calientes" porque no quería molestar al grupo y hacerlo parar para darle tratamiento. Una ampolla muy dolorosa se formó en su pie. Y como consecuencia, tuvimos que acortar nuestra ruta y el grupo tuvo que distribuirse las cosas de su mochila porque él se encontraba con mucho dolor. Por ende, todo el grupo sufrió más debido a su renuencia a detenerse y tratar su "punto caliente." Nosotros somos en verdad parte de un cuerpo más grande, y nuestras heridas, si no son tratadas, sí afectan al resto del cuerpo.

Petzoldt se refiere al "método del saltamontes" para explicar la realidad de que al dirigir a un grupo al aire libre, uno es capaz de abordar temas diversos como la analogía de la ampolla según lo exijan las circunstancias. La enseñanza en situaciones de la vida real no es sistemática:

> El método más eficaz de enseñar el excursionismo se encuentra en el campo, en donde la introducción a un tema, así como su demostración y aplicación práctica se presentan todos juntos en una secuencia de tiempo estrecha o corta. Nosotros no podemos cubrir todos los temas a la vez, así que, inicialmente, tenemos que enseñar las cosas más necesarias para el primer día de caminata, el acampar, el cocinar y la conservación. Al día siguiente, podríamos cubrir los mismos temas otra vez y agregar técnicas nuevas. En este "método del saltamontes" para la enseñanza, saltamos de un tema a otro según lo exijan las circunstancias.[158]

Dado que Jesús vino a cambiar vidas, tiene sentido que él a menudo haya repetido sus enseñanzas, enseñando en la medida que las circunstancias (a menudo iniciadas por él) se presentaban para proporcionar oportunidades para el aprendizaje y el reesfuerzo.

Sorprendentemente, solo hay unos cuantos libros y artículos que se concentran en este aspecto del ministerio de aventuras al aire libre. La tesis de Brett DeYoung destaca gran parte de la investigación pertinente:

> Aprendizaje al aire libre es un proceso educacional que fue redescubierto por el Doctor Kurt Hahn, a un educador Alemán cristiano, quien puso en práctica estos principios dentro de sus escuelas y, eventualmente, dio origen a Outward Bound en Gales, en 1942. Este proceso fue un descubrimiento de los principios educacionales utilizados por Dios para preparar hombres y mujeres para el liderazgo. Es un proceso que conlleva a la aceptación de responsabilidades: de centrar nuestra atención en desafíos accesibles, de dedicar tiempo a la contemplación y a la reflexión, de experimentar privaciones, de examinar los valores, de desarrollar la compasión por los demás y de la prueba de fe y carácter personal.[159]

Su estudio proporciona una historia de cómo el ministerio del aire libre ha sido una herramienta eficaz para desarrollar líderes en las pasadas décadas.

Norman Rose también llevó a cabo un estudio de relevancia particular en el desarrollo moral entre los adolescentes que han estado involucrados en entornos de aprendizaje vivencial. Él concluye que una de las mayores necesidades en el trabajo con los adolescentes es el capacitarlos para *pensar con claridad*, y los entornos de aprendizaje vivencial logran esto:

> La adolescencia sería un excelente momento para introducir nuevos tipos de entornos de aprendizaje. Aprendizaje y tutoría requerirían que la persona joven piense con claridad para adquirir experiencia real (no imaginada) en los proyecto de interés, y que aprenda cómo evitar distracciones emocionales triviales. El aprendizaje vivencial al aire libre también proporcionaría experiencias para probar la capacidad de uno para procesar los pensamientos claramente, en un contexto de grupo y en el suyo propio.[160]

Respondiendo a los escépticos

Al haber hablado con gente de todo el mundo acerca de cómo combinar la aventura al aire libre con sus ministerios juveniles en curso, he encontrado que algunos han mostrado un poco de escepticismo. En esta sección, ofrezco respuestas a dos de las preguntas más comunes que ha tenido la gente con respecto a la viabilidad del ministerio de aventuras al aire libre en iglesias y organizaciones basadas en la fe.

Crítica #1: ¿No son las experiencias de aventuras al aire libre solo para la gente con recursos?

Mi visión para el futuro del ministerio al aire libre es que cada joven pueda tener una oportunidad de encuentro con Jesucristo, y que crezca en su fe a través de aventuras guiadas al aire libre. Sin embargo, esta declaración tan radical invita a un poco de crítica y escepticismo. Algunos han afirmado que las experiencias al aire libre solo están disponibles para los que cuentan con recursos, tanto que jóvenes pobres del centro de la ciudad nunca podrían llegar a disfrutar la oportunidad de experimentar una aventura al aire libre. Esta crítica, justamente, desafía la limitación potencial y utilidad de nuestras esperanzas y sueños de darle a la gente el regalo de una experiencia en al aire libre en la belleza de la creación de Dios. ¿Es esto solo posible para los culturalmente privilegiados? Me atrevería a sostener que este conflicto aparente se encuentra en el centro del problema misionero que estamos tratando de abordar.

Como defensor del evangelismo juvenil a través de las relaciones, mi objetivo es el de generar estrategias y modelos conceptuales para identificar, preparar y mantener a los líderes jóvenes de cada estrato socioeconómico de cada ciudad. Aunque parece que hay obstáculos insuperables a este sueño, yo creo que el seguirlo con pasión inquebrantable va a dar gloria a Dios. Supongo que uno podría llamarle a esto una *teología de la terquedad*. Yo recibiría ese título como una insignia de honor. Creo que hay una larga lista de testigos, a lo largo de los siglos, que han inspirado esta terquedad de proseguir con lo que parecía imposible en las misiones. Ese ha sido siempre el mantra de las misiones.

Posiblemente la preocupación cultural más compleja que debemos tener en cuenta, en nuestra visión de dar una oportunidad a cada persona de tener un encuentro con Jesucristo a través de experiencias guiadas al aire libre, es el problema de la pobreza. Aquí tenemos lo que parece ser un conflicto dado que nuestra teología de viaje se basa en el principio de *Missio Dei* (la misión de Dios de proclamar las buenas nuevas a todos los pueblos). Agregándole a mi preocupación y consternación total, debido a los gastos en equipo y transportación, los programas de yermo o al aire libre existentes en la actualidad atienden principalmente a jóvenes cuyos padres tienen suficiente dinero para costear experiencia de aventura. Los padres de los jóvenes en las sociedades pobres no pueden permitirse el lujo de dar "experiencias" especiales a sus hijos cuando estos a menudo, ni siquiera tienen para alimentar a sus familias. En la India, Nepal o Indonesia, por ejemplo, hemos visto que es difícil, a veces, convencer a los padres de permitir a su hijo o hija irse por unos días de "aventura," cuando se les necesita para trabajar o desarrollar nuevas habilidades para ayudar a la familia. Los padres no pueden ver el valor de esta experiencia para la salud del alma de su hijo o hija. Tampoco ven los beneficios del desarrollo potencial de liderazgo que puede ocurrir; debido a las necesidades apremiantes que enfrentan puede que no le permita el pensamiento a largo plazo. Este es el privilegio que tenemos en los países desarrollados, nosotros podemos ofrecer oportunidades "extra" a nuestros hijos para ayudarlos a avanzar en su educación y desarrollo. La mayoría de las personas en el mundo en desarrollo tienen que pensar en sus necesidades inmediatas, a tal punto que un retiro de formación espiritual o desarrollo de liderazgo parece un lujo.

En lo que se refiere a las cuestiones de transporte, muchos de los tugurios del mundo se encuentran bien adentro en el corazón de las ciudades, en donde se requiere de un considerable esfuerzo y

PRÁCTICA • CAPÍTULO 10 • INSPIRAR

costo para proporcionar transporte a un joven para salir de la ciudad por un corto periodo de tiempo para disfrutar de una experiencia al aire libre. Lamentablemente, en el mundo desigual en que vivimos, el disfrutar no es generalmente una prioridad entre los pobres que se preocupan más por la supervivencia.

Estas realidades nos ponen una piedra de tranca proverbial en nuestra afirmación de que cada persona joven merece la oportunidad de un encuentro con Jesucristo en la belleza y la serenidad de su creación. *Sin embargo, con cada sueño misionero siempre hay obstáculos aparentemente insuperables.* La mayoría estará de acuerdo en que las ciudades se encuentran ciertamente en necesidad de una transformación. Así pues, nuestro sueño para que los jóvenes tengan la oportunidad de experimentar a Jesús a través de aventuras guiadas al aire libre no puede ser frenado por ningún obstáculo, incluyendo la pobreza. Tenemos que encontrar un camino.

El problema de cómo ofrecer experiencias de aventura en el contexto de la pobreza nos exige el abarcar varios principios en el mundo en desarrollo: 1) Dios está con los pobres y, por lo tanto, nosotros también debemos elaborar un modelo de misión para llegar a la gente a través de los ministerios de aventura al aire libre; 2) el evangelio es traducible en cada cultura y, por lo tanto, nuestra estrategia para presentar el evangelio y hacer discípulos debe ser traducible en las sociedades pobres también; por lo tanto, debemos seguir maneras reproducibles para proporcionar la experiencia de más alta calidad al costo más bajo posible; y 3) el equipo y el transporte son nuestros dos más grandes obstáculos por lo que tenemos que adoptar una estrategia que utiliza alguna tecnología ya disponible en lugar de únicamente importar tecnología extranjera. Debemos adoptar una estrategia sensible a la cultura en cuanto al uso de los equipos, a lo que me refiero como "tecnología local."

Esto significa que el equipo que utilizamos durante una experiencia de aventura para mantener a la gente caliente y seca, podría ser hecho de materiales que son locales y comúnmente utilizados por los agricultores, pastores u otras personas que trabajan cerca de este entorno al aire libre. El adoptar métodos de ministerio con "tecnología local" en la medida de lo posible, en lugar de utilizar equipo costoso de alta tecnología, el cual le es ajeno a las personas a las que deseamos servir, puede ser una forma de hacer de este estilo de discipulado más posible y aceptable para los pobres. Para abordar el problema del transporte, tenemos que considerar maneras en las que podamos proporcionar experiencias para los que se encuentran en las zonas urbanas mediante el uso del transporte público para mantener muy bajos los costos.

Crítica #2: ¿Son el yermo y la aventura solo aptos para ciertos tipos de personalidad?

La respuesta corta es: "No." Esto lo podemos decir definitivamente desde una perspectiva teológica tan solo si miramos a quienes se llevó Jesús en sus viajes por el yermo. Algunos han sugerido que los ministerios al aire libre atraen más a ciertos tipos de personalidad, en lugar de ser adecuados para todas las personas, que es mi convicción. Llevar a sus discípulos al aire libre fue un componente crítico del discipulado de Jesús. Algunas personas se preguntan sinceramente si la aventura al aire libre es importante para toda persona, o solo para unos pocos quienes presentan una afinidad natural para ello. Me han gustado muchos estos puntos de preocupación, pues me han llevado a preguntarme si esta es realmente una estrategia amplia de discipulado aplicable en nuestros días. Si yo pensara que ellos tienen la razón, este libro terminaría aquí mismo. Pero no es así.

Susan Bratton en su libro "El cristianismo, el yermo y la vida silvestre: el desierto solitario original" también reconoce este sesgo potencial:

> Uno de los motivos más sutiles que presentan dificultades en la actualidad en lidiar con las tradiciones inherentes al aire libre es el asumir que la permanencia en el yermo estaba restringida a los profetas profesionales, tales como Moisés y Elías. Este concepto produce dos problemas. En primer lugar, hace que la

experiencia en el yermo parezca exclusiva y limitada a aquellos con una vocación muy especializada o con una relación muy inusual con Dios. En segundo lugar, puesto que los profetas del Antiguo Testamento parecen haber desaparecido, hace parecer al yermo como un sitio arcaico para la actividad espiritual.[161]

Esta crítica es un impedimento potencial para una teología verdaderamente relevante de viaje en el yermo que aplica a todas las personas. En la búsqueda de una respuesta objetiva, me encontré con un estudio útil hecho por Cashel, Montgomery y Lane. Este mide esta crítica potencial a través de investigaciones empíricas al plantear algunas preguntas importantes. Tan útil como es, también tiene grandes limitaciones. Usando el filtro de categorías de Myers-Briggs, se dieron cuenta de que de los participantes al aire libre (que fueron parte del estudio) que habían asistido a un tipo de experiencia Outward Bound, "eran sin ninguna duda muy altos SSRs en las categorías de tipo de INTP, INFP, INTJ, INFJ."[162] Por lo tanto, este informe sostiene que ciertos tipos de personalidad pueden estar más *inclinadas* a participar en programas de aventura al aire libre que otras. "¡Un momento!," podría decir usted, "¿no apoya esto el argumento de los pesimistas, que dicen que el ministerio del aire libre atrae principalmente a ciertos tipos de personalidad?" Casi, pero en realidad apoya aún más mi opinión teológica. Me explico: es muy importante equilibrar su trabajo de investigación con una respuesta teológica.

En primer lugar, veamos los tipos de personas que Jesús escogió para formar su grupo de compañeros. Los doce discípulos fueron un grupo heterogéneo (como vimos en el capítulo 8). El grupo de Jesús incluía pescadores, cobradores de impuestos, tipos militares e incluso un contador deshonesto, Judas. Claramente podemos ver, basados en los datos bíblicos que ninguno de los discípulos serían del "tipo al aire libre." Pero Jesús dirigió a *todos* sus discípulos jóvenes en experiencias en el yermo, *sin importar su personalidad*. Mientras que Pedro, Santiago y Juan pueden haber tenido más compostura al ser sacudidos de un lado al otro en el bote de pesca, porque pescar era su oficio y tal vez tenían una personalidad afín con este tipo de viaje, puedo suponer que Mateo podría haber estado un poco menos sereno en ese momento porque él pasó la mayoría de su tiempo atendiendo un puesto de cobro de impuestos. A fin de responder a esta pregunta importante, debemos tener en cuenta que la investigación de Cashel, Montgomery y Lane está fuertemente basada en la *teoría de la personalidad*, en vez de basarse en un marco teológico, lo cual es nuestra preocupación.

La diferencia principal en el estudio antes mencionado y nuestra perspectiva teológica, en cuanto a la relevancia de las experiencias del yermo al aire libre para *todas* las personas, es que el estudio solo mira a qué es lo que motiva a una persona a *escoger ser parte* de una experiencia de aventura al aire libre. En otras palabras, ellos están mirando a los tipos de personalidad que pudieran naturalmente buscar oportunidades para ir y experimentar una aventura. En este punto estoy de acuerdo con ellos, puede que hayan ciertos tipos de personalidad que tienen una afinidad natural con la aventura. Así que, si usted fuera una organización que está tratando de conectarse con esos tipos de personas, entonces sería de gran utilidad el saber qué tipos de personalidad son los que usted debería tener como objetivo.

Por el contrario, en contraste, la Biblia hace hincapié en un punto de vista teológico muy diferente. *Jesús tomó la iniciativa y escogió a sus seguidores*; ellos no lo escogieron a él. No encontramos en el texto bíblico que fue responsabilidad de los discípulos el escoger cuando (o cuando no) unirse a Jesús en sus viajes de aventura al aire libre. Lo que los motivó a ellos fue el haber sido escogidos, y quién fue el que los escogió. Su motivación no tuvo nada que ver con alguna añoranza personal debido a sus tipos de personalidad. *Jesús no estaba organizando aventuras divertidas y promocionándolas a las multitudes a ver quién quería inscribirse y participar en el viaje. No, el escogió a los discípulos y se los llevó de aventura para hacerlos crecer y que fueran más como él.*

Sí, es verdad que necesitamos ejercitar la sabiduría y ajustar la excursión para que sea un reto adecuado dependiendo de quienes son los que están con nosotros, pero Jesús nos dio el ejemplo de que ser un discípulo significa seguirlo a él, y parte de ello era el retirase con frecuencia, junto con él a la soledad del yermo. Esto no es solo para ciertos tipos de personalidad. Retirarnos para pasar tiempo con Dios en el aire libre es un objetivo noble para *cualquiera*, aun cuando no *concuerde* con sus afinidades naturales.

CAPÍTULO 11: IMPARTIR

¿Momentos oportunos para enseñar?

Uno de los patrones de enseñanza más evidentes de Jesús en el aire libre fue el que siempre aprovechaba los momentos oportunos para enseñar. Usted sabe que se encuentra en el medio de un momento oportuno para enseñar, cuando la creación y la naturaleza a su alrededor se convierten en un laboratorio burbujeante para ilustrar una verdad bíblica. Algunos momentos oportunos para enseñar se producen en el medio del estrés. Otros emergen de las circunstancias más tranquilas, mientras usted se sienta al lado de un arroyo que gorgotea, o en el medio de un prado del que alegremente, brotan aromas y colores. Cada vez que a usted y a su grupo se les presente una lección práctica durante su viaje, usted estará en la cúspide de un momento oportuno para enseñar. Mientras más tiempo pase con grupos al aire libre, mayor será la naturalidad con la que usted reconozca estas oportunidades. Mientras más intencional sea usted en aumentar su coeficiente del yermo (ver capítulo 9), más crecerá el volumen de sus relatos, y se expandirá en un tesoro de sabiduría sobre el Reino de Dios el cual podrá pasarle a otros. Este capítulo se enfoca en ayudarle a prever los potenciales momentos oportunos para enseñar de manera que pueda transmitir la sabiduría que traen estas situaciones consigo.

La "enseñanza oportuna" es el arte de un relato en el momento preciso. En el Israel de la antigüedad, esta fue una habilidad respetada y buscada. El autor Swift escribe:
> Posiblemente, como en todas las ciudades de la Palestina moderna, se encontraban 'cuenta cuentos' profesionales quienes, cada vez que los hombres se juntaban para divertirse, recitaban con gestos y acción su paquete de cuentos. Las historias capturaban la imaginación de la gente con fuerza;

ellos hablaban de cortejos, matrimonios, intrigas y de los logros de sus antepasados, o bien respondían a las preguntas que estaban más presentes en su mente [es decir, preguntas sobre el origen del hombre y del mundo en el que vive, las diferencias entre las razas y los idiomas, etc.].[163]

Uno de los trucos del oficio es el de primero pensar en los temas de interés para su público. El estudio hecho por Erickson, mencionado anteriormente, destaca tres categorías que atraen el interés de los jóvenes: 1) Las personas y sus relaciones; 2) cuestiones relativas a la sociedad; y 3) el concepto de Dios y de la religión. Los momentos oportunos para enseñar se presentaran inevitablemente en el contexto de viajes al yermo; así que como Erikson, le recomiendo que prepare una lista breve de temas que usted piense que sean de interés para su grupo. Las oportunidades son innumerables por lo que nunca habrá un libro que nos provea una lista exhaustiva de momentos oportunos para enseñar. Lo que es más importante, es que usted aprenda a reconocer un momento oportuno para enseñar cuando usted se encuentre de pie en el medio de uno de ellos, y que tenga la habilidad para dar forma a esa experiencia y convertirla en un ambiente de aprendizaje.

Cinco pasos hacia un momento oportuno para enseñar

Hay cinco pasos hacia los momentos enseñables: el TIEMPO PRECISO, el PENSAMIENTO TEOLÓGICO, el ofrecer HERRAMIENTAS para la reflexión, el INTENTARLO y el TRANSFERIR el aprendizaje a actividades futuras en la vida cotidiana normal. El primer paso es el TIEMPO PRECISO. Siempre esté atento a lo que está pasando en su grupo y que es lo que le ofrece el entorno como fondo o contexto para la enseñanza. En la medida que usted reflexione en oración acerca del estado de ánimo de su grupo, usted será capaz de identificar temas que sean de importancia para ellos. A continuación, mire a su alrededor y ore al Señor para que le muestre un lección práctica que ilustre lo que usted quiere que ellos aprendan.

El segundo paso es el PENSAR TEOLÓGICAMENTE sobre el tema. *La teología está simplemente haciendo las preguntas y buscando las respuestas a estas preguntas en la Biblia*. ¿Qué preguntas tiene? ¿Qué preguntas tiene su grupo acerca de Dios o de la vida? ¿De qué quieren saber más o comprender más plenamente? Una vez que tenga una buena lista de las preguntas que tenga la gente, empiece a buscar relatos en las Escrituras que se relaciona con esas preguntas. Al ir de caminata o remar en el mar, trate de tener en su mente un buen cinturón o caja de herramientas con buenas preguntas que usted pueda usar en cualquier momento. Esté preparado para contestar las preguntas que tenga la gente basado en las Escrituras. Entonces, cuando usted experimente un momento oportuno para enseñar y el tiempo sea el preciso, usted puede detenerse y reflexionar acerca de una pregunta concisa que es de interés para todo el grupo, y conectarla de una forma profunda con una analogía en la creación. Ahora usted está listo para conectar esta lección práctica y oportuna a lo que están experimentando al anclar todo lo que les enseña en la Palabra de Dios.

En tercer lugar, usted debe ofrecer algunas HERRAMIENTAS para la reflexión a su grupo. Pida que cada uno tome un objeto cercano a ellos (como un poco de hierba, una roca, una flor, una hormiga, etc.). O simplemente señale el objeto para que ellos puedan mirar, tocar o saborear de lo que usted enseña. A partir de aquí, usted tiene muchas opciones. Usted puede hacer una pregunta simple pero bien elaborada, y dejarlo así. Algunas veces, una pregunta sin respuesta es la mejor manera de que el grupo tenga que pensar y reflexionar, y entonces descubrir la verdad por sí mismos. O tal vez usted podría pedirles que hagan un dibujo, escriban un poema u oración que tenga relación con el objeto que usted este conectando con la Biblia. O usted puede pedirles que profundicen aún más y respondan su pregunta con otra pregunta aún más profunda que provoque una respuesta honesta. Jesús a menudo contesto preguntas con más preguntas.

A veces puede que no sea un objeto al que usted apunte para un momento oportuno para enseñar, sino que puede ser algo aún más sutil como una actitud en el grupo, o un problema interpersonal que usted está observando. En cualquier caso, usted debe ser capaz de ofrecer una herramienta para la reflexión para hacer la lección memorable. Si usted puede conectar alguno de los cinco sentidos (ver, oír, sentir, gustar, oler), entonces usted, probablemente, ha tenido éxito en darles una herramienta para la reflexión.

El cuarto paso, es hacer que el grupo pueda INTENTARLO por su cuenta. Después que usted haya mostrado algunos momentos oportunos para enseñar al grupo, una de las mejores formas de dejar que sus mentes y corazones sean transformados es el invitarlos a producir sus propios momentos oportunos para enseñar. Usted podría decir algo como: "miren, ahora que han visto cómo aprovechar los momentos oportunos para enseñar, me gustaría que traten de pensar en alguno mientras remamos hasta la próxima playa (o mientras seguimos caminando hasta que paremos de nuevo para tomar agua)... Tal vez dediquen un tiempo para hablar con Dios en oración y pídanle que les muestre algo que él quiere enseñarles a través de su creación. Una vez que lo tengan, busquen un pasaje en la Escritura que ancle su analogía y compártanlo con el grupo. ¡Me muero de ganas por oír lo que van a compartir!" Usted quedará anonadado de las cosas que la gente va a compartir. Es verdaderamente impactante el ver a la gente profundizar en su relación con Dios, buscando tesoros en su creación para tomarlos y compartirlos con el grupo.

El quinto paso es ayudar al grupo a TRANSFERIR el aprendizaje a esfuerzos y actividades en el futuro. Simplemente pídales que compartan qué diferencia va a hacer esta lección de la naturaleza en sus vidas, cuando estén de vuelta en casa.

Alfa y Omega

El alfabeto griego comienza con alfa y termina con omega. El título que toma Jesús en sus últimas palabras a Juan fue: el Alfa y la Omega, el primero y el último (léase Apocalipsis 22:13). Ya que Jesús es aquel que hizo toda la creación, no debe ser motivo de sorpresa el hecho de que la obra de sus manos está llena de ilustraciones infinitas, lo que nos hace estar en asombro de Dios y nos lleva a darle gloria a Dios.

Ahora que ya sabe cómo facilitar un momento oportuno para enseñar a partir de la genialidad de la creación, echemos un vistazo a una muestra de grandes instantes clave de enseñanza desde el *alfa hasta la omega* (de la A a la Z) que pueden surgir durante su experiencia en el yermo. No tenemos espacio para una lista exhaustiva de posibles instantes claves de aprendizaje, pero para empezar, le voy a poner algunos ejemplos de cómo puede empezar su propio cuaderno de momentos oportunos para enseñar. Cuánto más tiempo pase al aire libre con la gente, más amplio será su diccionario de temas. Si usted se regresa a través de los capítulos de este libro, usted encontrará docenas de temas teológicos de relevancia o analogías con la creación que comúnmente pasan en momentos oportunos para enseñar.

Momentos oportunos para enseñar de la A a la M

Acampar

Acampar es una actividad temporal. La gente eventualmente necesita establecerse y formar un hogar. El pueblo de Israel pasó muchos años acampando en el desierto. Aún en la actualidad, los judíos celebran la Fiesta de los Tabernáculos acampando por una semana al aire libre. ¿De qué manera acampar nos recuerda de nuestra necesidad por Dios? ¿Cómo acampar hace que seamos más agradecidos por lo que Dios nos provee? ¿Cuáles son algunas de las lecciones que aprendemos acampando que de otra forma no tomaríamos en cuenta en la comodidad de nuestro hogar?

Referencias: Éxodo 16:13; 2 Reyes 7:5; Jueces 7:11; 1 Samuel 4:6; Jueces 7:15; 1 Samuel 28:4; 1 Reyes 16:16; Números 11:26; 5:3; Deuteronomio 23:14; Éxodo 33:7; Levítico 9:11; Números 5:1; 11:30; 3:23; 3:29; Deuteronomio 23:12; Josué 3:2; Levítico 17:3; Números 11:9; Josué 10:15, 43; Jueces 7:10, 20:19 ; 1 Samuel 17:53; Salmos 106:16

Belleza

¿Cómo sabemos que algo es bello? Esta es una pregunta filosófica que es imposible de probar en un laboratorio. Pero cuando nos fijamos en los espacios abiertos de un majestuoso paisaje montañoso, o meditamos en el esplendor de una puesta de sol en el horizonte del mar en movimiento, sabemos que estamos mirando la belleza. En una cosmovisión cristiana, creemos que Dios creó los cielos y la tierra, y todo lo que él creó era bueno y agradable para él. Era y es precioso. La creación inspira asombro, mientras que la degradación de la tierra produce repulsión. Cuando me paseo por corrientes de agua contaminadas llenas de desechos de los humanos, basura, me lleno de tristeza por la fealdad de la escena; pero aún más apenado por la situación de los pobres, quienes no pueden disfrutar de un trago de agua seguro y refrescante, que era la intención de Dios para la creación.

Lo que Dios crea es hermoso, y lo que nuestro pecado causa es la destrucción de la belleza. Usted puede hacerle a un grupo preguntas como las siguientes: ¿Cómo podemos ver la evidencia del diseño de Dios en el hermoso paisaje que estamos admirando hoy? ¿En qué aspectos ves la evidencia del pecado de la humanidad destruyendo la misma belleza que Dios había destinado para la raza humana? ¿Qué nos dice esto acerca de Dios? ¿Qué nos dice acerca de la humanidad? ¿Cómo el ser un seguidor de Jesucristo te hace un restaurador de la belleza en el mundo de Dios? ¿Cómo podemos tomar una foto instantánea de la imponente belleza que vemos en este magnífico entorno natural y volver a nuestras ciudades con una visión renovada para restaurar la belleza que Dios creó en un principio para nuestras relaciones, las escuelas, las iglesias y para la ciudad en su conjunto

Referencias: Ester 1:11, 2:3, 2:9, 2:12; Salmos 27:4, 45:11, 50:2; Proverbios 6:25, 31:30; Isaias 3:24, 28:4, 33:17, 53:2, 61:3; Lamentaciones 2:15; Ezequiel 16:14, 16:25, 27:3, 27:11, 28:12, 28:17, 31:7; Santiago 1:11; 1 Pedro 3:3-4

Crear Conciencia

Cuando Juan el Bautista estaba en la cárcel, estaba literalmente atado de manos para hacer más ministerio, pero él se mantuvo al tanto de las historias de todo lo que Jesús estaba haciendo en los pueblos y villas de los alrededores. Él prestó mucha atención a lo que Jesús estaba diciendo y haciendo, y llegó a la conclusión de que Jesús era el tan esperado cumplimiento mesiánico de todas las profecías del Antiguo Testamento. Mateo escribe: "Y al oír Juan, en la cárcel, los hechos de Cristo, le envió dos de sus discípulos, para preguntarle: ¿Eres tú aquel que había de venir, o esperaremos a otro?" (Mat. 11:2-3) Juan el Bautista fue un estudiante de Jesús; hizo preguntas, observó sus acciones y reconoció que Dios estaba en búsqueda de la gente a través de su primo Jesús.

Cuando llevamos a la gente al yermo, Dios usa su creación para despertar sus almas. Si la gente es guiada de una forma que les dé tiempo para estar en silencio, caminar a través de la Escritura y contemplar el rostro de Jesucristo a través del texto bíblico, ellos estarán más conscientes de quien es él realmente. Al igual que Juan el Bautista, pedimos en oración y esperamos que la gente ate los cabos y vea que sus palabras coinciden con su vida. Jesús afirmó ser el camino, la verdad y la vida, y que no había ninguna otra religión o camino para regresar a tener una relación con Dios. Al señalar las formas en que la creación de Dios confirma su carácter, y al presentar el evangelio de tal forma en que realmente se convierte en las "Buenas Nuevas" para aquellos que viajan con nosotros..., usted ha hecho todo lo que se puede para facilitar una experiencia que hace que la gente abra sus ojos y aumente su conciencia de que Dios existe y que él recompensa a aquellos que ponen su fe en Jesús (léase Hebreos 11:6). Eso es todo a lo que somos llamados a hacer..., el resto está fuera de nuestras manos; es simplemente una cuestión de oración para que los ojos de los corazones de nuestros excursionistas sean abiertos e iluminados a la igloriosa y gran noticia de Jesús!

Otras referencias para escribir preguntas para tiempos de

quietud y silencio, o momentos oportunos para enseñar relacionados a este tema son: Génesis 28:16; Éxodo 34:29; Levítico 4:14, 23, 28; Números 15:24; 1 Samuel 14:3; 1 Reyes 8:38; 2 Crónicas 6:29; Nehemías 4:15; Mateo 4:15; 12:15; 16:8; 24:50; 26:10; Marcos 8:17; Lucas 12:46; Juan 6:61; Hechos 10:28; Gálatas 4:21

Devoción

¿Está usted entusiasmado acerca de su relación con Jesucristo? Pasar tiempo con Dios tiene que ver menos con la piedad (práctica de la religión), y más con el experimentar el amor de Dios y extenderlo a otras personas en nuestra vida. La devoción a Cristo se trata de estar pegado a él. ¿Cuáles son algunos de los resultados tangibles de estar pegados a él? ¿Cómo le hace sentir el saber que Jesús es completamente leal a usted? ¿Qué significa ser completamente leales a él?

Lo contrario a la devoción es la apatía. Si soy indiferente o comienzo a mostrar una falta de preocupación por un amigo, ¿en qué cambia esto mi relación con él? ¿Cómo se siente usted cuando alguien a quien usted ama se muestra indiferente para con usted? El diseño de Dios para nosotros es que seamos devotos de él, de la misma manera que él se dedica a nosotros. ¿Su relación con Dios se ha convertido en rutina? ¿Se siente aburrido? Tal vez este tiempo en el yermo lo despojará de aquello que está compitiendo con su lealtad a Cristo. Pasemos un tiempo hoy en la soledad y pidámosle a Jesús que nos hable acerca de cualquier cosa a lo que nos estamos apegando y que está causando que nos alejemos de él. Pídale que pode y corte cualquier cosa que lo tenga enredado, para que entonces pueda disfrutar verdaderamente de su relación con él.

Referencias: Job 15:4; 6:14; 2 Crónicas 35:26; 1 Corintios 7:35; 1 Crónicas 29:19; 2 Crónicas 32:32; 2 Reyes 20:3; Isaías 38:3; 2 Corintios 11:3; Ezequiel 33:31; Jeremías 2:2; 1 Crónicas 29:3; 28:9

Extensión de la tierra

"¿Dónde estabas tú cuando yo fundaba la tierra? Házmelo saber, si tienes inteligencia. ¿Quién ordenó sus medidas, si lo sabes?¿O quién extendió sobre ella cordel? ¿Sobre qué están fundadas sus bases?¿O quién puso su piedra angular...." (Job 38:4-6) Tenemos que pasar el tiempo asombrados de la tierra y todas sus dimensiones. Al mirar con más detenimiento la creación, podemos comenzar a reconocer con más exactitud la grandeza del Dios quien lo creó. Colosenses 1:16 dice que Jesús es quien creó todo lo que ¡vemos en la tierra y todo lo que no vemos en los cielos! ¿Qué nos dice el diseño de la tierra sobre su Creador?

Referencias: Job 38:4-6; Colosenses 1:15-20

Area Forestal

El tema del Salmo 96 es que el Señor reina sobre toda la tierra. De hecho, la mayoría de los estudiosos coinciden en que Reino de Dios es, probablemente, el tema principal de todo el libro de los Salmos. El Salmo 96:12 dice: "Regocíjese el campo, y todo lo que en él está; Entonces todos los árboles del bosque rebosarán de contento..." Al caminar hoy por el bosque, quiero que escuchen el sonido de los árboles meciéndose, crujiendo y silbando en el viento. ¿Por qué es tan atractivo para nuestros oídos el oír el sonido de las hojas moviéndose o el rumor del viento pasando a través del clavicordio de las agujas del pino? Al igual que los sonidos de la creación, nosotros también podemos hacer música con nuestras voces o instrumentos. Dios hace música con los sonidos rítmicos de su creación. Hoy quiero que usted piense si en este momento su vida es como una canción de alabanza a Dios.

¿Se encuentra usted en un lugar de autoabsorción en donde todo en lo que puede pensar es en sus propios problemas o preocupaciones? Tal vez la manera de salir de esto no es necesariamente que todas sus preguntas sean contestadas, o que las cosas salgan a su manera todo el tiempo. Tal vez el camino de salida de la desesperación y el desaliento es pararse firme como esos árboles y permitir que la brisa del amor de Dios haga una nueva canción, mientras usted se rinde ante el reinado soberano que Dios tiene sobre su vida. ¿Cómo puede rendirse ante el *reinado* que Dios tiene sobre su vida hoy de forma que su vida se convierta en una hermosa canción, al igual que el sonido hermoso que hace un álamo en respuesta al viento que sopla en torno a él?

Referencias: Nehemías 2:8; Salmos 80:13; 83:14; 96:12; 104:20; Cantares 2:3; Isaías 9:18, 32:15

Gloria

George Müller fue famoso por decir que su objetivo era simplemente, "¡dar gloria a Dios!" Juan el Bautista, en referencia a la comparación de su ministerio con el ministerio de Jesús dijo: "Es necesario que él crezca, pero que yo mengüe." (Juan 3:30) ¿Es este el camino de nuestra vida? ¿Estamos en un camino de exaltarnos a nosotros mismos? ¿Estamos buscando que el mundo nos dé importancia y reconocimiento? ¿Estamos más contentos cuando nos convertimos en personas sin importancia, cuando el conocer y adorar a Jesús se hace lo más importante?

Las personas se ven tentadas a glorificarse a sí mismas y a surgir a costa de pisotear a otros. Pero la triste realidad del camino de la autoglorificación es, en realidad, el camino de la autodestrucción. Hoy, desde esta gloriosa escena de grandeza, ¿no le es fácil reconocer que no merecemos ningún crédito por la gloria de la creación de Dios? Él lo hizo todo, y es digno de recibir toda la gloria por ello. De la misma manera, cuando hoy pase tiempo a solas y en silencio con Dios, considere si necesita arrepentirse por estar en un camino de autoglorificación. ¿Está usted dándose crédito cuando en realidad debería estar dándole crédito a Dios por lo que ha hecho en su vida? ¿Esto lo ha dejado vacío, enojado y sin rumbo? Confiésele esto a Dios y comprométase a una vida para "darle gloria a Dios." Este es el camino de paz duradera que todos aspiramos.

Referencias: *2 Corintios 3:7; 3:10; Isaías 60:1; Romanos 8:18; 2 Corintios 3:11; Ezequiel 3:23; Romanos 9:23; Éxodo 40:34; Mateo 25:31; Lucas 9:26; Ezequiel 43:2; Juan 1:14; Ezequiel 10:4; 1 Corintios 11:7; 2 Pedro 1:17; 2 Corintios 3:18; Proverbios 25:2; Juan 17:42; Isaías 35:2; Salmos 24:10; Habacuc 2:16; Hageo 2:9; Isaías 66:19; 1 Tesalonicenses 2:20*

Habitar – Permanecer

Esto significa, inherenemente vivir, habitar en algún sitio. Nosotros permanecemos o moramos (vivimos) en nuestros hogares como una rama que mora o se queda conectada a la vid. Esta semana, al salir y estar en el yermo, vamos a residir en unas carpas o tiendas de campaña que son vulnerables a las condiciones climáticas. Pero aún más importante es el hecho de que nos tendremos unos a otros como compañeros. Vamos a estar viviendo en comunidad esta semana, lo cual es otra forma de "habitar." Una de mis más grandes esperanzas para esta semana es que cada uno de nosotros tome en consideración la invitación de Jesucristo para venir y "habitar" con él en una relación por el resto de nuestras vidas y para toda la eternidad.

Esta semana vamos a tomar en consideración muchas de las afirmaciones que él hizo, y usted tendrá la oportunidad de hacer que Jesucristo sea su hogar. Esta noche, cuando se meta a la carpa para ir a dormir, por favor considere el darle la llave de su corazón a Jesús para que así, él habite permanentemente en su alma. Cuando usted ceda su vida a Jesús, a través de la fe en su nombre, él lo cubrirá como una carpa con su amor incondicional. Él es el refugio perfecto que todos necesitamos, especialmente en las tormentas.

Referencias:

1. Permancer: *Juan 15:4; 15:7; 15:10; Ezequiel 44:2; Filipenses 1:24; Éxodo 25:15; Levítico 11:37; Job 37:8; Salmos 102:27; 1 Corintios 7:26; 2 Timoteo 2:13; 1 Corintios 7:20; Job 29:20; Gálatas 2:5; Salmos 109:1; 1 Juan 2:24; Levítico 25:51; 1 Corintios 14:34; Apocalipsis 14:12; Levítico 25:52; Juan 1:32; 21:22; 1 Samuel 16:22.*

2. Habitar: *Levítico16:16; Job 24:13; Salmos 9:7; 15:1;*

25:13; 37:27; 61:7; 91:1; 102:12; 113:9; 125:1; Isaías 32:16; Juan 3:36; 6:56; 14:17; 15:4-15:10; 1 Corintios 13:13; Gálatas 3:10, Santiago 1:25; 1 Juan 2:6; 2:10; 2:14; 2:24; 2:27-28; 3:6; 3:9; 3:14; 3:17

Relaciones Interpersonales

Algo que va a afectar nuestra relación con otros es el cómo nos sentimos acerca de nosotros mismos. Estando en el yermo, esta realidad se hace más evidente, ya que no tenemos una regadera o espejo para arreglarnos. Sin embargo, cuando todos nos encontramos en la misma situación, esto realmente no importa. La apariencia externa de cada uno se hace mucho menos importante. ¿No le parece superficial el que nuestra apariencia externa importa mucho más de regreso a casa entre nuestros amigos? La palabra de Dios nos enseña que él no mira nuestra apariencia externa. Mas bien, él mira nuestro corazón (léase 1 Samuel 16:7). Dese cuenta esta semana cuán sencillo es el conocer a los demás y ser buenos amigos cuando la apariencia exterior ya no tiene importancia.

Cuando nos libramos de esta preocupación, a veces paralizante de nuestra apariencia, es cuando finalmente somos libres del veneno de la comparación que tanto daña nuestra cultura. Cuando nos enfocamos en los corazones de los demás, notaremos como nuestras relaciones también mejorarán. ¿No le gustaría tener relaciones profundas en vez de las superficiales basadas en las apariencias externas? El yermo lo cambia todo al abrir nuestros ojos a problemas en nuestro corazón, en vez de la carcasa exterior de una persona.

Referencias:

1. Amistad: *Jeremías 9:5; Lucas 11:5; 2 Samuel 16:17; Proverbios 27:10; Mateo 26:50; Salmos 55:13; Proverbios 27:6; 3 Juan 1; 2 Samuel 15:37; Job 16:20; Proverbios 17:17; Isaías 41:8; Jeremías 3:4; Colosenses 4:14; Jueces 14:20; Job 6:27; Proverbios 19:4; Lucas 5:20; Romanos 16:9; 3 Juan 5; Salmos 88:18; Mateo 22:12; Lucas 11:6; Proverbios 19:6;*

2. Armonía en las relaciones: *1 Pedro 3:8; 2 Corintios 6:15; Romanos 12:16; Zacarías 6:13;*

3. Ayudar a los demás: *2 Reyes 6:27; Romanos 16:2;*

Jueces 5:23; Eclesiastés 4:10; 1 Timoteo 5:16; 1 Crónicas 12:18; 14:11; Isaías 31:1; Salmos 5:2; 30:2; 38:22; 63:7; Jueces 6:6; Salmos 44:26; 88:13; 121:2; Hechos 4:20; Números 34:18; Job 6:21; 30:28; Salmos 60:11; 108:12; 115:9, 10; 124:8; Números 1:4; Job 6:13; Salmos 22:19

Jesús

Jesús es plenamente humano y plenamente Dios. Este es un misterio divino, pero es esencial para comprender su humanidad y su deidad. Dios se hizo hombre en la persona de Jesucristo. La Trinidad (Padre, Hijo y Espíritu Santo) estuvo de acuerdo en que Jesús sería enviado al mundo a vivir como uno de nosotros. Él es capaz de identificarse con nosotros en todos los sentidos porque él fue plenamente humano, pero nunca pecó. ¿Necesita usted un líder en quien pueda confiar, uno con autoridad y firmeza, pero que sea aún compasivo y que se pueda identificar y relacionar con usted en todos los sentidos? Jesús es ese hombre.

Si Dios vino a la tierra, sería de esperar que él pueda hacer algo que ningún otro ser humano pueda hacer. En Marcos 4:35-41, Jesús calmó la tormenta en el mar de Galilea mostrando su autoridad sobre la naturaleza. Nadie más que Dios podría hacer algo así. Jesús tiene el poder de calmar las tormentas de su vida si usted pone su fe en él.

El sentido común nos dice que si Dios vino a la tierra, uno también esperaría que él sea capaz de perdonar los pecados de la gente que es lo que ha roto la relación entre él y nosotros. Marcos 2:1-12 nos relata la historia de un encuentro que Jesús tuvo con un paralítico. Pero antes de que Jesús sanara a este hombre, le dijo: "Hijo, tus pecados te son perdonados." La gente tuvo que haber pensado: "¿Cómo puede pecar un paralítico? ¿Qué mal puede hacer un paralítico si está impedido?" Este es el punto: Jesús ve a través de nosotros, en lo más profundo de nuestro ser. Él primero perdona el pecado de este hombre, porque el pecado era un problema mucho más grande que su parálisis. Lo más importante de entender es que Jesús tiene autoridad sobre el pecado, la enfermedad y lo que sea que nos oprima. ¿Le ha pedido a Jesús que le perdone su pecado y orgullo? Algunas veces el estrés de las experiencias "al aire libre" puede ayudarnos a ver qué es lo que realmente hay en nuestros corazones. El estrés de experiencias agotadoras puede exprimirnos como esponjas y mostrarnos que es lo que está realmente dentro de nosotros. En esta aventura usted puede haber sentido rabia, desesperanza o soledad. Todos estos sentimientos pueden ser señales de un problema aún más grande, el cual se puede deber a su separación de Dios, si es que usted aún no ha puesto su fe en Cristo. Jesús es el único puente de la muerte a la vida (léase Juan 5:24). ¿Quién dice usted que es Jesús?

Referencias: Mateo 3:13; 4:1; 8:18; 9:1; 26:1; 27:11; Marcos 1:9; 2:1; 6:30; 10:47 52: 11:12; Lucas 4:38; 19:35; 22:63; 23:3; Juan 4:50; 11:17; 12:1; 17:1; 19:1, 38; 21:4, 15; Hechos 1:1

Kiss (Beso)

El Cantar de los Cantares comienza con un poema de una esposa para su esposo: "¡Oh, si él me besara con besos de su boca! Porque mejores son tus amores que el vino." (El Cantar de los Cantares 1:2) Qué declaración tan profunda. El amor de su esposo es muchísimo mejor que cualquier otra cosa que le pueda ofrecer el mundo. Esto es un ejemplo de nuestra relación con Jesucristo. La iglesia es llamada la "Novia de Cristo." Esto significa que si usted ha puesto su confianza en Jesús, él lo ama, lo protege y le guía con un amor similar al de un novio a su novia.

El vino en este pasaje es simbólico de cualquier cosa en la que encontramos satisfacción. Bien sea que nos deleitamos en el mundo de los video juegos, el comprar cosas o el complacer una adicción, no existe un placer mayor que podamos experimentar que el experimentar el afecto de Cristo. En Cantares, la novia lo entendió perfectamente. Cualquier otra cosa que le hubiera traído satisfacción en la vida palidecía en comparación al amor de su esposo. ¿Usted se siente así con respecto a Jesús? ¿Usted se delita en alguna otra cosa más que en él? ¿Prefiere usted el seguir tomando del "vino" que le ofrece el mundo que solo da una satisfacción temporal por una noche en vez de alcanzar el favor de Jesucristo y las bendiciones de caminar hombro a hombro por la eternidad con él?

Las excursiones al yermo nos ayudan a reconocer las cosas, que cuando estamos en casa, hemos idolatrado (o deleitado). Ahora que estamos aquí en el yermo, no tenemos muchas de esas distracciones que normalmente están jalando nuestro corazón. Este es un tiempo único para dejar de beber el "vino" del mundo, y escuchar a la voz amorosa de nuestro Padre celestial que nos corteja hacia él. Pregúntese si está de acuerdo con la novia en este pasaje... ¿Puede usted decir que la cercanía, fidelidad y obediencia a Jesús son mas deleitantes que cualquier otra cosa que usted pueda conseguir del mundo? ¿Es su favor el aroma que usted busca?

Referencias: Proverbios 24:26; 2 Corintios 13:12; 1 Tesalonicenses 5:26; Job 31:27; Salmo 85:10; Lucas 22:48; 1 Pedro 5:14; Génesis 27:26; 31:28; Romanos 16:16; 1 Corintios 16:20; Mateo 26:48; Cantar de los Cantares 1:2; Salmos 2:12; Lucas 7:45; Marcos 14:44; Lucas 22:47; 2 Samuel 20:9; 15:5; Cantares 8:1; 1 Reyes 19:20; Oseas 13:2; Génesis 27:27; 29:11

Luz

Para este momento oportuno para enseñar, consulte la reflexión sobre "La luz" del Salmo 119:105 en la sección llamada, "metáforas que perforan el corazón" en el Capítulo 13.

Referencias: 2 Corintios 4:6; Apocalipsis 22:5; Éxodo 35:14; Juan 1:9; Efesios 5:8; Génesis 1:4; Salmos 36:9; Juan 1:8; 5:35; Isaías 9:2; Lucas 11:36; Juan 3:19; 1 Juan 1:7; Juan 12:36; Mateo 4:16; 5:15; Juan 3:20; Génesis 1:16; Juan 8:12; Génesis 1:3; 1 Juan 1:5; Isaías 5:20; 13:10; 50:11; 60:19

Montaña

Dios usó las montañas en el yermo como una característica geográfica especial para enseñarnos acerca de su autoridad, y darnos una visión acerca de las misiones para el mundo. Lo opuesto a las montañas son los valles. Todos nosotros experimentamos los valles también como experiencias cumbre. Los valles son tan importantes para el proceso de formación espiritual al igual que lo son las experiencias en los picos, porque ellas nos enseñan a depender de Dios. David habló del valle de sombra de muerte en el Salmo 23. Tanto las montañas como los valles fueron características literales de los paisajes del yermo a través de los cuales viajaron las personas de la antigüedad. Estas características físicas del aire libre proveyeron una gran variedad de perspectivas que se pueden relacionar directamente con las experiencias espirituales de cada uno. El liderazgo cristiano de experiencias al aire libre aprovecha en ayudar a la gente a conectar el paisaje del aire libre con el paisaje de la experiencia del alma con Dios.

Referencias: Éxodo 19:12; 24:18; 34:3; Miqueas 4:1; 7:12; Números 20:28; Jeremías 51:25; Deuteronomio 9:9; Zacarías 8:3; Ezequiel 20:40; 24:15; 25:40; 26:30; Job 24:8; Salmos 95:4; Éxodo 19:14; 24:17; 27:8; Deuteronomio 1:6; Job 14:18; 39:1; Salmos 87:1; Cantares 4:6; Ezequiel 11:23; Salmos 30:7; Isaías 2:1; Hebreos 12:18

CAPÍTULO 12: INSTRUIR

Haga que su enseñanza sea una GEMA

Hemos cubierto una gran cantidad de territorio en el ámbito de las técnicas de enseñanza. Sin embargo, las habilidades que son más útiles son aquellas que se pueden personalizar y simplificar de manera que las pueda recordar en cualquier momento. Por esta razón he creado un esquema o diagrama que nos ayude a aprovechar los momentos oportunos para enseñar. Se llama el modelo **GEMA** al revés: A + M + E = G. Como maestro me fascina la manera en la que Jesús hizo que sus ideas sean una gema para nosotros. El contenido de su enseñanza captura usualmente nuestra atención pero, ¿qué hay acerca del contexto? Si usted quiere imitar las técnicas de enseñanza de Jesús, tiene que prestar atención a su entorno. Él no enseñó en el vacío. La combinación uno-dos de su estilo de enseñanza estaba basada en la forma que combinó el **A**mbiente + el **M**omento + la **E**nseñanza bíblica culminando con un **G**ancho agarrado a cada uno de los eventos de aprendizaje.

Cuando se pesca, si usted utiliza un gancho o anzuelo indicado y lo jala en el momento preciso, el pez no podrá soltarse de ese gancho. Yo veo a Jesús haciendo lo mismo con su enseñanza... Él puso sus palabras de tal manera que ellas se engancharan en lo mas profundo de la mente de la gente, como un gancho que no los dejara ir por ninguna circunstancia. Jesús evoca una respuesta de la gente. Él cerró el trato. Así que antes de que usted enseñe con un objetivo o resultado deseado, estudie como se unen los elementos del **A**mbiente y el **M**omento junto con la **E**nseñanza bíblica para culminar con el que evoque una respuesta.

Momentos oportunos para la enseñanza de la N a la Z

Ahora que hemos considerado cómo Jesús hizo "gemas" de su instrucción, continuemos nuestro viaje a través del alfabeto de momentos oportunos para enseñar para obtener más ideas de cómo facilitar el aprendizaje en su viaje o excursión. Recuerde, la mejor manera de conseguir conversaciones desafiantes en la excursión es primero estar atento a los resultados y objetivos que perseguimos lograr durante el día. Entonces, debemos estar en sintonía con lo que está pasando en su grupo y el ambiente que le rodea para que se prendan los bombillos del aprendizaje en algún momento durante el camino. Sus cinco sentidos son también un conducto natural para obtener ideas para conseguir ideas e ilustraciones adecuadas.

Nombres

Nosotros somos conocidos por nuestro nombre. Este se nos ha dado como un regalo; nuestro nombre tiene un significado y reputación. El darle un nombre a otra persona es un gran honor y privilegio. Los padres tienen el honor de dar los nombres a sus hijos pero lo que le da significado a nuestro nombre es la persona en la que nos convertimos y no al revés. La idea de dar nombres fue de Dios. Isaías nos dice, "Levantad en alto vuestros ojos, y mirad quién creó estas cosas; él saca y cuenta su ejército; a todas llama por sus nombres; ninguna faltará; tal es la grandeza de su fuerza, y el poder de su dominio." (Isaías 40:26) ¡Que increíble, Dios ha dado un nombre a cada una de las estrellas! Pero también nos ha dado un nombre a cada uno de nosotros. Dios le dio a usted ese nombre desde antes de haberlo creado en el vientre de su madre.

Jesús dijo una vez, "Pues aun los cabellos de vuestra cabeza están todos contados. No temáis, pues; más valéis vosotros que muchos pajarillos." (Lucas 12:7) Esta noche, mientras usted mire a las estrellas, tome en cuenta que Dios le ha dado un nombre a cada una de ellas. Después, pase la mano por su cabeza y vea si puede adivinar cuantos cabellos tiene. ¿Qué nos enseña esto acerca de

Dios al pensar que él sabe su nombre y el número de cabellos que usted tiene en su cabeza? ¿Qué le dice esto acerca de usted, de que Dios le conoce en esa forma tan íntima? Trate de pasar algún tiempo hablando con Dios acerca de lo bien que él le conoce a usted. Pídale que le hable acerca de cuánto le agrada usted a él. Piense en cómo la muerte de Jesús en la cruz fue la demostración máxima del amor que Dios siente por usted. ¿Cómo cambia esto su perspectiva acerca de si mismo y de su relación con el Padre Celestial?

Referencias: Marcos 3:16-17; 5:9; Lucas 1:31, 59-53; 6:22, 8:30; Juan 1:6; 5:43; 17:11; Efesios 3:15; Filipenses 2:9-10, 15; 1 Pedro 4:16; Apocalipsis 2:17; 3:5, 12; 20:15; 22:4

Obstáculos

En el contexto de la cultura desenfrenada de maldad en la que vivió Isaías, Dios le dio una visión. Dios acusa a los impíos por su dependencia en sus ídolos para ser librados. Aunque con toda certeza, ¡hasta el viento podría tumbar estos ídolos!, pero Dios les dice con claridad inequívoca, "Cuando clames, que te libren tus ídolos; pero a todos ellos llevará el viento, un soplo los arrebatará; mas el que en mí confía tendrá la tierra por heredad, y poseerá mi santo monte. Y dirá: Allanad, allanad; barred el camino, quitad los tropiezos del camino de mi pueblo." (Isaías 57:13) Mientras disfruta de la purificadora soledad de Dios afuera en su creación, sería bueno el pensar un poco acerca de cómo van a ser las cosas cuando regrese al valle de su vida de vuelta en casa. Allí inevitablemente habrá obstáculos que nos bloqueen o priven de serle fiel a Dios, cuando nos conectemos de vuelta a la rutina de nuestras vidas normales y diarias.

Los ídolos de nuestra cultura pueden convertirse fácilmente en osos de peluche a los que nos aferramos por comodidad, y no debemos olvidar cuánto odia Dios la adoración a los ídolos. Pero si nos apartamos de ellos y buscamos el agradar a Dios, él quitará los obstáculos de nuestro camino y nos dará una herencia que no puede perecer, ser despojada o acabarse. ¿Qué obstáculos hemos tenido que enfrentar en nuestro viaje en el yermo? Ha habido picos, ríos y retos emocionales. Podríamos habernos dado por vencidos o regresarnos ante esos obstáculos. Pero en cambio, nos apoyamos en Dios y nos refugiamos en él, y Él nos dio la fuerza y perseverancia para atravesar los obstáculos en lugar de ser detenidos por los mismos. ¿Qué es lo que le está deteniendo para caminar en el Espíritu cuando está de vuelta a en casa? ¿Está usted siendo detenido por pecados o relaciones personales? En la tranquilidad de la soledad, trate de identificar el pecado que lo tienen enredado. Pídale a Dios por su ayuda para remover esos obstáculos completamente, y así pueda libremente ir en búsqueda del cumplimiento de la Gran Comisión en donde sea más importante en nuestra ciudad o comunidad.

Referencias: Romanos 14:13; Isaías 57:13; Jeremías 6:21; Romanos 16:17; Hebreos 12:1

Perseverar

Perseverar es ser persistente; es continuar y no apartarse de algo aun cuando se sienta que quiere tirar la toalla. Lo opuesto de la perseverancia es el rendirse. La vida está llena de momentos intensos en los que somos tentados a rendirnos o a renunciar a lo que estamos haciendo. Aunque es cierto que algunas veces hay momentos en los que es apropiado el dejar de hacer lo que sea que estamos haciendo, la norma bíblica es el persistir a través de las pruebas y el sufrimiento. Santiago escribió: "He aquí, tenemos por bienaventurados a los que sufren. Habéis oído de la paciencia de Job, y habéis visto el fin del Señor, que el Señor es muy misericordioso y compasivo." (Santiago 5:11) En la Biblia, Job es un modelo muy especial de perseverancia. Él tenía toda la razón "humana" posible para culpar a Dios de su sufrimiento, pero no lo hizo. Aunque él y Dios tuvieron muchos momentos intensos de lucha, el resultado final fue un hombre que soportó pruebas que aparentemente ningún otro ser humano podría soportar. Sin rendirse, y moviéndose adelante con Dios, en vez de huir de él, Job recibió una recompensa mucho mayor que cualquier artilugio del mundo lo pudiera ofrecer. Nuestras experiencias en el yermo puede que palidezcan ante las experiencias de Job, pero ellas nos empujan hasta nuestros límites. ¿Qué ha aprendido esta semana acerca de la perseverancia? ¿Hay algunas pruebas o desafíos que se avecinan al llegar a casa de los cuales usted quisiera huir? ¿En su tiempo de soledad, piense si Dios lo ha traído al yermo para que usted luche con él y se mueva más cerca de él de alguna forma? Cuando regresemos a casa, después de nuestra aventura, Dios promete que nos va a dar la habilidad de correr hacia él con el fin de superar y ganar la carrera, en vez de huir de las dificultades, y en el proceso, regresar más vacíos.

Referencias: Judas 17; Hebreos 10:36; 11:27; 1 Timoteo 4:16; 1 Corintios 13:7; Santiago 1:12; 5:11; Apocalipsis 2:3

Quietos y callados

Hay ocasiones en las que necesitamos estar quietos y callados, y otras en las que no debemos guardar silencio. Esta es una situación que trae consigo una tensión sana y santa. Dios, en su celo por la fidelidad de Israel dijo esto a través de Isaías: "Por amor de Sión no callaré, y por amor de Jerusalén no descansaré, hasta que salga como resplandor su justicia, y su salvación se encienda como una antorcha" (Isaías 62:1). Hay un tiempo para hablar y llenar las ondas del aire con nuestra voz, para que el nombre de Dios sea honrado y alabado. También hay un tiempo hasta para gritar, aun cuando la élite religiosa y sensata permanezca callada. Una vez dos ciegos hicieron un escándalo cuando empezaron a clamar y pedir misericordia a Jesús: "Y la gente les reprendió para que callasen; pero ellos clamaban más, diciendo: ¡Señor, Hijo de David, ten misericordia de nosotros!"(Mateo 20:31) No hay ninguna duda de que hay tiempos para *no* estar callados.

Sin embargo, nuestra vida no puede consistir solo de hacer ruido. A través de el profeta Sofonías, Dios habla a su pueblo diciendo: "Jehová está en medio de ti, poderoso, él salvará; se gozará sobre ti con alegría, callará de amor, se regocijará sobre ti con cánticos." (Sofonías 3:17) Al final del día, ya sea en nuestra quietud o en nuestro hablar, debe haber señales de nuestro descanso y confianza en la soberanía de Dios en nuestra situación. Mientras reflexione sobre su relación con Cristo y su obediencia a servirle sea lo que sea que le pida, por favor hágase esta pregunta: ¿Le esta llamando Dios a dejar de estar callado ante ciertas situaciones? ¿Cómo puede usted dar un paso de fe y hablar de una manera que sea productiva y llena de fe?

Ahora, en el lado opuesto del espectro, ¿le está llamando Dios a permanecer callado, a confiar y descansar en su soberanía en alguna otra área de su vida? ¿Ha tratado de resolver algo por sus propios medios, que en realidad necesita soltar y dejar tranquilamente en las manos de Dios? Si usted es llamado a hablar o a estar callado, ¿cómo puede estar seguro que lo está haciendo con toda obediencia y con plena confianza en la soberanía de Dios y en su autoridad sobre su vida?

> *Referencias: Génesis 25:27; 34:5; Jueces 3:19, 18:19; 2 Samuel 13:20; 2 Reyes 11:20; 1 Crónicas 4:40; 22:9; Nehemías 5:8; Ester 7:4; Job 6:24; Salmo 23:2; 76:8; 83:1; Proverbios 17:1; Eclesiastés 9:17; Isaías 18:4; 42:14; 62:1; Amós 5:13; Sofonías 3:17; Mateo 20:31; Marcos 4:39; 6:31; 9:34; 10:48; Lucas 4:35; 18:39; 19:40; Hechos 12:17; 19:36; 22:2;; 1 Corintios 14:28;; 1 Tesalonicenses 4:11; 1 Timoteo 2:2; 1 Pedro 3:4*

Recorrer / Excursión

Si quiere ser un corredor de maratón en la vida, en lugar de un velocista a toda marcha, debe tomar las cosas paso a paso. Seguir la voluntad de Dios puede a veces sentirse como una rutina, pero a largo plazo es el camino más fácil y seguro. Cuando nuestra excursión por la vida se hace difícil, recuerde que si nos disciplinamos a caminar en el Espíritu, Dios nos dará la agilidad y la energía para navegar a través de esos periodos de nuestra vida en donde parece que avanzamos a duras penas. Anímese. Él nos da "pies de cierva en lugares altos," al igual que las cabras de montaña salvajes y carneros (léase Habacuc 3:19). Es increíble cómo no se caen en un terreno tan escarpado. También es increíble cómo el Señor nos impide el caer cuando nos enfrentamos con retos de todas clases.

Referencias: Colosenses 1:19; Efesios 5:17; Isaías 40:27-31; Habacuc 3:19; Salmos 121

Seguridad (disciplinas espirituales)

Cuando escalamos rocas tenemos que llevar puesto un casco todo el tiempo. Una de las prácticas de seguridad que enseñamos es qué hacer si un objeto (una piedra o botella de agua, etc.) cae por la roca. Paradójicamente, cuando alguien grita desde arriba "piedra," nuestro instinto natural es el de mirar hacia arriba, dar un paso atrás y correr lejos del objeto. Sin embargo, lo más seguro que se debe de hacer es correr hacia el frente (la faz) de la roca y recostarse a ella. Mientras más cerca esté de la roca, más seguro estará, ya que el objeto que viene cayendo seguramente rebotara por encima de su cabeza. Esta paradoja también la podemos encontrar en nuestro peregrinaje espiritual. Al escalar las "rocas de la vida," experimentamos el miedo. Y aunque nuestro instinto nos impulsa a darnos vuelta y correr, la posición más segura es la de enfrentar nuestros miedos y apretarnos bien cerca contra la Roca, Jesucristo.

Cuando nos encontramos con una situación difícil, podemos vernos tentados a alejarnos del Cuerpo de Cristo y abandonar la comunidad. Sin embargo, las armas espirituales que él nos da en Efesios 6, tienen por objeto el ayudarnos a permanecer firmes ante el enemigo, en vez de salir huyendo de él. Esta paradoja también se relaciona con las disciplinas espirituales, en que estas entrenan nuestra mente y nuestros cuerpos para actuar de maneras que van en contra de la inclinación natural que sentimos en nuestra carne. Estando en Cristo, tenemos la capacidad de decir no "a la impiedad y a los deseos mundanos, vivamos en este siglo sobria, justa y piadosamente." (Tito 2:12) Del mismo modo, somos llamados a vivir según el Espíritu: "Mas vosotros no vivís según la carne, sino según el Espíritu, si es que el Espíritu de Dios mora en vosotros. Y si alguno no tiene el Espíritu de Cristo, no es de él" (Romanos 8:9); lo que nuestras mentes deben estar bajo el control de el Espíritu, lo cual da como resultado "vida y paz," en lugar de estar bajo el control de la carne, lo cual resulta en muerte. De la misma forma que aprendemos a pegarnos a una roca cuando algo viene cayendo, así también deben ser las disciplinas espirituales del silencio, la soledad, la oración, el estudio, el servicio, la confesión, la adoración, etc., las cuales son formas de entrenarnos a estar bajo el control del Espíritu, de manera que en vez de huir de la batalla espiritual nos enfrentemos a ella.

Referencias: Deuteronomio 4:36; 11:2, 21:18; Job 5:17; Salmos 6:1; 38:1; 39:11; 94:12; Proverbios 1:2; 1:7; 3:11; 5:12; 5:23; 6:23; 10:17; 12:1; 13:18; 13:24; 15:5; 15:10; 15:32; 19:18; 22:15; 23:13; 23:23; 29:17; Jeremías 7:23; 30:11; 32:33; 46:28; Oseas 5:2; 2 Timoteo 1:7; Hebreos 12:5-11; Apocalipsis 3:19

Salir de la Zona de Confort

Existe un propósito de redención en la incomodidad. Para decirlo sin rodeos, la familiaridad conduce a la complacencia. Dios sacó a Abraham de su zona de confort para hacer que él estuviera comprometido con la misión (léase Génesis 12:1-3). Lo mismo es cierto para la iglesia hoy en día. Dios nos empuja fuera de nuestras zonas de confort. Él nos pone en territorios desconocidos con un propósito: doblegar nuestros corazones para que amemos y nos acerquemos más a aquellos que están perdidos. En estos días que han pasado bien sea en el camino o en el agua, ¿de qué manera se ha sentido obligado o empujado a dejar su zona de confort? ¿Ve usted algún propósito en sentirse de esta forma? ¿Existen algunas áreas de su vida en donde se siente que está siendo perezoso o complaciente cuando está de vuelta en casa? ¿Cree usted que sea posible que Dios lo esté empujado fuera de su zona de confort para expandir sus horizontes de manera que usted viva más lealmente hacia los propósitos de él cuando vaya a casa?

Referencias: Deuteronomio 28:65; Salmos 139:23; Proverbios 12:25; Eclesiastés 2:22; Filipenses 4:6

Tomar la decision de confiar

Vea el ejemplo de escalar rocas que se tratar en la sección "La paradoja reconcilia los extremos que parecen opuestos," en el capítulo 13.

Referencias: Salmos 20:7; Juan 14:1; Salmos 4:5; 31:14; 56:3; Deuteronomio 1:32; Salmos 78:22; 2 Corintios 13:6; Salmos 37:5; Proverbios 22:19; Salmos 22:4; 31:6; 33:21; 37:3; 56:11; 115:9; 115:10; 118:8-9 91:2; 115:11; Sofonías 3:12; Salmos 119:42; 146:3; Proverbios 21:22; Nahum 1:7; 1 Corintios 4:2; Lucas 16:11

Una gracia inmercida

Posiblemente, una de las verdades más importantes con las que uno tiene que luchar para poder poner su fe en Cristo, es la de que Dios salva a la gente al exterdeles su gracia. Él es misericordioso. Jesús murió voluntariamente por aquellos que le pertenecen. Esto es gracia: No recibir lo que merecemos y, a cambio, recibir el regalo sin ningún costo, ni mérito propio. La gracia es el regalo más grande y disponible para la humanidad. El evangelismo es ayudar a que la gente ¡se dé vuelta y la reciba!

Si usted se ha perdido alguna vez, usted seguramente entiende esto. Una vez cuando yo tenía como doce años me perdí mientras iba de caza con mi papá. En lo que parecía una simple misión, me fui tras unas huellas de venado, lo que (yo me imaginaba) me llevaría sin ninguna duda hasta donde había un venado grande y sorprendente, para colgarlo en la pared de mi casa. Después de una hora, me di cuenta que había estado caminando en círculos y que no podía encontrar a mi papá. Yo grité, grité y grité y, finalmente comencé a disparar mi arma en la cima de la colina para ver si alguien me oía. Finalmente, mi papá y el pastor de nuestra Iglesia me encontraron debido al escándalo que estaba haciendo. La sensación de alivio que sentí era sobrecogedora... y el resto de ese día estuve conteniendo las lágrimas de gratitud, aunque nunca volví a ver a ese venado. Todo lo que me importaba era que había sido encontrado, mi logro potencial de conseguir a ese venado se volvió irrelevante.

Un día, cuando Jesús enseñaba acerca de la gracia a un grupo de fariseos auto-suficientes, les contó una historia del yermo para penetrar sus corazones faltos de sinceridad y hacerlos entender el punto:

> ¿Qué hombre de vosotros, teniendo cien ovejas, si pierde una de ellas, no deja las noventa y nueve en el desierto, y va tras la que se perdió, hasta encontrarla? Y cuando la encuentra, la pone sobre sus hombros gozoso; y al llegar a casa, reúne a sus amigos y vecinos, diciéndoles: Gozaos conmigo, porque he encontrado mi oveja que se había perdido. Os digo que así habrá más gozo en el cielo por un pecador que se arrepiente, que por noventa y nueve justos que no necesitan de arrepentimiento. (Lucas 15:4-7)

Tal vez algunos de los que estaban oyendo habían crecido ayudando a sus padres a cuidar ovejas. Seguramente, ellos entendieron el punto de la historia inmediatamente. Una oveja perdida está completamente indefensa. Y cuando es encontrada, es solo por la gracia y trabajo de el pastor quien fue en su búsqueda. En las excursiones, es muy común que los niños se "pierdan" de muchas maneras (esperando que nunca se pierdan físicamente). Lo que quiero decir es esto: Muchos de los que han crecido sin haber tenido experiencias al aire libre se encuentran perdidos desde el momento en que llegan al punto de partida de la excursión. Todo es nuevo. "¿Qué me pongo?" "¿Qué debo comer?" "¿Cómo vamos a atravesar ese río?." A cada paso tenemos la oportunidad de amar y tener gracia con la gente que se encuentra fuera de su zona de confort y que se siente perdida.

Después de unos cuantos días viviendo esto, podemos atar los cabos para ayudar a la gente a ver como las diferentes formas en las que nos sentimos, "perdidos" o con miedo, pueden ayudarnos a entender el verdadero significado de lo que es estar sin Cristo. Sin él somos como ovejas perdidas: solos, con miedo y andando en círculos. La buena noticia es que él ha venido a buscarnos, y si estamos dispuestos, podemos salir del valle de la sombra de muerte de una vez por todas, y cruzar de la muerte a la vida hacia sus brazos amorosos por la eternidad. Esto es gracia inmerecida, es casi irresistible cuando es comprendida plenamente.

Referencias: Salmos 45:2; Proverbios 1:9; 3:22, 3:34; 4:9; Isaías 26:10; Jonás 2:8; Zacarías 12:10; Lucas 2:40; Juan 1:14-17; Hechos 4:33: 6:8; 11:23; 13:43; 14:3, 26; 15:11, 40; 18:27; 20:24, 32; Romanos 1:5-7; 3:24; 4:16; 5:2, 15 -21; 6:1, 14 -15; 11:5-6; 12:3-6; 15:15; 16:20; 1 Corintios 1:3-4, 10; 15:10; 16:23; 2 Corintios 1:2, 12; 4:15; 6:1; 8:1, 6 -9; 9:8, 14; 12:9; 13:14; Gálatas 1:3-6; 1:15; 2:9; 2:21; 3:18; 5:4; 6:18; Efesios 1:2, 6-7; 2:5-8; 3:2, 7-8, 4:7; 6:24; Filipenses 1:2; 1:7; Colosenses 1:2, 6; 4:6, 18 ; 1 Tesalonicenses 1:1; 5:28; 2 Tesalonicenses 1:2, 12; 2:16; 3:18; 1 Timoteo 1:2, 12 -14; 6:21; 2 Timoteo 1:2, 9; 2:1; 4:22; Tito 1:4; 2:11; 3:7, 15; Filemón 3, 25; Hebreos 2:9; 4:16; 10:29; 12:15; 13:9, 25; Santiago 4:6; 1 Pedro 1:2, 10-13; 4:10; 5:5, 10-12; 2 Pedro 1:2; 3:18; 2 Juan 3; Judas 4; Apocalipsis 1:5,; 22:21

Visión

Las visiones nos dan nuevas perspectivas. Cuando usted mira la luna a través de un telescopio, usted llega a ver sus arrugas y cráteres. Sin embargo, cuando usted la mira fijamente solo con sus ojos, lo que usted puede ver es un círculo de color blanco lechoso que sobresale en el tapete de cielo negro. El telescopio le da una perspectiva estelar nueva y mejor del satélite natural, que orbita alrededor de la tierra y refleja la luz del sol sobre nosotros. Jesús con frecuencia trajo una nueva perspectiva o forma de ver a sus seguidores a través de los retos físicos y emocionales en el yermo. Las experiencias en el yermo son como los lentes de un telescopio que nos ayudan a ver la vida en una luz completamente nueva.

Por ejemplo, un día Jesús vino hasta donde Simón Pedro después de que él había pasado toda la noche pescando sin ningún resultado. Habiendo confiado en su habilidad e ingenio para atraer a los peces y lograr la pesca para su familia, él se sentía completamente agotado y fracasado. Entonces, Jesús sube al bote y pide a Pedro que intente una vez más. Pedro, de mala gana acepta y, para su sorpresa, obtiene una de las ¡más grandes camadas de peces que jamas haya visto! Jesús lo empujó más allá de su punto de quiebre físico y emocional. El aprendizaje de Pedro se vio acentuado porque él ya no estaba dependiendo de su propia habilidad e ingenio. Y como resultado, el que podemos leer en Lucas 5, desde aquel día vemos que Pedro fue transformado en un "pescador de hombres." Su perspectiva dio un giro de 180 grados. La fatiga, el fracaso y el yermo del mar fueron instrumentos que usó Jesús para modificar la trayectoria de ¡la vida entera de Pedro!

¿De que manera usted depende de sus propias habilidades e ingenio para hacer las cosas? ¿Ha habido en los últimos días de este viaje algo que ha llegado al punto de presionar el botón de "piloto automático" porque ya se quedó sin fuerzas? ¿Cree usted que Dios está tratando de cambiar su *perspectiva* acerca de algo? ¿Cómo podría su autosuficiencia, o "el creerse muy inteligente," estar haciendo que pierda la oportunidad de la gran pesca que Dios puede tener para usted? ¿Está usted usando sus dones y talentos para lanzar las redes en donde Jesús le está diciendo, o está solo viviendo basado en su propia fortaleza? ¿Cómo puede llegar a saber la diferencia entre ir solo en su "bote" o tener a Jesús en su bote? Jesús nos dio el ingenio para su gloria, y no para nuestra ganancia personal. Si nos resistimos a él en esto, probablemente Jesús va a permitir que nos topemos con una pared de fatiga para cambiar nuestra forma de ver como lo hizo con Pedro.

Referencias: Números 23:9; 33:3; Deuteronomio 32:49; Nehemías 9:38; Salmos 48:13; 68:24; Proverbios 1:17; 5:21; 17:24; Isaías 33:1 ; Marcos 2:12; Romanos 12:1; 1 Corintios 9:8; 2 Corintios 5:10; Gálatas 5:10; Filipenses 3:15; 2 Timoteo 4:1; Apocalipsis 13:13

Witnessing (dar testimonio)

Al final de un día largo de caminata por la montaña, me avisaron que la persona que llevaba la comida para la cena, la había dejado accidentalmente en el suelo de la camioneta que estaba estacionada al principio del camino que habíamos empezado a caminar hace cinco días. Evidentemente, regresar a buscarla, no era un opción. Afortunadamente nuestro campamento estaba cerca de un pequeño arroyo de montaña. Uno de mis pocos trucos de supervivencia que he aprendido es el cargar conmigo una caña de pescar y una mosca seca en mi mochila. Esta era mi oportunidad. Me fui hacia abajo del arroyo y como en media hora, pesqué un puñado de truchas. Un poco de aceite de olivo vertido sobre una ensalada hecha de flores silvestres "Blue Bell," junto con el pescado, nos proveyeron una comida que fue bienvenida por nuestro grupo hambriento.

El pescar le proveyó a Jesús una cantidad de innumerables momentos oportunos para enseñar. Al andar de viaje con su grupo, tómese el tiempo para detenerse en frente de un estanque o arroyo, y cuente unas cuantas historias relacionadas con la pesca, ¡a la gente le va a encantar! Después de varias historias, dé al grupo algún tiempo para que pasen tiempo a solas con Cristo, y *piensen acerca de a quienes van a pescar cuando regresen a casa.* Jesús cambió la identidad de Pedro de ser un pescador de peces a un "pescador de hombres." ¿Qué tipo de carnada espiritual tiene usted para atraer al mundo? ¿Usted cree que sus amigos piensan en Cristo cuando están alrededor suyo? ¿Quién en su ámbito de influencia todavía no conoce a Jesús? Pida al Señor que le dé un corazón amoroso para seguir y alcanzar a alguien con el evangelio, para que ellos sean atrapados por la red de la gracia de Dios. Si usted es un seguidor de Cristo, entonces fue "atrapado" en algún momento de su vida. Si no estoy atrapando a nadie con el evangelio, entonces necesito pedir a Jesús que me ayude a entender por qué. Tal vez mi corazón necesita un cambio. Puede ser que yo tenga que convertirme en aprendiz de un maestro pescador de hombres, para ver cómo su estilo de vida de evangelización les lleva a hacer discípulos con éxito. Mientras más normal sea para usted el presentar a las personas a Jesús, usted va a entender más la calcomanía que dice "preferiría estar pescando."

Referencias: Salmos 89:37; Proverbios 6:19; 12:17; 14:5, 25; 19:5, 9, 28; 21:28; Isaías 19:20; Marcos 1:17; Lucas 5:1-11; Juan 1:7-8; 8:13, 18; Hechos 1:22; 22:15; 26:16; Romanos

1:9; 2:15; 2 Corintios 1:23; 1 Tesalonicenses 2:5; 1 Pedro 5:1; Apocalipsis 1:5; 2:13; 3:14

Xerófilo/xerofita

Las plantas del desierto se denominan Xerófitas. Soy arquitecto paisajista y me gradué en la Universidad de Arizona, que se encuentra en el medio del desierto de Sonora. Una de las formas en las que pagué parte de mi comida como estudiante fue trabajando en el banco de semillas de desierto de la universidad. Pude aprender mucho sobre las plantas a través de la recolección de semillas, al menos eso es lo que yo me decía a mi mismo cuando me sentaba a dividir las semillas por categorías, mientras me preguntaba que iba a ser de mi vida. Las plantas de desierto son, sin duda alguna, fascinantes. Cuando usted se encuentra en un sitio a 48 grados centígrados (120 grados Fahrenheit) y ve *cualquier* cosa viva en la tierra, es realmente impresionante. Las Xerófitas, básicamente, tienen tres mecanismos de supervivencia para ayudarse a sobrevivir en climas secos y calientes. Cada una de estas tácticas se relacionan profundamente con nuestro viaje espiritual.

Algunas plantas, como el cactus y los árboles de pino del desierto, *limitan la perdida de agua* gracias a su diseño. Otras plantas, como las plantas suculentas, están diseñadas para *guardar agua*, y un tercer tipo tiene *raíces bien profundas* para tomar agua desde lo más profundo de las tierras áridas. Los árboles de acacia funcionan de esta forma. El arca del pacto, sus varas y el marco del tabernáculo estaban todos hechos de madera de acacia.

Tomando en consideración la crudeza del desierto y las plantas que de alguna manera son capaces de sobrevivir allí, me hace tomar una pausa y hacer preguntas similares acerca de mi mismo: ¿Qué estrategias espirituales tengo para sobrevivir y prosperar en el ambiente espiritual reseco del mundo? Quizás usted creció en medio de una situación familiar insoportable. Tal vez usted trabaja en un ambiente deprimente y carnal. *Todos nosotros de alguna manera tenemos algo que aprender acerca de cómo prosperar en medio de condiciones climáticas que no podemos controlar.* ¿Cómo podemos adaptarnos espiritualmente para florecer e influenciar nuestro ambiente, en vez de dejarnos secar como una pasa en el calor abrasador de las influencias mundanas que nos rodean? Quizás podamos aprender algo de alguna de las páginas del libro de estas increíbles plantas del desierto.

En primer lugar, ¿existen maneras para que usted "limite su pérdida de agua"? Jesús es nuestra agua viva (léase Juan 4:10). ¿Cuáles son algunas actividades rutinarias o patrones que puede establecer en su vida para morar en él para que no se vaya a la deriva o se aleje de la Vid que lo alimenta espiritualmente? (léase Juan 15:1) En segundo lugar, tal vez podríamos hacer un mejor trabajo cuando se trata de "almacenar agua." Tal vez es tiempo de que empecemos a memorizar las Escrituras de manera que estén escritas en nuestros corazones y accesible en nuestras mentes para el momento en que tengamos que enfrentarnos a tentaciones o retos (léase Josué 1:8). Tercero, quizás necesitamos pedir en oración que se nos den raíces más profundas para nuestras vidas espirituales. ¿Es usted superficial porque son muy contadas las veces que pasa tiempo a solas con Dios? Todo lo concurrido y bullicioso de nuestra cultura no nos ayuda a llegar más profundo; solo nos mantiene superficiales. Tal vez tenemos que encontrar formas de ser más como el árbol de acacia y desarrollar disciplinas que nos ayuden a que nuestras raíces crezcan y sean más profundas. Raíces superficiales no ayudan cuando se acerca la sequía, eso lo puede tener por seguro.

Referencias: Éxodo 25; 2 Corintios 5:17; Juan 4:10; Juan 15:1 ; Josué 1:8

Yugo

El yugo es un marco de madera que va a través del dorso de dos animales, así los mantiene unidos, de manera que puedan tirar de un arado en una línea recta o jalar un carro compartiendo así el peso de la carga. El cargar la mochila en el yermo, jalar el equipo pesado de una canoa o kayac puede ser una carga para nuestro cuerpo. Sin embargo, Dios nos ha creado para trabajar. El trabajo es bueno, no es malo. Lo malo es cuando trabajamos y llevamos una carga que es demasiado pesada de soportar. Dios no está en contra de ese esfuerzo, él está en contra de que este se convierta en un lastre que nos esté sobrecargando. Santiago 1:2 afirma: "Hermanos míos, tened por sumo gozo cuando os halléis en diversas pruebas, sabiendo que la prueba de vuestra fe produce paciencia. Mas tenga la paciencia su obra completa, para que seáis perfectos y cabales, sin que os falte cosa alguna." De hecho, hasta Jesús en su marco plenamente humano aprendió obediencia mediante el sufrimiento: "Y Cristo, en los días de su carne, ofreciendo ruegos y súplicas con gran clamor y lágrimas al que le podía librar de la muerte, fue oído a causa de su temor reverente. Y aunque era Hijo, por lo que padeció aprendió la obediencia." (Hebreos 5:7-8)

En la medida que experimentemos trabajo duro y lucha esta semana, a lo largo del camino, podemos estar agradecidos por la oportunidad de trabajar duro, y confiar que el Señor está acrecentando nuestra fe. Esta actitud nos da fortaleza espiritual. También podemos recordar y animar unos a otros que, aunque tengamos que forzar el remo o seguir poniendo un pie delante del otro al escalar el pico, podemos estar seguros de que Jesús nos ofrece ayuda en esos momentos. "Llevad mi yugo sobre vosotros, y aprended de mí, que soy manso y humilde de corazón; y HALLARÉIS DESCANSO PARA VUESTRAS ALMAS; porqué mi yugo es fácil, y ligera mi carga." (Mateo 11:29 -30, énfasis añadido)

Como los bueyes en el yugo, si uno de los animales trata de caminar más adelante que el otro, entonces llevará sobre si la carga principal y por ende cansarse. Jesús nos llama a caminar hombro a hombro junto con él, al ritmo de su paso. ¿Se encuentra cansado de tratar de llevar una carga pesada por si solo, contando solo con su propia fuerza? Pída al Señor que le muestre si usted ha estado tratando de caminar adelante de él en alguna área de su vida. Esto puede estarle llevando a sentirse cansado y desgastado. Tome hoy la decisión de dejarle a Jesús su carga y vea como él va a traer descanso a su alma y nuevas alegrías en el camino, cuando usted se someta humildemente al ritmo del paso de él.

Referencias: Jeremías 27:2; 28:2; Isaías 9:4; 10:27, 58:6; 1 Reyes 12:4; 2 Crónicas 10:4; 2 Crónicas 10:9, 10; Mateo 11:29; Lucas 14:19; Lamentaciones 1:14, 3:27; Números 19:2; Hechos 15:10; Nahum 1:13; Mateo 11:30; Deuteronomio 21:3, 1 Timoteo 6:1

FeliZ

El entusiasmo es contagioso. Mientras más proyectemos nuestra vida hacia las fronteras de glorificar a Dios, mayor será el entusiasmo que tendremos por sus preocupaciones y su misión en nuestro mundo. Una cosa es ser entusiasta, pero otra muy diferente es sentir entusiasmo por cosas que importan. Una persona puede ser entusiasta o celosa sobre cosas malas, y convertirse así en una amenaza para la sociedad. Si reconocemos cuán pecadores y orgullosos somos, entonces, podremos evitar esta trampa. Jesús hizo que sus discípulos crecieran en su humildad a través de innumerables experiencias del tipo fuera de la zona de confort para enseñarles que ellos tenían que menguar para que Jesús creciera en sus vidas. El mundo necesita seguidores de Cristo que sean extremadamente celosos y entusiastas de la Gran Comisión.

Tome nota de algunas cosas por las que usted se siente entusiasmado. ¿Qué es lo que realmente enciende su pasión o lo hace muy comunicativo cuando ciertos tipos de temas salen a la superficie en una conversación? Cristo derramó su sangre no solo para que fuéramos celosos, sino también para que nos volviéramos entusiastas de su misión de buscar y salvar a los que están perdidos. ¿Somos entusiastas y apasionadospor las cosas que apasionan y entusiasman a Jesús? A menudo Jesús se retiraba con sus discípulos al yermo para reorientar sus pasiones hacia el hacer avanzar el Reino de Dios, en vez de buscar su propia gloria y avance. Los discípulos preguntaron: "¿Quién será el más grande en el Reino de Dios?" La respuesta de Jesús fue que aquel quien se hiciera el menor de todos se convertiría en el más grande. Esta semana en el horno de la soledad en el yermo, pídale al Señor que trabaje en su alma como el alfarero lo hace con una vasija de barro. Pídale que lo moldee y lo haga una vasija noble con deseos, pasiones, entusiasmo y celo por la misión de Dios en el mundo:

Recuerde, nuestro mensaje no es acerca de nosotros mismos... Solo somos mensajeros, mensajeros de Jesús para ustedes. Todo empezó cuando Dios dijo: '¡Alumbre la oscuridad!', y nuestras vidas se llenaron de luz cuando vimos y entendimos a Dios en el rostro de Cristo tan brillante y hermoso. Si usted se fija en nosotros puede ser que se pierda del brillo. Llevamos este mensaje valioso en las austeras vasijas de barro de nuestras vidas ordinarias. Esto es para evitar que alguien llegue a confundir el poder incomparable de Dios en nosotros (2 Corintios 4:5 -7, traducción de la Biblia The Message).

Referencias: Números 25:11; Deuteronomio 29:20; 2 Samuel 21:2; 2 Reyes 10:16, 19:31; Salmos 69:9; 119:139; Proverbios 19:2; Isaías 9:7; 26:11; 37:32; 42:13, 59:17; 63:15; Ezequiel 5:13; 36:5; 38:19; Juan 2:17; Romanos 10:2; 12:11; Filipenses 3:6

CAPÍTULO 13: IMPLEMENTAR

La facilitación es un arte aprendido. El implementar los resultados y objetivos que usted desea, requiere el que usted piense en cómo va a facilitar el proceso de aprendizaje. Una cosa es reconocer un momento oportuno para enseñar cuando éste se presenta, y otra cosa es el hacer que sea fácil para la gente el entender el significado y la pertinencia de sus propias vidas. Facilitar es realmente una palabra grande que simplemente significa ayudar o asistir a otros en su aprendizaje.

Lo opuesto de facilitar es el obstaculizar el aprendizaje. Jesús quitó las cosas que impedían el aprendizaje. Lo hizo para ayudar a las personas a comprender el significado de lo que explicaba, haciendo uso de analogías comunes de la naturaleza como puntos de referencia para el aprendizaje. Jesús también quitó los obstáculos para el aprendizaje al hablar en la lengua nativa de la región. Su falta de tolerancia ante cualquier cosa que pudiera obstruir el entendimiento hizo que él presentara, de una forma creativa, una variedad de formas de hablar que requerían una respuesta y una acción por parte de sus seguidores. Existe una plétora literaria que enseña sobre el talento verbal de Jesús. Nosotros solo demostraremos brevemente algunas de las técnicas principales que él usó. Cuando piense cómo liderar grupos en viajes espirituales a través de experiencias al aire libre, por favor piense en cómo aplicar estas diversas herramientas verbales en la forma en que usted hace preguntas, dirige discusiones o inicia diálogos. Si se le hace difícil en saber cómo motivar a su grupo a que aprendan, Jesús le provee un grupo de herramientas que hará que el maestro inexperto sea muy efectivo. Solamente imite lo que él hizo.

El método de enseñanza de Jesús en el yermo tomó una gran diversidad de formas. Por ejemplo: proverbios, metáforas, adivinanzas, paradojas, ironías y preguntas. Usó analogías simbólicas, declaraciones, juego de palabras y poesías. La variedad de sus técnicas de enseñanza verbal y expedicionaria es alucinante. En este capítulo se analizará cómo él motivó a sus seguidores para aprender mediante mecanismos literarios y acciones figurativas.

Los estilos de enseñanza de Jesús

La estrategia de Jesús fue el formar una comunidad misionera. La esencia de su mensaje está en los mensajes inaugurales que predicó al principio de su ministerio. Los escritores de los Evangelios concuerdan en que el mensaje original de Jesús fue: "...El tiempo se ha cumplido, y el reino de Dios se ha acercado; arrepentíos, y creed en el evangelio."(Marcos 1:15; pasajes paralelos: Mateo 4:17, Lucas 4:16 -21, Juan 1:12) Ahora, el cómo comunicó él ese mensaje es otra cosa. Él es el que creó a la gente con diferentes estilos de aprendizaje y cuando vemos a Jesús en acción vemos como él empleó de una forma brillante un vasto arreglo de estrategias para conectarse con cada tipo de aprendizaje posible que él mismo creó. Y aún así, con tal variedad utilizada por él, no es muy difícil aprender a enseñar como lo hizo Jesús. Su metodología de enseñanza realmente era bastante simple. Hasta el momento, en este libro, hemos puesto mucho más énfasis en el entorno en el que Jesús enseñó. Ahora nos centraremos en el estilo de cómo él enseñó, identificando algunos elementos claves de su pedagogía.

El autor Robert Stein analiza el estilo de enseñanza de Jesús en su libro *"El método y el mensaje de las enseñanzas de Jesús."* Irónicamente, sin la muletilla de los materiales audiovisuales modernos, Jesús fue capaz de captar la atención de su audiencia mejor que cualquier instrumento contemporáneo que tenemos a nuestra disposición. En lugar de tomar una visión amplia del impacto de Jesús sobre las personas, Stein separaba o desmembraba la forma de su enseñanza y la analizaba para mostrar su inigualable talento verbal y creativo. En el capítulo 2, hemos hablado de las parábolas que fueron la forma de enseñanza más común utilizada por Jesús. Pero esto es sólo el principio. El resto de este capítulo nos mostrará una gran variedad de otras formas de enseñanza. De hecho, el estilo de enseñanza de Jesús era tan intrigante para las personas que, en algún momento, "la gente olvidó su necesidad de alimentos debido a su fascinación e interés en [su] enseñanza."[164]

Declaraciones exageradas

Imagínese a Jesús haciendo esta sorprendente declaración: "Si alguno viene a mí, y no aborrece a su padre, y madre, y mujer, e hijos, y hermanos, y hermanas, y aun también su propia vida, no puede ser mi discípulo." (Lucas 14:26) ¿Por qué usa esta declaración tan desgarradora para obligar a la gente a evaluar su lealtad? ¿No podía haberlo dicho de una forma más aceptable? Diciéndolo de una forma más aceptable, podría haber sonado algo como esto: "Aun el afecto natural por la familia no debe tener prioridad sobre su lealtad hacia mí." ¿Hubiera producido el mismo trago amargo en la garganta de su audiencia, y hubieran comprendido la gravedad de lo que Jesús estaba diciendo si él hubiera elegido una forma culturalmente más sensible para decir esto? Aparentemente a Jesús le gustaba hacer *declaraciones exageradas* como una cuchilla espiritual para exponer la verdadera esencia del alma, como si estuviera pelando la cáscara exterior de una cebolla para llegar hasta su núcleo pungente.

En una cultura donde la familia es casi todo, en donde la comunidad y el colectivismo están en la repisa superior del estante, ¿Realmente estaba Jesús diciendo que tengo que estar dispuesto a darle la espalda a mi familia, lo que me da seguridad? Esto me hace demasiado vulnerable; ¿quiero realmente quedar tan expuesto? "¿Puedo solo aceptar tu enseñanza Jesús, y no complicar las cosas en mi familia por proclamar que tú eres el Mesías cuando ellos no creen que tú lo eres?" En Marcos 9:43-47, Jesús nos da otra exageración sorprendente:

> Si tu mano te fuere ocasión de caer, córtala; mejor te es entrar en la vida manco, que teniendo dos manos ir al infierno, al fuego que no puede ser apagado...Y si tu pie te fuere ocasión de

caer, córtalo; mejor te es entrar a la vida cojo, que teniendo dos pies ser echado en el infierno, ... Y si tu ojo te fuere ocasión de caer, sácalo; mejor te es entrar en el reino de Dios con un ojo, que teniendo dos ojos ser echado al infierno.

¿No podría haber dicho, "No hay goce de pecado en esta vida que merezca la pena el perecer por la eternidad," y dejar los detalles escabrosos a un lado? En su lugar, el sacude a su público con las imágenes de pies y manos cortadas y ojos arrancados. Esto no fue una especie de comercial para el día de las brujas. Esto es un asunto de vida o muerte, y Jesús no estaba jugando con las almas de la gente. ¿Cuál era su punto entonces? Arrancar de su vida cualquier cosa que sea causa para que usted peque o deje de glorificar a Dios. Cuando se trata de la realidad espiritual, las declaraciones exageradas de Jesús se *quedan cortas.* No podríamos haber resistido el ver lo que él vio como consecuencia de los efectos de nuestro pecado, y las consecuencias eternas de la incredulidad de la humanidad. Probablemente ese es uno de los motivos por los que él utilizó declaraciones exageradas, para entreabrir la ventana y dar paso a una pequeña conmoción y a un efecto de temor y admiración.

La exageración se enfrenta a la hipocresía hueca

En la hipérbole, el ejemplo es tan exagerado que la audiencia misma sabe que es imposible de cumplir. Por ejemplo, "tragar un camello" (léase Mateo 23:23-24; también note: Mateo 5:29-30 y 5:38-42), o "sacar primero el tronco de tu propio ojo" (Mateo 7:3-5), eso sería imposible. Al final de un día duro de caminata por la montaña, a menudo he oído decir a los niños, "estoy tan hambriento que podría comerme un caballo." Eso es una exageración pero también una gran oportunidad para una conversación oportuna sobre la excursión. Sólo tome la oportunidad de responder: "Jesús también tuvo fuertes sentimientos. Él aveces exageró, así como nosotros, para señalar algo cuando observó hipocresía y dureza de corazón en la gente." Y a continuación, compartir un par de ejemplos, y preguntarles cuál podría haber sido el punto que estaba tratando de hacer, cuando él estaba exagerando. Los jóvenes pueden relacionarse bien con la hipérbole, porque la exageración es un aspecto normal del desarrollo del adolescente. De hecho, es bastante divertido y tiene su lugar apropiado. Los adolescentes son especialmente habilidosos en exaltar la hipocresía hueca, así que démosle una manera redentora de ponerla en práctica mediante una crítica constructiva.

Metáforas que penetran el corazón

Jesús utilizaba metáforas todo el tiempo. Él utilizó las analogías para proporcionar ejemplos vivos y *comunes* para la gente. Utilizó términos de uso común en el hogar como: levadura (léase Marcos 8:15), sal (léase Mateo 5:13; Marcos 9:49), luz (léase Mateo 5:14-16), cosecha (léase Mateo 9:37-38), serpientes (léase Mateo 23:33; Mateo 12:34) y zorros (léase Lucas 13:31-32). Una de las formas más vivas en las que he usado las metáforas en el yermo fue durante un ascenso a la cima de una montaña en la noche. Una noche de luna en junio, mi esposa Becky y yo despertamos a nuestro ansioso grupo de alumnos de secundaria para ascender el Pyramid Peak, en el valle de Weminuche, Colorado. Si empezábamos de inmediato, podríamos llegar a la cima para ver el amanecer (lo cual es una experiencia sin igual en una excursión). Mientras subíamos, cada persona tenía que utilizar sus linternas de cabeza para alumbrar el camino, y evitar que tropezáramos con piedras. A mitad del camino en el ascenso, nos detuvimos y compartimos el Salmo 119:105: "Lámpara es a mis pies tu palabra, y lumbrera a mi camino." Varias personas pudieron sacar metáforas del salmo relacionadas con la experiencia de caminar en la oscuridad. Uno de ellos recibió una confirmación fortuita de que Dios deseaba que él confiara y siguiera a Dios como su guía, el único que puede alumbrar nuestro camino cada día. El resaltó el hecho de que al parecer Dios nos da solo la luz suficiente para que no nos tropecemos, pero muy rara vez la suficiente para ver muy lejos. El compartió de forma precisa en sus propias palabras la imagen exacta que nos presenta David en este Salmo. La "lámpara" a la que David se debió haber estado refiriendo tuvo que ser una lámpara de aceite pequeña que solo podía emitir un pequeño rayo de luz, justo lo suficiente para evitar que se tropezaran. Me encanta cuando la gente descubre verdades por sí misma, como en este caso.

Seguimos subiendo por cuatro horas más hacia la cumbre. Habiendo caminado más eficientemente de lo esperado, llegamos hasta justo debajo de la cima muy temprano: ¡todo estaba muy negro todavía! Las estrellas estaban hermosas y brillantes, pero el viento estaba muy frío, al punto que no podíamos quedarnos por mucho tiempo porque el sudor de nuestros propios cuerpos nos enfriaría hasta el punto de causarnos hipotermia. El grupo quería esperar para ver el amanecer, así que bajamos por unas piedras y nos metimos debajo de la hendidura de una roca. Sacamos la bolsa de dormir de emergencia, hervimos una olla de agua e hicimos chocolate caliente. Permaneciendo bien apretados hizo que nos abrigáramos del viento. El chocolate caliente lo pasamos de mano en mano en una botella de agua para que cada uno pudiera sostenerlo por unos pocos segundos, tomar un poquito y compartirlo con la siguiente persona. Logramos mantenernos lo suficientemente calientes; cantamos, oramos y contamos historias hasta que el sol salió finalmente. ¡Y sí, realmente valió la pena!

Esta experiencia de esperar que saliera el sol en el medio del frío, nos hizo recordar una conversación que Jesús tuvo con Pedro y los discípulos, mientras él los animaba antes de irse para estar con el Padre. Jesús dijo:

> No se turbe vuestro corazón; creéis en Dios, creed también en mí. En la casa de mi Padre muchas moradas hay; si así no fuera, yo os lo hubiera dicho; voy, pues, a preparar lugar para vosotros. Y si me fuere y os preparare lugar, vendré otra vez, y os tomaré a mí mismo, para que donde yo estoy, vosotros también estéis. Y sabéis a dónde voy, y sabéis el camino. (Juan 14:1-4).

PRÁCTICA • CAPÍTULO 13 • IMPLEMENTAR

De una forma metafórica, nuestra experiencia en la cumbre, y todo lo que tuvimos que pasar, valió la pena para poder experimentar un amanecer impresionante encima del pico. Nosotros también vamos a experimentar retos de muchos tipos en nuestra vida, pero no debemos desanimarnos. Cualquiera que sea la prueba o el sufrimiento que tengamos que pasar vale la pena, porque un día vamos a vernos con Jesús (la estrella resplandeciente de la mañana) cara a cara:

> He aquí yo vengo pronto, y mi galardón conmigo, para recompensar a cada uno según sea su obra. Yo soy el Alfa y la Omega, el principio y el fin, el primero y el último... Yo Jesús he enviado mi ángel para daros testimonio de estas cosas en las iglesias. Yo soy la raíz y el linaje de David, la estrella resplandeciente de la mañana. (Apocalipsis 22:12-14, 16)

Al observar la estrella resplandeciente de la mañana (el Sol de nuestro sistema solar) elevarse por encima del Pyramid Peak esa mañana, tan sorprendente como lo fue, no es nada comparado con el ver a Jesús, la estrella resplandeciente de la mañana, quien aparecerá al fin de los tiempos. ¡Qué espectáculo va a ser ese!

El poder de los símiles

El símil es una de las formas más simples que Jesús utilizó para enseñar. Un símil es una comparación entre dos cosas que son diferentes la una de la otra, pero a la vez están conectadas por la palabra "como" o "que," o por un verbo como "parece." Stein cita varios ejemplos:

> ¡Los creyentes son comparados a las ovejas, y en cuanto a la sabiduría, se nos pide ser como las serpientes y como palomas, en cuanto a su mansedumbre; mientras que los no creyentes son comparados con los lobos (Mateo 12:40). La resurrección de Jesús se compara a la estancia de Jonás en el vientre del monstruo marino (Lucas 17:6); La fe de los creyentes es comparada con una semilla (Mateo 23:27); el deseo de Jesús de reunir a la gente de Jerusalén junto con él es comparado a una gallina agrupando a sus pollitos junto a ella (Mateo 23:27); y el aspecto señorial de los fariseos con su corrupción espiritual interna es comparado a tumbas que son impresionantes por afuera pero que están corrompidas por dentro! (Mateo 23:27-

28)[165]

Este es un ejemplo de cómo he usado los símiles en el yermo. A menudo, en el último día del viaje, antes de que nos adentremos de nuevo en la civilización, nos detenemos en un arroyo, y construimos un "sauna en la montaña" para limpiarnos antes de regresar. Es increíble lo sucio que se puede poner un grupo de personas en solo unos pocos días. Y los olores son inolvidables. El sauna consiste en una cortina impermeable con piedras, pisándola en los bordes para crear un sello. A continuación, cavas un hoyo en el medio de la tierra en donde vas a poner rocas calientes provenientes de una fogata ardiente a unos cuantos metros de distancia.

Una vez que todos estén sentados bajo la cortina impermeable, alguien golpea las rocas calientes del fuego con ramas de pino húmedo empapado en agua para crear una sauna con vapor y olor a pino. No hay nada parecido a esta experiencia. El vapor caliente abre los poros de la piel, y el sudor elimina la suciedad exquisitamente. Para completar la experiencia, uno podría salir corriendo del sauna y rematar metiéndose en una corriente fría para lavar la suciedad. Después de ponernos ropa fresca, uno se siente realmente limpio. Este es otro momento oportuno para enseñar al demostrar qué bueno es el ser lavado de nuestros pecados. Juan escribe, "Si confesamos nuestros pecados, él es fiel y justo para perdonar nuestros pecados, y limpiarnos de toda maldad." (1 Juan 1:9) Después de compartir este verso con el grupo, uno podría hacer esta pregunta: "si somos honestos, ¿ustedes creen que nosotros nos ponemos así de sucios cuando estamos de vuelta en casa, llevando con nosotros un olor similar de pecado que a veces trae este desagradable hedor?" La confesión es la ruta de la limpieza.

El líder podría reflexionar aún más, y dar una oportunidad al grupo para pensar si ellos creen que esta es una analogía válida del pecado, y si ellos piensan que su pecado es una ofensa (delito) diaria que necesita ser lavada. Esto podría terminar en una caminata individual en donde cada quien tiene su propio espacio y tiempo para confesar sus pecados a Cristo. Este evento de aprendizaje podría entonces finalizar con un tiempo de confesión o agradecimiento a Dios en grupo por el regalo del perdón que tenemos en Cristo. El olor del cuerpo, el sauna y la sensación refrescante de haber sido limpiados por un arroyo en la montaña, son símiles maravillosos para describir la realidad de nuestros pecados aún sin confesar y el gozo del perdón.

Los proverbios concisos dejan una marca permanente

Cómo mejor se entienden los proverbios es como dichos concisos que contienen declaraciones memorables que dan un consejo moral o ético (Mateo 6:22, 24; 7:12; Lucas 16:10). Los proverbios son una clase de grafiti que es bueno, y deja marcas permanentes en nuestras mentes. De acuerdo a Charles Carlston, y su comentario sobre el entendimiento de Blaise Pascal sobre el uso de los proverbios,

> El punto principal de la sabiduría proverbial es la comunicación de lo que es comúnmente aceptado, lo universal, lo juzgado y verdadero, no lo impactante o innovador... El reto de un proverbio (si es que existe alguno) descansa por ende en el ámbito de la acción y no del pensamiento... 'Todas las máximas que son buenas ya son actuales; lo que necesitamos es aplicarlas.'[166]

A veces los proverbios son paradójicos (Marcos 4:25; 10:43; Lucas 14:11), pero en general son cortos y van al grano. Algunos de los proverbios de Jesús se relacionan con los siguientes temas: 1) el corazón de una persona está donde está su tesoro (léase Mateo 6:21); 2) no se preocupen por mañana (léase Mateo 6:34); 3) Si vives por la espada entonces perecerás por ella, es decir, la batalla espiritual no es una de carne y sangre (léase Mateo 26:52); 4) un reino dividido contra sí mismo no puede permanecer (léase Marcos 3:24); 5) los profetas reciben poca credibilidad de parte de sus familias y amigos más íntimos (léase Marcos 6:4); 6) la marca del discípulo no está en el cómo inicia el camino, sino en cómo continúa y termina el viaje, es decir, si usted pone su mano en el arado, no mire para atrás (léase Lucas 9:62).

El viajar a través de los caminos del yermo brinda muchas oportunidades para compartir refranes proverbiales. Hay proverbios que provienen de las Escrituras, y también proverbios en forma de citas o refranes que representan la realidad. Los proverbios contemporáneos pueden provenir de una canción que escucha una persona, o de citas de gente famosa que ellos conocen. Aquí hay unos cuantos ejemplos de refranes proverbiales que se relacionan con las experiencias al aire libre:

La montaña no fue hecha para enseñarnos algo sino para hacernos algo.[167]

A pesar de que la gloria de Dios está escrita en toda su creación, en el yermo las letras están todas en mayúsculas.[168]

Cualquier error acerca de la creación también conduce a un error acerca de Dios.[169]

Los proverbios seculares también son buenos para abrir las puertas de la conversación, especialmente con jóvenes que andan en una búsqueda:

Hay cinco necesidades humanas básicas para la supervivencia. Estas son agua, comida, abrigo, vivienda y necesidades espirituales. Quite dos cualesquiera de estas , y el resultado puede ser fatal.[170]

Las raíces de la educación son amargas, pero los frutos son dulces.[171]

Haga la sabiduría su provisión para el camino desde la juventud hasta la vejez; porque es el apoyo más seguro entre todas las posesiones.[172]

La práctica hace al maestro.[173]

Uno no se convierte en campeón sin sudor.[174]

El conquistar nuestra ira es el triunfar sobre nuestro peor enemigo.[175]

Las consecuencias de la ira y las vejaciones son a menudo más dolorosas que sus causas.[176]

En una noche de tormenta, es bueno arrojar dos anclas de un barco veloz.[177]

La deuda reduce al hombre libre a una amarga esclavitud.[178]

Una buena reputación es más segura que el dinero.[179]

No hay nada mejor para comprar que un amigo fiel. (Este proverbio es una buena pregunta para los jóvenes para hacerlos pensar acerca de qué es lo que hace que un amigo sea un buen amigo.)[180]

Es mucho mejor hacer favores a otros que disfrutar de los favores de otros. (Este es un buen proverbio para empezar una discusión acerca de la naturaleza del servicio y la generosidad.)[181]

La paradoja reconcilia los extremos que parecen opuestos

En una paradoja, vemos a Jesús diciendo cosas que parecen contradictorias pero en realidad no lo son. A menudo las declaraciones paradójicas hechas por Jesús fueron percibidas como contradicciones, porque su audiencia tenía una falsa compresión de los principios del Reino de Dios. Por ejemplo, Marcos 9:35 se puede leer como una paradoja: "Si alguno quiere ser el primero, será el postrero de todos, y el servidor de todos." En nuestros días somos retados a considerar una paradoja de similitud notable: ¿Cómo se justifica que no le prestemos servicio a algunas personas (es decir, nuestra falta de compromiso-misión con los que aún no han sido alcanzados) quienes son precisamente la gente a las que sirvió Jesús al morir en la cruz? Este es precisamente el motivo del por qué afirmamos la necesidad de un diálogo reflexivo acerca de cómo levantar más misioneros interculturales. Al ignorar esta necesidad, nos estamos sentando en medio de una paradoja.

Otros ejemplos de paradojas que hemos seleccionado son: el mayor con respecto al menor en el Reino de Dios (léase Marcos 10:43), los Fariseos que lucían bien en el exterior pero que por dentro eran como tumbas (léase Mateo 23:27-28), y la ofrenda de la viuda (léase Marcos 12:41-44). Con respecto a la viuda, Stein nos comenta:

> A pesar de la contradicción aparente, la ofrenda de un centavo fue más valiosa ante los ojos de Dios, que las sumas más grandes aportadas por los ricos; la bella apariencia de piedad externa y vestidos de los fariseos y los escribas, que habían sido los líderes religiosos de Israel, no concordaba con la corrupción interior y la pobreza espiritual.[182]

La vida de Jesús sí era una paradoja: el rey de Israel vivió la vida de un siervo (léase Marcos 10:14, 31, 45).

El escalar rocas ha sido una herramienta poderosa para ayudar a la gente a aprender acerca de Dios, de ellos mismos y de la vida espiritual. Esta demuestra efectivamente el uso de la metáfora y la paradoja. Escalar la roca es como el viaje de la vida. Desde la base de una roca al mirar hacia arriba, parece imposible poder subir. Pero con el equipo adecuado y un belayer (el que realiza la seguridad) competente, el escalador puede estar seguro de que lo logrará. La analogía es simple: el belayer es como Dios, la cuerda es como Jesucristo y nuestra decisión de engancharnos a la cuerda con un mosquetón es semejante a nuestra decisión de rendir nuestras vidas a Cristo, confiando en él completamente. Si una persona intenta escalar un campo difícil sin una cuerda (como viajar a través de la vida sin una relación con Jesús) puede estar seguro de encontrar la muerte en su caída. Pero si él se engancha a la cuerda (toma la decisión de confiar y creer en Jesucristo, pg. 279) entonces puede sentirse seguro de escalar, el belayer (Dios) promete sostenerlo y llevarlo hasta la cima de la roca (es decir, seguridad eterna).

Sin embargo, el llegar a la cima de la roca no pasa sin que uno ponga de su parte. El Padre Celestial nos habilita, ancla y anima, pero él también desea que pongamos lo mejor de nuestro esfuerzo: Para el escalador hay una relación inseparable entre trabajar y confiar. De una manera paradójica, podemos sentirnos *seguros al arriesgarnos* con Dios. El escalar rocas nos demuestra la tensión que existe entre la responsabilidad que tiene el hombre y la soberanía de Dios de una manera vivencial y memorable. El autor Robert Coleman concuerda con esto: "En la dimensión espiritual de la realidad, tenemos que creer para poder ver. Aquellos que no confían en Cristo seguramente no pueden entender las afirmaciones que hizo; ellos están ciegos. Esta es la gran tragedia del pecado."[183]

"A Fortiori" (Con mayor razón) apela al sentido común

A *fortiori* es una declaración destinada a generar un acuerdo natural entre la audiencia. Esencialmente, se trata de un argumento de sentido común. Por ejemplo, en medio del Sermón del Monte, Jesús utiliza esta línea de razonamiento: "¿Qué hombre hay de vosotros, que si su hijo le pide pan, le dará una piedra? ¿O si le pide un pescado, le dará una serpiente? Pues si vosotros, siendo malos, sabéis dar buenas dádivas a vuestros hijos, ¿cuánto más vuestro Padre que está en los cielos dará buenas cosas a los que le pidan?" (Mateo 7:9-11)

En el Sermón del Monte, Jesús sin duda sacó muchos ejemplos de las colinas y las praderas circundantes. Mateo nos muestra a Jesús argumentando a *fortiori* con el fondo del yermo: "Y por el vestido, ¿por qué os afanáis? Considerad los lirios del campo, cómo crecen: no trabajan ni hilan; pero os digo, que ni aun Salomón con toda su gloria se vistió así como uno de ellos. Y si la hierba del campo que hoy es, y mañana se echa en el horno, Dios la viste así, ¿no hará mucho más a vosotros, hombres de poca fe?" (Mateo 6:28-30)

Cuando envió a los doce apóstoles, Jesús utiliza una línea de razonamiento similar para prepararlos contra el aguijón del rechazo y la persecución que inevitablemente habrían de enfrentar. Refiriéndose a los líderes religiosos, quienes de seguro tratarían de entregar a estos hombres jóvenes en las manos de los concilios locales (léase Mateo 10:17), Jesús les recuerda de como él ya ha sido tratado por estos mismos hombres: "El discípulo no es más que su maestro, ni el siervo más que su señor. Bástale al discípulo ser como su maestro, y al siervo como su señor. Si al padre de familia llamaron Beelzebú, ¿cuánto más a los de su casa?" (Mateo 10:24-25) El autor Stein nos agrega más luz en este principio de liderazgo *a fortiori*: Si la autoridad e influencia de Jesús no fueron suficientes para protegerlo de la persecución, ¿cuánto más perseguidos van a ser sus seguidores quienes tienen menos autoridad e influencia?"[184]

En las parábolas paralelas del constructor de la torre y del rey guerrero (léase Lucas 14:28-33), vemos una declaración *a fortiori* destinada a obtener un acuerdo natural entre el público para hacer que un reproche cortante fuera más aceptable. El autor Michael Knowles comenta: "La pregunta '¿Quién entre ustedes?' tiene por objeto suscitar un acuerdo del oyente *a fortiori*, esto es, que dada la necesidad lógica de la respuesta esperada cuánto más debería aplicar el corolario legal o espiritual dada la implicación."[185] Con respecto a la primera parábola del constructor de la torre, el público está de acuerdo: "no avances al menos de que hayan suficientes recursos." El público también está de acuerdo *a fortiori* con la segunda declaración en la parábola del rey guerrero: "No te vayas a la guerra al menos que sepas que puedes ganar." De nuevo, nosotros todos estaríamos de acuerdo con esta sabiduría. Sin embargo, siguiendo esta misma línea de acuerdo, *Jesús nos ha preparado para un reproche muy fuerte, mientras todos asentábamos con la cabeza en acuerdo con él*. Veamos las dos preguntas penetrantes que siguieron después de estas declaraciones: 1) ¿Se puede dar usted el lujo de seguirme a mí?; y 2) ¿se puede dar usted el lujo de no seguirme a mí? Por lo tanto, la sorpresa de las declaraciones de Jesús es ésta: *Bien sea que le sigamos o que nos neguemos a seguirlo, el costo para uno es el mismo, ¡nos cuesta toda nuestra vida!* ¡Qué brillante!

Jesús espera que sus discípulos renuncien a todo y lo sigan a él. El problema al que se enfrentan sus oyentes (y los lectores de Lucas) no es cómo manejar el riesgo. Más bien, el perderlo todo parece ser *inevitable* en cualquier caso: "La única pregunta es si uno lo va a perder todo como seguidor de Jesús y por el bien del reinado de Dios, o como alguien quien se niega a seguir y obedecer."[186] No hay un plan de gestión de riesgos que limite el exponer a una persona por ejercer su fe en Cristo. Seguirlo a él o no seguirlo nos cuesta nuestra vida.

La ironía pone de manifiesto los motivos

La ironía es otra forma de expresión poderosa que empleó Jesús. Según el autor Stein, "la ironía es el uso sutil del contraste entre lo que se ha dicho y lo que se está más o menos sugiriendo de una forma irónica... en este sentido, una declaración o expresión es irónica cuando su significado intencional es el opuesto al significado literal de la declaración."[187] Por ejemplo: "Los fariseos y saduceos, aunque religiosos, son capaces de interpretar las señales físicas y predecir sus consecuencias, pero no son capaces de ver las señales de Dios en el ministerio de Jesús e interpretar su significado." (Mateo 16:2-3; Lucas 12:16-20)[188] Elaborar una declaración irónica que sea de interés para los jóvenes requiere que *observemos lo que ellos valoran*. Por ejemplo, veamos la cantidad de energía que ellos están dispuestos a usar en las cosas que les gustan. Esto nos muestra la ironía de lo que ellos valoran en el mundo, comparado con el invertir en cosas de importancia eterna con la misma pasión, tiempo y energía.

Por ejemplo, podríamos comenzar un diálogo con los jóvenes para ayudarlos a pensar cuanto tiempo invierten en juegos de video como el Xbox, el PlayStation o el Nintendo. Desde que el juego de Atari llamado "Pong" salió al mercado, los juegos de video han estado cautivando a los jóvenes cada día más. Ellos se ven atraídos por la aventura y la oportunidad de ganarle a un enemigo formidable, quien a su vez busca el derrotarlos a ellos. Es irónico que la gente invierta horas aprendiendo un juego de video para conquistar un enemigo imaginario y, sin embargo, carecen del deseo o la disciplina de invertir si quiera cinco minutos al día para dedicarse a la oración, la cual es la puerta del ámbito espiritual en donde la *batalla real* está pasando con fuerza. Eso es muy irónico.

Creo que J.R.R. Tolkien escribió una serie de libros acerca de esta ironía. Es la historia involucra a hobbits, duendes, orcos y magos, pero el mensaje es el mismo. Lo que pasó fue que *algunos* de los hobbits dejaron de jugar "juegos" en la comarca, y se involucraron en la batalla real que amenazaba toda la mitad del planeta. En esa lucha, lo que está en juego no es imaginario sino real, así también lo es en el ámbito espiritual.

¿Es esta frivolidad algo que se esparce interculturalmente o es solamente un fenómeno del mundo desarrollado? A mi modo de ver, aunque los jóvenes en los países en vías de desarrollo no luchen mucho en contra de los juegos de video u otras distracciones tecnológicas, todavía hay cosas por qué preocuparse como, los juegos de mesa, canicas, el fútbol y la fascinación adictiva por las pandillas y por la militancia juvenil. Debido a que todos fuimos cortados de la misma semilla de pecado de Adán, nosotros también nos vamos a encontrar en el medio de esta ironía, a veces. La diversión no es mala, pero si hacemos que nuestra vida esté centrada en el entretenimiento, sin que ni un pedazo de nosotros esté participando en la lucha real por las almas de la gente, entonces nos estamos perdiendo lo que significa cargar nuestra cruz.

La batalla en el mundo espiritual es real, los riesgos son altos, no es un juego frívolo. Los poderes de las tinieblas buscan el derrotarnos y distraernos de la vida abundante que tenemos en Cristo. Si esta ironía fuera presentada a un grupo de una forma persuasiva y sin hacer juicios, ellos podrían darse cuenta de que la aventura real y emocionante que les espera si siguen a Jesucristo. Jesús nos invita a un viaje emocionante y valeroso, mucho más atractivo que las aventuras generadas por computadora en el Xbox, o en la identidad de menosprecio adquirida cuando uno entrega sus fuerzas y creatividad a una pandilla violenta.

He observado que cuando los jóvenes se van de retiro por varios días al yermo, ellos disfrutan el sabor de una vida real y las distracciones del mundo pierden fuerza. A menudo descubren la ironía en sus vidas, es decir, lo que ellos valoran realmente comparado a lo que tiene un significado eterno. Es importante el hacerles un seguimiento después de la experiencia en el yermo, para que continúen viendo lo inútil de los juegos que ofrece el mundo, comparado con las riquezas que tenemos en Cristo: "Bendito sea el Dios y Padre de nuestro Señor Jesucristo, que nos bendijo con toda bendición espiritual en los lugares celestiales en Cristo." (Efesios 1:3)

La parábola del vecino persistente enseñada por Jesús (léase Lucas 11:5-8) nos provee un ejemplo contundente de cómo usar la ironía para descubrir un entendimiento exacto del carácter de Dios. El autor Kenneth Bailey nos comenta:

> Cuando usted se dirija a este tipo de vecino, todo está en contra de usted. Es de noche. Está dormido en su cama. La puerta esta trancada. Sus hijos están durmiendo. A él no le agrada usted, y aún usted va a recibir más de lo que pidió. Esto se debe a que su vecino es un hombre de integridad y no comprometerá esa cualidad. El Dios a quien usted le ora también posee una integridad que es inviolable; y más allá de esto, él lo ama.[189]

Herman Waetjen añade:

> Debido a que el que duerme no se ve motivado por la amistad, el peticionario se enfrenta con el deshonor de ser incapaz de ofrecer hospitalidad a su invitado de medianoche. De hecho, su deshonra se puede ver agravada ante los ojos de su visitante por la negativa de su vecino de poner en práctica la reciprocidad de la amistad de la aldea. Su único recurso es el de recurrir a una conducta que tendrá éxito en adquirir el pan que necesita para ofrecer su hospitalidad a su visitante inesperado. La ironía es que él tiene que volverse ¡desvergonzado para salvar su honor! [190]

La ironía es que, aunque la poca vergüenza es considerada como deshonra, uno debe volverse ¡desvergonzado para salvar su honor! Esto lleva a la pregunta: "¿de qué forma pedimos en oración o practicamos nuestro servicio hacia los demás desvergonzadamente, para así salvar el honor que tenemos en Cristo? ¿Tenemos integridad para buscar al Señor desvergonzadamente en nombre de los demás?"

Al considerar las implicaciones de esta parábola irónica, rápidamente discernimos su aplicación en la misión en términos de nuestra responsabilidad como embajadores de Jesús. En primer lugar, estamos llamados a la oración y, como cuerpo, a instar que otros se unan en misiones para ayudar a los necesitados. En segundo lugar, si nos encontramos en la posición del "vecino," no podemos ignorar al peticionario; de otra forma nos volveremos deshonrosos a la luz del Reino de Dios. *Si evitamos el volvernos desvergonzados por causa de los que están perdidos, entonces nos convertimos en una vergüenza a la luz del Reino de Dios.* De acuerdo a esta parábola, volviéndonos desvergonzados en oración y servicio, nos ayudará a recobrar nuestra integridad en relación a nuestra responsabilidad en la Gran Comisión.

El humor produce avances interpersonales

Jesús también usó el humor para motivar a sus discípulos. Él bromeaba sobre la lógica de poner una lámpara debajo de un almud (léase Marcos 4:21) y echar perlas a los cerdos (léase Mateo 7:6). Les contó una historia con respecto a la tontería de poner un parche de tela nueva en una prenda vieja (léase Mateo 9:15-17). A menudo decía las cosas en tono de burla: "El que tenga oídos que oiga" (léase Mateo 11:15). Si Jesús diera este mismo mensaje a los jóvenes de hoy en día, podríamos oírle decir: "¿Sería tan aburrido para sus vidas que apagaran su iPod o juego de video y escucharan el murmullo de Su creador?"

El uso del humor por parte de Jesús destaca la importancia de tener humoristas (gente con sentido del humor) en el cuerpo de Cristo. Aquellos que tienen el don del humor, juegan un papel único en el ministerio, así nos ayudan a recordar que si nos tomamos las cosas demasiado en serio terminaremos experimentando confusión personal, y perderemos oportunidades en el avance de nuestro crecimiento espiritual. Por ejemplo: Jesús usó el humor con una precisión oportuna cuando los discípulos se encontraban en un momento de avance crítico. Muy cerca de la experiencia transcendental en el monte de la transfiguración, se desató una discusión entre los discípulos acerca de quién de ellos debería ser el más grande de todos. La narración en el Evangelio según Lucas expresa como Jesús reconoció que este era un momento de avance, y usó el humor para lograr su objetivo: "Y Jesús, percibiendo los pensamientos de sus corazones, tomó a un niño y lo puso junto a sí, y les dijo: Cualquiera que reciba a este niño en mi nombre, a mí me recibe; y cualquiera que me recibe a mí, recibe al que me envió; porque el que es más pequeño entre todos vosotros, ése es el más grande." (Lucas 9:47-48)

Los autores Johan Hovelynck y Luk Peeters han visto este principio del humor en acción con respecto al papel del humor en las experiencias al aire libre con jóvenes: "Con respecto al momento preciso, pareciera que el humor es más beneficioso cuando los participantes se encuentran cerca de un momento de gran descubrimiento."[191] El humor puede aportarnos una perspectiva nueva ante situaciones tensas, como la forma vergonzosa que vivieron los discípulos. Como cuando los discípulos hicieron el ridículo cuando preguntaron "¿Quién debe ser el más grande?" Al describir el fenómeno de hacer una broma ante una situación caprichosa, ellos escriben: "Con respecto a esto, la persona irritada y la persona bromista tienen preocupaciones similares. Ambos están probando cuan seguro es el abordar cosas más personales en el grupo."[192] Ellos siguen diciendo:

> Nuestra exploración revela algunos beneficios, así como aspectos no deseados del humor en la aventura de la educación. En primer lugar, hemos sostenido que el humor puede desempeñar un papel positivo en el desarrollo de las relaciones que son propicias para el aprendizaje de la autonomía y la identidad de una persona en relación con los demás. Éste tiene la tendencia de apoyar el contacto inicial en las primeras etapas de desarrollo del grupo, y en las etapas posteriores proporciona un medio para probar las bases para una mayor divulgación y explorar con cuidado una comunicación más personal sin ser demasiado vulnerable, y representa una forma más que inocente de hacer frente a la contradependencia. En segundo lugar, el humor puede contribuir al proceso de aprendizaje ya sea, uno, facilitando un margen aceptable en los temas más sensibles del aprendizaje y, dos, presentando perspectivas nuevas e inesperadas que

desalojan antiguos marcos restrictivos.[193]

Jesús presentó perspectivas nuevas y echó fuera marcos restrictivos, particularmente durante el Sermón del Monte. Aquí está uno de los dichos de Jesús que se puede aplicar fácilmente a un viaje al yermo: "Vosotros sois la luz del mundo; una ciudad asentada sobre un monte no se puede esconder. Ni se enciende una luz y se pone debajo de un almud, sino sobre el candelero, y alumbra a todos los que están en casa. Así alumbre vuestra luz delante de los hombres, para que vean vuestras buenas obras, y glorifiquen a vuestro Padre que está en los cielos." (Mateo 5:14-16)

Uno se puede imaginar lo humorístico y poco inteligente que sería mantener su linterna prendida dentro del bolsillo mientras camina en lo oscuro por un camino rocoso. En el yermo, la necesidad de la luz es imperativa: poner su linterna en el bolsillo mientras se tropieza por un camino oscuro carece de sentido común. Una aplicación para esta situación humorística podría ser: si muy raramente compartimos y reflejamos a Jesús en nuestro ámbito de influencia en nuestra casa, comunidad o ciudad, ¿no es esto tan falto de sentido común como el poner la linterna en nuestro bolsillo, mientras tratamos de andar por un camino estrecho en completa oscuridad? ¿Hemos sido engañados al creer que este es un patrón aceptable en nuestra vida en la casa, en la ciudad? Jesús usa el humor para revelar que esto carece de lo más básico del sentido común.

Enfrentar estos tipos de caminos de desobediencia y engaño, ya bien trillados, puede ser un desafío para un líder porque nosotros también luchamos con ellos. Por esta razón, sin embargo, el humor en ocasiones tiene un papel primordial en señalar lo que es obvio mientras mantiene el corazón de la audiencia abierto a través de la risa. En mi experiencia, si alguien puede reírse de algo, es más probable que lo acepte. En otras palabras, "el humor proporciona un ambiente propicio para mantener una comunicación más directa sobre temas cargados de mucha emoción."[194]

CAPÍTULO 14: INVOLUCRARSE

La variación y la participación

Otra característica única del estilo de enseñanza de Jesús fue el esfuerzo que se tomó para *variar* su enseñanza y motivar a sus oyentes a *participar*. Jesús varió su enseñanza a través del uso de presentaciones, discusiones, estilo de dar la clase y sesiones de preguntas. Él dio respuestas a las preguntas de su audiencia, e incluso presentó respuestas a preguntas que estaban en el corazón de la gente pero que él sabía que *no fueron preguntadas*. Él usó el elemento de la sorpresa, contó innumerables historias, presentó verdades a través del uso de lecciones objetivas y citó fuentes antiguas y contemporáneas. Él afirmó lo máximo, ofreció desafíos, reprendió, ofreció comentarios sobre la Escritura, dijo acertijos, argumentó y a veces se quedó callado. La lección que aprendemos de toda esta variedad y esfuerzo que Jesús dedicó para involucrar a la gente en el proceso de aprendizaje es: *la gente tiende a aprender mejor cuando aplican o hacen algo con lo que aprenden*. El autor Robert Zuck nos provee una lista de algunas de las formas con las que Jesús inició la participación con el fin de promover el aprendizaje. Yo he puesto en itálicas los verbos que representan acción para resaltar los *elementos de la participación e involucramiento* en el enfoque de enseñanza de Jesús:[195]

1. Los discípulos *subieron* a un barco, mientras que él enseñaba (léase Marcos 3:9).

2. Los discípulos *bautizaban* a los convertidos (léase Juan 4:2).

3. Él *envió* a sus discípulos a una aldea samaritana cercana (no era un pueblo familiar para ellos) para *comprar* alimentos (léase Juan 4:8).

4. Le dijo a un hombre poseído por un demonio que *fuera y le contara* a su familia acerca de su sanación (léase

Marcos 5:19).

5. Él envió a los doce de dos en dos para *exorcizar* demonios, *sanar* a los enfermos, *predicar* y *enseñar* (léase Mateo 10:1-4; Marcos 6:7-13; Lucas 9:1-6) con instrucciones detalladas (léase Mateo 10:5-40).

6. *Pidió informe* sobre su ministerio a los discípulos (léase Marcos 6:30; Lucas 9:10), y entonces se los llevó a un *retiro* (léase Marcos 6:31-32; Lucas 9:10).

7. Dirigió a los discípulos para que *hicieran sentarse* a cinco mil personas en grupos (léase Mateo 14:19-20).

8. Él se llevó a Pedro, Santiago y Juan para *subir* al monte de la transfiguración (léase Mateo 17:1).

9. Él pidió a Pedro que atrapara un pez y *sacara una moneda* de su boca (léase Mateo 17:27).

10. Envió mensajeros a una aldea samaritana para *preparar* alojamiento (léase Lucas 9:52).

11. Él *comisionó* a setenta y dos en grupos de a dos para ir a *sanar* enfermos y *predicar* (léase Lucas 10:1-17).

12. Él envió a dos discípulos a Betfagé para *buscar un pollino* para que él pueda montarlo (léase Mateo 21:1-3).

13. Él envía a sus discípulos a *preparar* una comida para la Pascua (léase Mateo 26:17-19).

14. Él mandó a sus discípulos a *hacer discípulos* de todas las naciones (léase Mateo 28:18-20).

15. Él ordenó a Pedro *alimentar* a sus ovejas (léase Juan 21:15-17).

Esto es solo una pequeña muestra de las formas en que Jesús movió a la gente rápidamente del escuchar al actuar. Los mejores maestros saben que cuando enseñas algo a otros es cuando realmente comienzas a entender íntimamente su funcionamiento interno. Jesús es el creador, fundador, iniciador y originador del aprendizaje vivencial. Él quería que sus discípulos fueran e hicieran lo mismo. Después de lavar sus pies para enseñarles la importancia fundamental de poner sus manos a la obra como siervos en el Reino de Dios, él les dijo con oportuna lucidez: "Porque ejemplo os he dado, para que como yo os he hecho, vosotros también hagáis." (léase Juan 13:15) El apóstol Juan escribió muchos ejemplos de Jesús enseñando de esta forma, pero aun lo que él escribió fue solo la punta del iceberg. Oiga la entusiasta exclamación del apóstol Juan al final de su relato, el cual resalta que Jesús fue un hacedor de la Palabra consistentemente: "Y hay también otras muchas cosas que hizo Jesús, las cuales si se escribieran una por una, pienso que ni aún en el mundo cabrían los libros que se habrían de escribir." (Juan 21:25)

El arte de hacer preguntas

El evangelismo y discipulado es simplemente *hacer* o poner en práctica el texto de la Biblia: traer a la vida y poner en acción la palabra viva de Dios. Veamos algunas formas específicas en las que Jesús le dio vida al texto bíblico. Jesús animó a la gente con sus palabras. Cariñosamente las llevó hacia la humildad, de manera que pudieran experimentar la bendición de tener una relación con Dios en su vida cotidiana. Jesús también fue el maestro de construir preguntas bien elaboradas que hacían estremecer a la gente como un abrazo incómodo, largo y amoroso de una tía.

Durante el Sermón del Monte, él preguntó a la multitud, "Vosotros sois la sal de la tierra; pero si la sal se desvaneciere, ¿con qué será salada? No sirve más para nada, sino para ser echada fuera y hollada por los hombres." (Mateo 5:13) En otra oportunidad en las afueras de Cesarea de Filipo (una ciudad nombrada en honor al César, quien afirmó ser dios), Jesús hizo una pregunta conmovedora a sus discípulos con respecto a su lealtad. En primer lugar, les preguntó: *¿Quién dicen los hombres que soy yo?* Es más fácil hablar primero de lo que *otros* piensan de Jesús; esto nos provee un punto de partida menos intimidante.

Pero cuando Jesús hurgó más profundo y les preguntó: "Y *vosotros*, ¿quién decís que soy?" (Marcos 8:27-32, énfasis agregado) Pedro, presionado al borde del compromiso saltó desde donde estaba y lo puso todo al descubierto diciendo: "Tú eres el Cristo." La trayectoria de la vida completa de este hombre joven cambió por la simple respuesta a una pregunta de profundidad eterna. Como líder, ¿tiene usted la audacia de hacer esta clase de preguntas? Diga "Sí" y la vida comenzará a ser realmente una aventura.

Esta línea de cuestionamiento, sencilla pero al mismo tiempo elaborado, creó el espacio para que Pedro saltara de la cornisa de la fe para comenzar a tallar su confianza en Jesús como el Hijo de Dios. Debido a su valentía, él se convirtió en un ejemplo y en un líder para el resto de los discípulos. No olvide que usted tiene oportunidades similares ordenadas por Dios como líder de experiencias al aire libre. Al hacer preguntas difíciles, usted está creando un espacio amplio y abierto para que líderes valientes en su grupo den un paso al frente y expresen su lealtad a Jesús. *Al hacer esto, usted puede haber sembrado el levantamiento de un líder ¡quién al igual que Pedro podría cambiar al mundo!*

Jesús también utilizó preguntas para hacer que las personas expresaran sus opiniones y deseos de una manera honesta. Por ejemplo: "¿Y quién de vosotros podrá, por mucho que se afane, añadir a su estatura un codo?" (Mateo 6:27) Al comenzar la pregunta con "¿quién de vosotros?," la gente tenía que mirar a su alrededor y decidir si querían tomar el riesgo de salir de su caparazón. Como una semilla de la que sale un brote de vida verde, cuando se rompe su cáscara exterior, las preguntas con motivación espiritual rompen la cáscara del corazón de la gente y le dan la oportunidad de creer. Las preguntas del tipo como las que hizo Jesús erosionan la cáscara externa, y abren una oportunidad para que la gente dé un paso de fe y confiesen con sus bocas que Jesús es el Señor. Cuando Jesús le preguntó al hombre ciego: "¿Creéis que puedo hacer esto?" (Mateo 9:28), él los estaba presionando para que dieran muestras de su fe. Una vez más, insistió en lograr que ellos dieran una prueba de su fe al preguntarles: "¿De dónde compraremos pan para que coman éstos?" (Juan 6:5) Este tipo de preguntas raspan la cáscara exterior del alma dando paso así a la vida.

Jesús utilizó a menudo preguntas retóricas para motivar el pensamiento del oyente a darle una repuesta. Por lo general no esperas necesariamente que respondan una pregunta retórica. Por ejemplo, en una boda usted podría oír que alguien dice: Sí, es una respuesta corta en el idioma español. ¿Podría ser que "Sí, lo acepto" sea una respuesta más larga? Si usted estuviera a punto de casarse, ¿cómo respondería a esta pregunta? De seguro no lo haría. Estas preguntas abarcan tanto que no hay tópicos disponibles para protegerse de sus efectos. Este tipo de técnica que no trae amenazas consigo permite el que la gente vea su error o inmadurez sin tener que pasar una vergüenza innecesaria. Por ejemplo, considere esta serie de preguntas retóricas que no dejan lugar para que la élite religiosa dé una respuesta:

> Al decir él estas cosas, se avergonzaban todos sus adversarios; pero todo el pueblo se regocijaba por todas las cosas gloriosas hechas por él. Y dijo: ¿A qué es semejante el reino de Dios, y con qué lo compararé? Es semejante al grano de mostaza, que un hombre tomó y sembró en su huerto; y creció, y se hizo árbol grande, y las aves del cielo anidaron en sus ramas. Y volvió a decir: ¿A qué compararé el reino de Dios? Es semejante a la levadura, que una mujer tomó y escondió en tres medidas de harina, hasta que todo hubo fermentado. (Lucas 13:17-21)

Preguntas retóricas bien hechas dejan a la gente o callada o estupefacta, ansiosa para que él que está preguntando libere la válvula de presión y dé la respuesta a su propia pregunta. Aquí vemos a Jesús haciendo esto de una forma brillante. En primer lugar se le hizo la pregunta, "¿A qué se parece el Reino de Dios?" "¿Con qué lo puedo comparar?" La gente tuvo que ser humilde y no tener respuesta alguna, ellos se morían de ganas de que Jesús respondiera su propia pregunta. Esto acentúa el aprendizaje porque crea una "necesidad de saber." Si usted no sabe la respuesta de una pregunta, la curiosidad entra en acción, y de repente tiene "oídos para oír."

Para practicar como hacer preguntas retóricas en el camino, haga una lista de cosas que usted note que le encantan hacer a la gente en su vecindario, en su lugar de trabajo o escuela. A continuación, escriba unas pocas preguntas retóricas basadas en la lista que hizo previamente, y haga la pregunta abiertamente cuando se presente un momento oportuno. Cuando una persona se esté quejando sobre cuán dura es su vida o de cuánto, aparentemente, les ha fallado Dios, usted podría preguntarles gentilmente, "entonces, ¿ha hecho Dios algo por usted alguna vez?" Esta pregunta no es fácil de responder pero los enfrenta directamente con su orgullo. No se sorprenda si la única respuesta que recibe es silencio después de haber hecho una pregunta de tal magnitud. Tampoco sienta miedo de preguntarle a otros si ellos alguna vez le han dicho, "¿Por qué yo, Dios?" Esta es una de las preguntas retóricas favoritas y esclavizantes que a veces murmuramos. Jesús hizo preguntas retóricas para librar al pueblo de la esclavitud con la luz de la verdad. También lo podemos hacer nosotros.

El enfoque inductivo de preguntar

Hacer preguntas pertinentes es verdaderamente un arte provocativo. Fácilmente podemos perder una oportunidad de abordar y descubrir gente que está en búsqueda de la verdad al hacer preguntas huecas y sin sentido, posiblemente causando una actitud defensiva en lugar de una apertura al diálogo. Por ejemplo, es común que al dirigir un estudio Bíblico comencemos haciendo preguntas que sutilmente buscan una respuesta determinada o correcta. Esto cierra el proceso de descubrimiento. Si la gente no tiene la seguridad de que lo que tienen para compartir es "correcto," entonces es muy probable que eviten el participar en la discusión en grupo.

Un enfoque inductivo al diálogo es más beneficioso para ayudar a la gente a encontrar por sí mismos la verdad en un pasaje. Este enfoque requiere que usted como el líder de la discusión pueda elaborar preguntas abiertas (es decir, no preguntas de sí o no). La siguiente sección proporciona ejemplos de preguntas bien elaboradas y carentes de amenaza a la participación. Aprender a escribir este tipo de preguntas le ayudará a crear un ambiente de aprendizaje en su grupo. En los ejemplos siguientes, resaltaré en *itálica*, las palabras claves que *promueven* el diálogo.

La observación

Preguntas basadas en la observación son un punto de partida en el proceso de estudio inductivo. Podríamos comenzar con preguntas que requieran una lista o la identificación de hechos concretos en el pasaje. Una forma sutil de invitar a los participantes a ser parte de la discusión, es a través del uso de preguntas abiertas utilizando palabras como "*algunos*." Por ejemplo, una buena pregunta basada en la observación para un estudio sobre Marcos 2:1-12 podría ser: "Según el pasaje, haga una lista de *algunas* de las personas que se encuentran en la historia. ¿Cuáles son *algunas* de las cosas que aprendemos acerca de ellos?" Estas son preguntas que no presentan ninguna amenaza, aún para aquellos que no saben prácticamente nada sobre la Biblia (o los más bíblicamente analfabetos), porque son preguntas abiertas y cualquiera puede contestar estas preguntas con cierto grado de confianza.

Sería algo negativo si yo hubiera preguntado: "¿Quiénes son las personas en la historia según el pasaje? ¿Qué aprendemos de cada uno de ellos?" En éste caso habría habido considerablemente más silencio en el grupo, porque son menos aquellos que quieren estar equivocados enfrente de sus compañeros al contestar preguntas que solo están buscando la respuesta "correcta." La diferencia en las buenas preguntas es muy sutil. El usar la palabra "*algunos*" en vez de la palabra "son" en estas preguntas anima a la participación y permite el descubrimiento personal.

La interpretación

Como líder, para hacer que el estudio avance más, necesitamos considerar la interpretación del texto y vamos a seguir el mismo patrón. Las preguntas basadas en la interpretación exploran el "por qué" detrás del pasaje. Sin embargo, la palabra "por qué" es una palabra muy amenazante porque implica que solo hay una respuesta correcta, y además puede presionar para que haya compromiso personal, con respecto a la respuesta, demasiado pronto en el debate. Por lo tanto, tenemos que tener más cuidado en usar preguntas que contienen la palabra "por qué." Las preguntas basadas en la interpretación hacen que el grupo progrese de las *observaciones* al significado. Nosotros esperamos ayudar al grupo a descubrir el significado de las observaciones para entender la esencia del significado original que el autor bíblico perseguía. Palabras como: *"podría," "qué"* y *"algunos"* son útiles para hacer que las preguntas sean más del tipo abiertas.

Por ejemplo, utilizando el mismo pasaje de arriba, nos podemos preguntar: "Basados en el pasaje, ¿cuáles son algunas de las razones por las qué Jesús *podría* haber hablado con el paralítico del pecado antes de tratar su necesidad física? ¿Cuáles pensamos que son las razones que Jesús podría haber tenido para proseguir y curar al hombre?" Estas preguntas permiten a la gente explorar algunas de las razones por las cuales Jesús *podría* haber hecho, aún sin saber cuáles eran realmente sus razones. Esto pone de manifiesto el arte de hacer preguntas. Al usted dirigir la discusión, usted debe tener confianza de que está bien el que otros exploren *posibles* significados en el proceso de descubrir el significado *real*.

Un ejemplo de preguntas cerradas que probablemente inhibiría a la gente a entrar en un diálogo habría sido: Basados en el pasaje, ¿por qué Jesús habla con el paralítico sobre el pecado antes de tratar su necesidad física? ¿Por qué sana al paralítico? Observe si usted puede descubrir la diferencia útil en el mal uso de las palabras en estas preguntas. Respóndase en voz alta a sí mismo tanto las buenas como las malas preguntas anteriores, haga un círculo a las preguntas que usted piensa hubieran ayudado a que siguiera la discusión. ¿Cuáles preguntas podrían haber silenciado al grupo? Si una persona está preocupada de que su respuesta pueda estar incorrecta, él o ella se mantendrán callados, lo cual trunca el proceso de búsqueda. Al final, tiene que asegurarse de que su grupo interprete el pasaje correctamente. Si el proceso de descubrimiento se está moviendo lentamente, yo animo a los líderes a seguir haciendo preguntas que ayuden a aclarar las cosas hasta que el grupo encuentre el verdadero significado. A menos que sea absolutamente necesario, no se rinda ante la frustración del grupo (o la suya propia), y haga una declaración definitiva al darles la interpretación correcta. En la medida de lo posible, ayude al grupo a descubrir la interpretación por sí mismos. Deje que ellos hagan el esfuerzo.

La aplicación

Por último, si queremos dirigir al grupo a una aplicación práctica del texto, seguiremos los mismos principios. En las preguntas basadas en la aplicación, el líder está trabajando para ayudar al grupo a identificar *cómo aplicar e incorporar en sus vidas las verdades encontradas en el texto*. Estas preguntas buscan responder qué dice el pasaje acerca de Dios, de la gente, del pecado, etc. Una buena pregunta basada en la aplicación llevará a que se encuentren maneras en las que los individuos y el grupo puedan poner el texto en acción. También, ayudará a los miembros del grupo a integrar lo más relevante del texto a sus *vidas personales* y al *grupo* como a un todo. Por ejemplo, usando el mismo pasaje de la escritura, podríamos hacer las siguientes preguntas para promover una aplicación correspondiente (palabras clave para promover la discusión están en itálica): "En este relato, Jesús habla acerca de su capacidad de perdonar los pecados. ¿Usted cree que el perdón de los pecados es algo que la gente *podría* necesitar hoy en día? ¿Ha experimentado usted esta necesidad de *alguna forma* en su vida? ¿Exprese *algunas maneras* en las que el perdón ha sido importante para usted?"

La respuesta que usted experimentaría sería totalmente diferente si las preguntas fueran hechas de la siguiente manera: "Basados en el pasaje, Jesús habla de su capacidad de perdonar los pecados. ¿Necesita la gente de hoy en día el perdón de los pecados? ¿Sí o no, y por qué? ¿Usted experimenta esta necesidad en su vida?" Una vez más, a primera vista vemos que en estos ejemplos la diferencia es casi imperceptible, sin embargo las respuestas van a ser seguramente muy diferentes. ¿Qué es lo que hace que estas preguntas sean tan malas? Vea si puede identificar cuáles son las palabras que van a hacer que las personas se queden calladas y no quieran compartir. Yo he hecho experimentos usando ambas formas de preguntas, y he observado el contraste entre estudios bíblicos productivos orientados al descubrimiento (que utiliza preguntas abiertas bien elaboradas) y discusiones de grupo completamente inmóviles o paralizadas debido a la inconsecuencia de preguntas cerradas. Esta es una de las habilidades más importantes que debe dominar si se va a involucrar en el proceso de aprendizaje de las personas.

Respuesta a las preguntas

Jesús no sólo hacía preguntas, sino que también respondía inquietudes. Muchas veces, él respondió a las preguntas con otra pregunta. Este no se debió a que quería sonar como algún gurú seguidor de Confucio. Él sabía que la *motivación* que había detrás de la pregunta de la persona era la llave para abrir sus corazones. Hay una justificación teológica acerca de cómo responder a las preguntas. *Uno de mis objetivos a la hora de responder a las preguntas es averiguar por qué la persona está haciendo la pregunta.* Por ejemplo, si una persona le pregunta: "¿Cómo podemos realmente saber si la Biblia es verdad?," usted podría responder: "Antes de hablar de eso, ¿puedo hacerle otra pregunta? ¿Cuáles son algunas de las razones por las cuales usted desea saber si la Biblia es verdad?" Esto expone el motivo del que hace la pregunta. A menudo, la gente hace preguntas para evitar el comprometerse, ellos preguntan para mantener una distancia. Así que Jesús devolvía las preguntas con otra pregunta para revelar de una forma amorosa los motivos que tenía la gente para preguntar. Al hacerlo, él se ganaba a la gente y las atraía hacia él mismo. Por supuesto que no vamos a responder toda pregunta con otra pregunta, pero si usted siente que la pregunta de una persona tiene un asomo de resistencia o de orgullo en ella, entonces no pierda la oportunidad de abordar el motivo de su corazón por medio de preguntarles algunas razones del *por qué* ellos quieren saber primero la respuesta a sus preguntas.

Juego de palabras

El autor Robert Stein nos ayuda a ver varias otras formas en las que Jesús utilizó las variaciones y creatividad con el fin de animar a la audiencia a participar en el proceso de aprendizaje. Una de mis favoritas es cómo Jesús utilizó el juego de palabras para raspar el sarro de los dientes intelectuales de la gente. El "juego de palabras" trata de utilizar dos palabras que suenan parecidas o una palabra que tiene diferentes significados.[196] Vamos a explorar algunas de las formas en las que podemos usar los "juegos de palabras" en el contexto de la aventura y experiencias al aire libre. Pero antes de esto, veamos varios ejemplos de cómo Jesús usa "juegos de palabras." En Mateo 23:23-24, Jesús le dice a un grupo de Fariseos:

> ¡Ay de vosotros, escribas y fariseos, hipócritas! Porque diezmáis la menta y el eneldo y el comino, y dejáis lo más importante de la ley: la justicia, la misericordia y la fe. Esto era necesario hacer, sin dejar de hacer aquello. ¡Guías ciegos, que coláis el mosquito, y tragáis el camello!

En el lenguaje arameo, "camello" y "mosquito" se ven y suenan parecidas. ¡La palabra para mosquito es *galma* y la palabra para camello es *gamla*! Así que en el lenguaje original él dijo, "¡Guías ciegos, que coláis el galma, y tragáis el gamla!"[197]

En otra oportunidad, presumiblemente basado en lo pedregoso del monte Hermon, Jesús dijo: "Y yo también te digo, que tú eres Pedro, y sobre esta roca edificaré mi iglesia; y las puertas del Hades no prevalecerán contra ella." (Mateo 16:18) En el idioma griego, *Petros* y *petra* se utilizan para "Pedro" y "piedra." El autor Stein nos comenta: "en arameo, sin embargo, el juego de palabras es aún más pronunciado, ya que el mismo término cefa sirvió para el nombre propio (Pedro) y para la palabra piedra."[198] Esto lo encontramos aún hoy en dia en casos como el apellido en inglés "Stone" que también significa "roca." He aquí algunos ejemplos más de cómo Jesús salió de repente con un juego de palabras para hacer algo más memorable:

1. Juan 3:8: "En arameo la palabra para 'viento' y la palabra para 'espíritu' son la misma: ruha."[199]

2. Lucas 9:59-60: En esencia Jesús dice: Dejen que los que están espiritualmente muertos entierren a los que están físicamente muertos.[200]

3. Marcos 1:17: Jesús hace la conexión entre "Pesca de peces" y la "pesca de personas."[201]

4. Marcos 8:35: "La forma en la que Jesús utiliza las palabras 'salvar' y 'perder' destaca tanto el significado espiritual y como el físico de las palabras."[202]

Los juegos de palabras son una herramienta poderosa para hacer que las personas piensen. El apartar tiempo para pensar y hacer que nuestras vidas tengan sentido es una de las necesidades más flagrantes de la gente de hoy. Yo aprendí lo útil del "juego de palabras" con mi buen amigo, Dave, quien es un maestro en el arte de "juego de palabras." Cada vez que estamos juntos, él me hace pensar más acerca de las cosas de la vida diaria porque lo hace muy fácilmente usando "juego de palabras." Él me mantiene muy alerta. Debido a que yo sé que él usa "juego de palabras," mi interés se despierta por no perderme ninguno de los "juego de palabras" que pudieran colarse en nuestra conversación. Al igual que pasa con los chistes, cuando tienes que explicarlos, pierden su gracia, lo mismo pasa con los "juegos de palabras," estos tienen un mayor efecto, cuando no tienes que atraer la atención del oyente hacia ellos. Los "juegos de palabras" hacen que la gente piense; y hasta pueden establecer un tono de aprendizaje en un grupo una vez que usted ha establecido la reputación de usar los "juegos de palabras" de la misma manera como lo hizo Jesús.

Durante una estadía de una semana en una actividad al aire libre, hay muchas oportunidades de despertar el interés a través del "juego de palabras." A veces, he compartido algo usando un "juego de palabras" durante la excursión, y a continuación le he sugerido al grupo que traten de hacer sus propios "juegos de palabras" durante el camino. Esto se vuelve en una buena distracción cuando el subir la montaña se vuelve difícil, y les ayuda a estar más conscientes de su viaje al tratar de hallar palabras que expresen las realidades que experimentan. En un principio los "juego de palabras" son difíciles, pero se van haciendo cada vez más fáciles en la medida que lo use. Le obligan a pensar.

Por ejemplo, una noche después de terminar de armar un campamento por sobre de la línea de los árboles, comencé a cocinar una olla de fideos para la cena. Nuestro campamento base estaba establecido en la base del Pyramid Peak en Weminuche, un área en el yermo de Colorado, y nos estábamos preparando para hacer un ascenso al pico a la mañana siguiente. En cuestión de minutos, nubes negras inundaron la cresta de la montaña y trajo lluvia, granizo, rayos y vientos muy fuertes de más de un centenar de kilómetros por hora. Inmediatamente movimos al grupo debajo de dos lonas impermeables, y les ordenamos que sujetaran los extremos de la lona para que no se la volara el viento. Mi compañero guía y yo pusimos nuestras linternas y unas enormes rocas alrededor de cada lona para mantenerlas presionadas. La tormenta duró horas; los relámpagos alumbraban constantemente, el granizo chocaba contra las lonas, y hacia tanto viento que las estufas no tenían suficiente calor como para hacer hervir el agua para cocinar la pasta. Entonces, todo lo que había para comer era el postre. Como a las 3:00 a.m. oímos un "desgarre" seguido de gritos estridentes en la lona impermeable al lado de nosotros. Me apresuré a ver qué pasaba, y vi que el viento había desgarrado la cortina por la mitad y parte de ella se había volado hacia la montaña. Expuestos a la furia de los elementos de la tormenta, rápidamente ayudamos a los muchachos de esa lona impermeable (junto con sus sacos de dormir empapados y todo lo demás) a apilarse unos con otros; metiéndolos como sardinas en latas. Algunos de estos muchachos (varios que no estaban seguros acerca de su creencia en Jesús hasta ese momento) comenzaron a orar y pedirle a Dios que "¡nos salvara de esta tormenta!" Lo logramos y pasamos la noche, cada excursionista con un montón de tela de la lona en sus puños para asegurarse que la lona no se la llevara el viento.

A la mañana siguiente, el tiempo era propicio para levantar el ánimo con un "juego de palabras." Mientras comíamos nuestro desayuno sentados en círculo, yo dije, "Bueno, muchachos, solo hay una palabra para describir lo que nos pasó anoche: ¡*In Tents*! (que significa en tiendas de campaña, sin embargo cuando se dice rápido *suena como* la palabra "*intense*" que significa *intenso*, he ahí el "juego de palabras"). Solo algunos de los muchachos se dieron cuenta de mi intención de jugar con la palabra "*intense*" y la conexión con el hecho de que toda la noche la habíamos pasado apretados como sardinas en nuestras "tiendas de campaña" (improvisadas con cortinas impermeables), pero esta fue la manera ligera de hacer una transición para meditar en un pasaje en la Escritura referente a una tormenta. Les hicimos ver cómo se podían identificar con los discípulos que estaban atrapados en un vendaval en el lago de Galilea.

Muy temprano una mañana estaba dirigiendo a un grupo hacia el arroyo "Ute" en las montañas de San Juan. El arroyo que nos llegaba hasta las rodillas provenía de los campos de las montañas nevadas más arriba del valle. Después de enseñarle al grupo como cruzar el arroyo de una manera segura, yo me apresuré a la mitad del riachuelo en caso de que alguien se pudiera caer. El grupo estaba temeroso de las aguas heladas y de la fuerza de la corriente.

Después de mucho persuadirlos, finalmente logramos que todos cruzaran. Todos estábamos mojados y helados, y nos sentamos a calentarnos los pies (mis piernas estaban muy rojas de tanto frío). Esta fue una oportunidad perfecta para un "juego de palabras":

Bueno amigos, ¿qué tal esta experiencia? ¿Alguno quedó congelado? Ja, ja... No, hablando en serio, ¿alguno de ustedes tuvo miedo? ¿Les dio miedo cruzar el arroyo? A menudo cuando en mi vida me veo enfrentado con algo nuevo o arriesgado, me 'congelo,' y evito pasar por ello. Todos nosotros enfrentaremos ríos de agua helada (oportunidades o decisiones) en nuestras vidas que nos dan miedo. Puede que nos quedemos 'congelados' y queramos rendirnos o huir de la situación.

Hubo una vez en la que Dios le pidió a su pueblo que 'cruzara' hacia la hermosa Tierra Prometida que él había preparado. Así que decidieron mandar a doce espías para ver si había algún obstáculo. Cuando los espías regresaron, pintaron un panorama aterrador de lo que estaba por delante. Describieron una tierra llena de gigantes que podrían aplastarlos 'como a langostas.' Diez de los espías se 'congelaron,' y dijeron que no iban a seguir adelante con el plan que Dios les había dado. Sólo Caleb y Josué se levantaron sin temor y se comprometieron a cruzar el río. Sin embargo, la gente terminó escuchando a los diez espías cobardes, y por esta decisión, ninguna de las personas que se quejaron en contra de Dios pudo entrar en la Tierra Prometida. En vez de ello, tuvieron que vagar por el desierto alrededor de cuarenta años. Por lo tanto, ¿qué aprendemos de esto? Dios honra el coraje cuando damos un paso de fe y estamos dispuestos a arriesgarnos para seguirlo a él, como lo hicieron ustedes cuando cruzaron las corrientes heladas del arroyo. Cuando le obedecemos, somos bendecidos sin medida. Si estamos dispuestos a cruzar a través de 'ríos' y desafíos el Señor nos guiará, podemos estar seguros de que él ¡está con nosotros!

[Después de unos días, al haber viajado por los picos, y ver el hermoso paisaje, uno podría volver a hablar de este tema]:

¿Recuerdan hace unos días cuando cruzamos el río? Sólo hay que pensar; si nos hubiéramos 'congelado' y no hubiéramos cruzado, piensen en toda la belleza y aventura que nos habríamos perdido. Los últimos dos días han sido espectaculares... hemos ascendido los picos, hemos nadado en los lagos de la montaña, hemos disfrutado del cálido sol en los prados alpinos... Si nos hubiéramos rendido y 'congelado,' y no hubiéramos cruzado el río, de verdad que nos hubiéramos perdido de muchas cosas. Estoy seguro, que una vez que los Israelitas finalmente obedecieron a Dios y entraron en la Tierra Prometida, ellos deben haber lamentado todo lo que se habían perdido debido a su desobediencia y falta de coraje. ¿Está enfrentando alguna decisión en la que tiene miedo de comprometerse? Si Dios le está pidiendo que le siga en este momento en algún área de su vida, usted será bendecido cuando le obedezca.

Las adivinanzas (o acertijos) revelan la realidad

Desde una fría celda en prisión, Juan el Bautista se dio cuenta de que su vida estaba llegando a su fin. Cuando uno está al borde de la muerte es común el hacerse preguntas de peso acerca del significado y propósito de la vida. En este estado de ánimo, Juan el Bautista buscó el consuelo de un amigo. Con sincera preocupación, envió a sus discípulos a preguntarle a Jesús: "¿Eres tú aquel que había de venir, o esperaremos a otro?" (Mateo 11:3) A pesar de que podríamos esperar una muestra de mayor fe en el primo de Jesús, Juan el Bautista, aprendemos de este pasaje que él estaba considerando si había vivido su vida en vano. Jesús conocía su corazón, pero también sabía que la gente (y Juan el Bautista) estaban confundidos porque Jesús no había empezado el Reino de Dios de la forma que lo esperaba la gente, es decir, de una forma *"pujante."* Con amor y respeto Jesús le envió un mensaje a su primo dentro de una adivinanza. En primer lugar, les dio un mensaje de tranquilidad a los amigos de Juan para que lo llevaran y le dieran tranquilidad a su primo: "Los ciegos ven, los cojos andan, los leprosos son limpiados, los sordos oyen, los muertos son resucitados, y a los pobres es anunciado el evangelio; y bienaventurado es el que no halle tropiezo en mí." (Mateo 11:5) Entonces, mientras los amigos de Juan todavía estaban oyéndole, Jesús se dirigió hacia la multitud y les dijo una adivinanza acerca de *Juan* y la *naturaleza del Reino de Dios*:

> Desde los días de Juan el Bautista hasta ahora, el Reino de los Cielos sufre violencia, y los violentos lo arrebatan. Porque

todos los profetas y la ley profetizaron hasta Juan. Y si queréis recibirlo, él es aquel Elías que había de venir. El que tiene oídos para oír, oiga (Mateo 11:12-15).

La adivinanza de Jesús define la realidad de Juan el Bautista en términos de lo que él *no podía* ver. Muchos previeron una inauguración del Reino de Dios más energética. Sin embargo, la forma de guerra de Jesús fue una de humildad y de sacrificio de sí mismo. Y para que no nos extrañe o seamos críticos de su ceguera, debemos reconocer que no podemos encontrar nada que se parezca a la estrategia de batalla de Jesús en el libro ampliamente leído del autor Sun Tzu, "*El Arte de la Guerra.*" El enfoque de Jesús fue radicalmente diferente. Usando un acertijo perfecto, la respuesta de Jesús a la pregunta de Juan fue un "Sí" resonante, (la batalla está siendo ganada con fuerza), pero el conflicto se iba a dar según sus términos, y de una forma muy diferente a lo que se esperaba. El apóstol Pablo más tarde comentó así sobre la naturaleza cósmica de esta discusión, en su carta a la iglesia de Filipos:

> Haya, pues, en vosotros este sentir que hubo también en Cristo Jesús, el cual, siendo en forma de Dios, no estimó el ser igual a Dios como cosa a que aferrarse, sino que se despojó a sí mismo, tomando forma de siervo, hecho semejante a los hombres; y estando en la condición de hombre, se humilló a sí mismo, haciéndose obediente hasta la muerte, y muerte de cruz. Por lo cual Dios también le exaltó hasta lo sumo, y le dio un nombre que es sobre todo nombre, para que en el nombre de Jesús se doble toda rodilla de los que están en los cielos, y en la tierra, y debajo de la tierra; y toda lengua confiese que Jesucristo es el Señor, para gloria de Dios Padre (Filipenses 2:5).

Las adivinanzas de Jesús tenían un ritmo relacionado con un patrón llamado *revelar y ocultar*. El autor A. B. Caneday ha reflexionado acerca de este patrón aparente en las adivinanzas de Jesús. La parábola del sembrador nos ofrece un ejemplo conciso:

> Debido a que tanto los dichos como las obras de Jesús nos revelan y ocultan cosas al mismo tiempo, los ojos y los oídos tienen que estar vigilantes y alertas. Porque Jesús provoca una de dos: hostilidad o creencia sumisa. Uno puede que se endurezca como lo hicieron los líderes religiosos de su tiempo, o uno podría enamorarse de Jesús como las multitudes [lo hicieron y después] se alejaron rápidamente de él cuando el

evangelio les trajo problemas, o uno quedaría ahogado sin dar fruto debido a las preocupaciones de las 'cosas a de los hombres.' O uno se aferraría a las 'cosas de Dios' y ser fructífero en el evangelio de formas diversas.[203]

La forma en la que Jesús usó los "juegos de palabras" y las adivinanzas, demuestran su conocimiento y atención a lo que le rodeaba y a la forma de ser de los demás. Este es el arte de liderazgo al aire libre. Esta es la esencia de un liderazgo de pastoreo. Aprender cómo ayudar a la gente a que se dé cuenta de la actividad de Dios y su voz en el mundo es nuestro objetivo. Una forma en la que Jesús hizo esto fue a través de las adivinanzas. Su ritmo de revelar y ocultar obligó a que la gente pusiera en duda sus verdaderas creencias, como lo que es plantar la semilla del evangelio en la tierra buena de un corazón humilde. El que tiene oídos para oír, oiga.

Los objetos de escenografía nos motivan de la misma forma que lo hace una buena obra de teatro

Una buena obra de teatro, o película de éxito, no se puede lograr sin los actores y las actrices para desarrollar la trama de la historia. Sin embargo, lo que a menudo distingue un buen espectáculo teatral de uno maravilloso es el diseño de tarima, trajes y objetos de escenografía que le dan vida a la historia. De la misma forma que el rol de los actores en una obra o película, un maestro es de importancia primordial en la exposición de un mensaje, pero, a menudo, lo que distingue a un maestro promedio de uno excelente es el buen uso de objetos escenográficos que provoquen una respuesta emocional en la gente. La señora Corrie Ten Boom fue famosa por decir que un maestro siempre debe tener una ayuda visual que coincida con el mensaje para aumentar la participación en el proceso de aprendizaje. Las ayudas visuales tangibles mejoran el aprendizaje grandemente, ya que proporcionan un paradigma o esquema para apoyar lo que estamos aprendiendo.

¡En el aire libre, tenemos más utilería de la que jamás podríamos utilizar en más de mil vidas! Tenemos a la mano equipo, ramas, piedras, ríos, lo que quieras. Encontrar una ayuda visual no es nada difícil en el entorno natural. El problema está en que con frecuencia perdemos la oportunidad porque simplemente no buscamos a nuestro alrededor un objeto que se conecte con lo que estamos enseñando. Muchos profetas como Oseas, Isaías, Jeremías y Ezequiel usaron acciones figuradas, simbolismo y lecciones objetivas para comunicar la verdad en una forma dramática. Por ejemplo, en Jeremías, en los capítulos 27 y 28, caminaba con una horquilla de madera para disuadir a los judíos de aliarse con Egipto.

Depende de usted el encontrar una ayuda visual para mejorar su mensaje. Los capítulos 11 y 12 ofrecen algunos ejemplos de analogías con la creación y otros ejemplos de lecciones objetivas. Ahora le toca a usted. Yo creo que la mejor enseñanza en espacios al aire libre está aún por llegar...; tal vez sea usted el que tome desde aquí, hasta donde yo humildemente he llegado, y en el futuro ofrezca nuevas ideas para los defensores del aprendizaje vivencial. ¿Por dónde empezar? Todo lo que tiene que hacer es detenerse y mirar alrededor; las ayudas visuales que ilustran las verdades del Reino de Dios están literalmente por todas partes.

CAPÍTULO 15: INTEGRAR

J. E. R. E. M. I. A. H. (J.E.R.E.M.I.A.S) Plan de preparación para el guía

Ante los ojos del mundo, Jeremías no fue exitoso. Pero desde la perspectiva de Dios, él era el epítome del éxito. Jeremías fue fiel a Dios y totalmente obediente. Tenía integridad y llevó a cabo su llamado independientemente del costo personal. El valor principal que Dios quería que Jeremías mantuviera a través de su vida entera fue el decirle a la gente que se arrepintieran y volvieran a Dios. Siendo un pastor líder de la gente, nos obliga a tener una visión adecuada del éxito. Los líderes cristianos de ministerios al aire libre en el fondo son pastores. Como Jeremías, no estamos tratando de agradar a los hombres. Pablo afirma elocuentemente esta máxima del liderazgo así: "Pues, ¿busco ahora el favor de los hombres, o el de Dios? ¿O trato de agradar a los hombres? Pues si todavía agradara a los hombres, no sería siervo de Cristo." (Gálatas 1:10)

A veces con el fin de ayudar a alguien que está espiritualmente enfermo, tenemos que presionar, punzar o decir cosas difíciles. El Nuevo Testamento está lleno de duras enseñanzas de Jesús, y el Antiguo Testamento está repleto de profetas que hablan cosas difíciles con el fin de ayudar a las personas a restaurar su relación con Dios. Jeremías se destaca como uno de esos profetas. También me gusta Jeremías como un modelo a seguir y para guiar porque él era joven y bastante inexperto cuando Dios lo llamó. Nuestra competencia proviene de Dios. Dios, lleno de su gracia, le habló estas palabras a Jeremías cuando lo llamó a liderar: "Antes que te formase en el vientre te conocí, y antes que nacieses te santifiqué, te di por profeta a las naciones." (Jeremías 1:5) Con toda humildad y honestidad, Jeremías responde: "¡Ah! ¡Ah, Señor Jehová! He aquí, no sé hablar, porque soy niño." (Jeremías 1:6) Entonces Dios le pide que se llene de valentía y aplomo, porque él va a estar con Jeremías a cada paso de su camino. Aparentemente, su edad y experiencia eran irrelevantes.

El discipular a otros, no es fácil. En el contexto del ministerio al aire libre es un reto por decir poco. El ser responsable no sólo por el viaje espiritual, sino también por la seguridad física de los demás, es una tarea de gran envergadura. Pero no se desanime, Dios está con usted. Todo lo que tenemos que hacer es centrarnos en tener integridad en nuestra relación con Dios, y apoyarnos en él a cada paso del camino. Él le dará lo que necesita. Pero reconozca que, en la medida que tome la responsabilidad de dirigir a otros en las actividades al aire libre, también está llamado a pastorearlos. Eso puede requerir que se inmiscuya en la vida de otros y que tenga que decir algunas cosas difíciles. Nosotros respetamos y admiramos a Jeremías no porque fue exitoso en los caminos del mundo. Más bien, nosotros lo admiramos por amar con dureza. Él obedeció a Dios y llamó a las personas a temerle a Dios, a arrepentirse y a volver a él. Nuestro objetivo principal es ayudar a la gente a ser completas a través de someterse humildemente a la autoridad de su Creador. Como un líder cristiano al aire libre, quiero ser más como Jeremías, aun cuando esto tenga un gran costo personal. Vale la pena.

¿Cómo hacer para convertirse en una guía, con la resistencia tenaz y el enfoque de Jeremías? Desde mi propia experiencia he extraído algunas sugerencias que me ayudan a prepararme para guiar a los demás, así como también, permanecer centrado en el cuidado del alma en medio de la aventura. Jeremías fue un fuerte seguidor de Dios en todas las formas correctas. Él fue fiel, temía a Dios y no al hombre, y parecía ser capaz de superar, incluso, los desafíos más absurdos. Jeremías es un prototipo a seguir y copiar por los líderes al aire libre. Las siguientes siglas "JEREMIAH" (D.A.C.E.M.I.A.T.) me ayudan a recordar algo de lo que se necesita para ser un guía preparado adecuadamente, quien es responsable de otros. Esperemos que esta herramienta le ayude a convertirse en el líder que usted también desea ser.

J - Journal (Diario personal)

Algunas personas les encanta llevar un diario de forma natural y otros no les gusta para nada. He estado en todos los extremos en mí caminar con Cristo, pero en general creo que el llevar un diario es muy útil. No es que yo necesariamente revise mis notas muy a menudo, pero el hecho de escribir las cosas me ayuda de alguna forma a pensar y escuchar a Dios con mayor intención. De vez en cuando, al leer algo que realmente me impacta, lo apunto de manera que pueda regresar a leerlo y pensar más en ello. Para los líderes cristianos de actividades al aire libre hay algunas otras razones por las que el tomar notas es crucial. Hay por lo menos cuatro razones principales por las que llevo un diario.

En primer lugar, mejora mi propia vida devocional con Jesús. Puedo hacer seguimiento a las conversaciones que tenemos juntos. Tomo nota de las Escrituras que él me dice, y las oraciones que hago mientras espero por su respuesta. Un diario puede ser una colección de cartas que usted le escribe a Dios, expresando su corazón, haciendo preguntas de la vida real y siendo honesto acerca de su pecado a través de la confesión. Una comunicación consistente y honesta es la marca de la verdadera amistad, y un diario puede ser un medio útil para disfrutar y recordar su amistad con Dios a través de los años.

Para empezar usted podría llevar un diario de sus oraciones partiéndolo en una conversación de cuatro capas: generalmente comenzamos por *hablarle a Dios*, entonces ¡Dios nos escucha! Imagínese a Cristo escuchando intensamente mientras usted le ora a él porque él ¡está escuchando! Después, en una conversación real la otra persona *le habla a usted*. Esto también es cierto en la oración. Después de hablarle a Dios y de que él nos escucha, entonces *él nos habla*. Él es muy conversador; él tiene palabras personales para con nosotros. Y la última etapa de la conversación es el escuchar a Dios. Él nos habla, pero ¿le estamos poniendo atención? ¿Qué escritura nos trae a la mente? ¿Qué preguntas podría estar haciéndonos? ¿Qué cree usted que le está diciendo el Espíritu Santo cuando usted ora? El tomar nota de estas conversaciones puede ser una herramienta para ayudarlo a orar más íntimamente. Jesús le dijo a los discípulos: "Aún tengo muchas cosas que deciros, pero ahora no las podéis sobrellevar." (Juan 16:12) Nosotros tenemos la palabra de Dios a nuestra disposición en la Biblia, y el Espíritu Santo tiene mucho que decirnos en la medida que convivamos con él. Les recomiendo el libro de Walter Wangerin Jr., *Oración Completa (Whole Prayer)*, si usted quisiera crecer más en su relación conversacional con Dios a través de la oración.

Una segunda razón para llevar un diario es porque le ayuda a convertirse en un mejor alumno. Al llevar un registro de aprendizaje de mis experiencias dirigiendo pequeños grupos, me puedo convertir en un mejor líder en el futuro. Todo nuestro esfuerzo no puede ser invertido en ayudar a otros a aprender. Nosotros también, necesitamos reconocer que la razón principal por la que el Señor nos ha dado la oportunidad de dirigir a otras es para que él llegue a nuestros corazones. Él realmente no nos necesita para dirigir a otros; él podría escoger a cualquiera para hacer eso. Pero nos ha escogido por su gracia para tener oportunidades de liderar. Las personas a quien él está buscando alcanzar a través de nuestro liderazgo somos ¡nosotros mismos! Nos llama a dirigir a otros principalmente para acercarnos a él. Al tomar notas, yo me protejo a mí mismo de mi arrogancia u orgullo que proviene de un excesivo énfasis en ayudar a otros a aprender. Yo necesito, primero, ponerme a mí mismo a los pies de Jesús como un *aprendiz*. Eso es lo que significa la palabra "discípulo."

En tercer lugar, me gusta tener un catálogo de estudios de la Biblia, conversaciones realizadas durante las excursiones y momentos oportunos para enseñar que uso comúnmente. Mientras más se organice y haga de esto un sistema, mayor será el beneficio para usted en el contexto del siempre cambiante ambiente de las aventuras al aire libre. En el medio de un momento de mucha presión, usted no necesita estar buscando un trozo de papel en el fondo de su bolsa en el compartimento impermeable de su canoa de mar. Es mejor tener un diario pequeño al cual se pueda referir fácilmente. El tomar notas también es una buena manera de evaluar y valorar sus estudios de la Biblia y actividades que le ayuden a mejorarles para el futuro. Son muchas las cosas que pasan durante una semana en el yermo que sería muy difícil recordarlas todas sin tomar nota de ellas. ¿Cuáles fueron las preguntas buenas que usé para iniciar momentos de reflexión y meditación? ¿Cuáles fueron un fracaso? ¿Qué tópicos ayudaron a comenzar discusiones o debates memorables? Al regresar a mi casa después de una aventura en el yermo y revisar mi diario, puedo trabajar en mejorar como enseñar la Biblia con más claridad y hacerlo de una forma efectiva e interesante. El mejorar es una travesía interminable. Siempre hay algo nuevo que dominar en nuestra búsqueda de glorificar a Dios a través de la excelencia.

Una cuarta razón por la que me gusta llevar un diario es para mantener un libro de registro de cada viaje que dirijo. Esto incluye el tipo de paisaje en el cual se produjo, el nivel de conocimiento y habilidades usado en gran medida, si estuve entrenando a otros o estaba siendo entrenado en esta experiencia. Yo apunto o anoto una breve descripción de la ruta, la distancia que cubrimos, el clima, las fechas y el año. A continuación tomo un tiempo para escribir una breve descripción de cada persona que participó en el viaje, y algunos aspectos de lo que vi que él o ella aprendieron y se llevaron de este viaje. Incluyo citas de lo que dijeron, las transformaciones de las que fui testigo, y el seguimiento que yo anticipo que les será útil para cuando regresen a sus vidas diarias en la ciudad. Al final de cada viaje, antes de dejar el yermo, le pido a cada participante que llenen una página describiendo los que les sucedió. Las cosas que la gente escribe le harán tanto reír como llorar. Si desea más ayuda en estas áreas, por favor consulte la página de recursos www.outdoorleaders.com/resources.

E - Eat (Alimentarse)

Una de las primeras cosas que usted hace mientras evalúa a un paciente lesionado en el yermo es preguntarle: ¿Cuál fue el alimento, ingestión, más reciente? ¿Cuándo tuvieron su última comida y de qué estaba compuesta? ¿Acaso tiene un bajo nivel de azúcar por la falta de ingestión de comida? ¿Estarán teniendo una reacción alérgica a algo que comieron? Dado que nuestro cuerpo es el templo del Espíritu Santo (léase 1 Corintios 6:9), Dios quiere que seamos cuidadosos con lo que le damos. El comer bien puede referirse a nuestra dieta, pero también es una buena analogía de nuestra salud espiritual. Ambas se aplican en el liderazgo al aire libre. Si usted va a dirigir a un grupo en un entorno de aventura con peligros potenciales, entonces usted debe estar tan saludable como sea posible, de manera que pueda ser capaz de facilitar o proveer un entorno seguro. Necesitamos prestar atención a la buena nutrición para que nuestros cuerpos estén funcionando a su capacidad óptima, de manera que podamos ser de bendición para otros. De igual modo, tenemos que comer el alimento espiritual que nos va a dar fuerza y sabiduría para proveer a otros con una cobertura espiritual.

Otra pregunta que hacemos a los pacientes en el yermo es qué fue lo último que "expulsaron" del cuerpo. Esto puede ser un poquito embarazoso para la gente, pero queremos saber cuándo fue la última vez que fueron al baño y si hubo algo raro en las heces. Tan desagradable como pueda ser, es esencial para determinar qué está mal en ellos. ¿Están deshidratados o estreñidos? ¿Tendrán una infección debido a una bacteria o parásito? De la misma forma que hacemos un diagnóstico de un problema gastrointestinal, también hay una analogía espiritual conectada con lo que "expulsamos" de nuestro cuerpo. La Biblia habla acerca del fruto del Espíritu así como también del fruto del pecado y la desobediencia. Si estamos poniendo basura en nuestras mentes dado lo que vemos, hacemos o escuchamos, entonces no debería ser una sorpresa que lo que va a salir de nosotros en nuestro comportamiento o personalidad es basura también.

Sin embargo, si comemos bien, poniendo en nuestras almas esas palabras que traen libertad, entonces veremos la evidencia de este fruto espiritual saliendo de nosotros. Si lo que sale de nosotros muestra el fruto del Espíritu, entonces por la gracia de Dios esto se debe probablemente a que usted está poniendo alimento espiritual saludable en su corazón, mente y alma. Jesús nos ofrece comida espiritual a través de permanecer en su palabra. Para ser un líder saludable y resistente, que pueda ofrecer vida y paz a otros, primero tenemos que asegurarnos que la última ingestión de alimentos (tanto sustento físico como espiritual) fue buena, y refleja el amor de Dios para con nosotros, puesto que somos templo de su Espíritu. En forma correspondiente, si lo último que "expulsamos" revela el fruto de caminar en la carne antes de que en el Espíritu, entonces, tenemos que dejar de ser conforme al mundo, arrepentirnos y volver a la vid de Jesucristo. Él nos renueva a través del néctar de su Palabra a medida que fluye por nuestras mentes (léase Romanos 12:1-2). De esta forma lo que sale de nuestra vida pasará a ser el fruto del Espíritu: Mas el fruto del Espíritu es: amor, gozo, paz, paciencia, benignidad, bondad, fe, mansedumbre, templanza (léase Gálatas 5:22). El libro *"Eat This Book,"* del autor Eugene Peterson, es un recurso útil en el desarrollo de una comprensión más profunda de la teología espiritual, la cual es un marco bíblico que nos ayuda a enfocarnos en lo que "ingerimos" en nuestras almas. Para un estudio más avanzado, usted podría también referirse a los siguientes pasajes relacionados con lo que "comemos":

Aquí están algunas Escrituras útiles sobre este tema:
Ezequiel 4:10; Números 11:18; Éxodo 12:20; Deuteronomio 12:22; Génesis 2:17; Deuteronomio 15:22; Ezequiel 3:1; Levítico 6:16; Éxodo 29:33; 2 Reyes 4:43; Números 18:10; Levítico 22:10; 2 Reyes 4:40; Lucas 17:8; 2 Reyes 6:28; 1 Corintios 8:13; Isaías 7:22; Marcos 6:37; Levítico 17:12; 10:14;

25:22; Deuteronomio 12:15; Génesis 3:17, Levítico 8:31

R - Run (Correr)

"Yo creo que Dios me ha hecho con un propósito, pero también me hizo rápido. Y cuando corro siento su placer."[204] —Eric Liddell

Me parece que cuando hago ejercicio de una forma regular y cuido del cuerpo que Dios me dio, tengo la tendencia a ser más disciplinado en casi todas las áreas de mi vida. Qué curioso es lo de la moderación..., cuando nos comprometemos a ser disciplinados en un aspecto de la vida, esto a menudo conduce más fácilmente a la disciplina en otras áreas también. Lo opuesto de estar en forma es el ser descuidado. Dios nos ha dado nuestros cuerpos y él desea que seamos buenos administradores de ellos. Como un líder de actividades al aire libre, a la hora de hacer esto, podemos disfrutar de los beneficios de estar en forma y de tener la habilidad de bendecir a otros en el momento en que lo necesiten, porque nos hemos mantenido en buena forma. Si no estoy en forma, entonces me puedo convertir en una carga para el grupo, en vez de ser una bendición. La falta de atención en esta área de nuestra vida puede conducir a la inseguridad, lo cual me distrae de guiar a otras personas.

Como líderes de actividades al aire libre no tenemos un juramento hipocrático como lo tienen los médicos, pero si yo pudiera hacer uno, este incluiría un compromiso a hacer todo lo posible para presentar a Jesucristo de una manera segura y eficaz a las personas, y ayudarlos a crecer en su fe a través de aventuras guiadas al aire libre. Aunque la gestión de riesgos es un tema que va más allá del alcance de este libro, el estar en buena forma física es lo mejor que podemos hacer para mitigar riesgos y estar preparado para afrontar emergencias. Es esencial que preste una atención adecuada a su salud física si va a estar dirigiendo personas en experiencias al aire libre, especialmente en las áreas de desarrollo de fuerza y resistencia.

El estar físicamente en forma le permite estar tranquilo en caso de tener que correr o remar fuera del trayecto por una emergencia. En general me parece que, mientras más competente sea un líder de actividades al aire libre, mayor será su confianza y más relajado se encontrará en su posición de liderazgo. La meta no es el estar en buena forma, sino proveer experiencias al aire libre efectivas y seguras para aquellos quienes han puesto su confianza en nosotros. Para convertirse en el líder al que usted aspira ser, usted necesitará ponerse en forma y permanecer disciplinado a un nivel que se iguala a la intensidad del tipo de viajes al yermo que intenta dirigir. Esto es simplemente un asunto de sentido común, que además lo hará sentirse bien también. Para mayor información y estudio, le recomiendo que lea, *The Image of God in the Human Body: Essays on Christ-ianity and Sports*, por Donald Deardoff III y John White.

E - Explain (Explicar)
(La técnica de los doce pasos)

Los grandes maestros a menudo miden su eficacia basados en el aprendizaje mostrado por su audiencia. Esta no es la única forma de evaluar una gran enseñanza ya que a veces la gente simplemente no quiere aprender, y no se puede culpar al maestro por esto. El liderazgo al aire libre ofrece muchas oportunidades para la enseñanza, por lo que en mi opinión, es importante que nos esforcemos a ser excelentes en nuestra capacidad para explicar las cosas bien. Una enseñanza elocuente requiere el que se identifiquen metas o sueños para nuestra interacción con el grupo. No podemos tomar a la ligera el explicar verdades bíblicas al grupo. El apóstol Pedro nos pone un estándar muy alto a los que somos líderes de experiencias al aire libre: "Cada uno según el don que ha recibido, minístrelo a los otros, como buenos administradores de la multiforme gracia de Dios. Si alguno habla, hable conforme a las palabras de Dios; si alguno ministra, ministre conforme al poder que Dios da, para que en todo sea Dios glorificado por Jesucristo, a quien pertenecen la gloria y el imperio por los siglos de los siglos. Amén." (1 Pedro 4:10-11) Ya que tenemos que responder ante Dios acerca de lo que enseñamos, asegurémonos de ser cuidadosos en mantener a la Biblia como nuestro plan de estudio, y confiar que el Espíritu Santo sea el que ilumine y abra los ojos de los corazones de la gente. No tenemos que ser súper maestros, solo se nos pide que dejemos que sea la Biblia la que hable por sí misma, y hagamos todo lo que esté a nuestro alcance para presentar el mensaje de la Escritura de manera atractiva y precisa como lo hizo Jesús.

Los resultados enumerados en el Capítulo 6 podrían ser un punto de partida para que usted formule una meta personal, o un sueño para su plan de estudios con el grupo. Después de identificar las metas, es necesario asegurarse de que usted conozca bien a su audiencia. ¿De dónde vienen? ¿Qué relevancia tienen asuntos como calendarios, agendas, el entorno, y eventos importantes de la actualidad para entender el estado de su audiencia? Después de elegir sus resultados y determinar su punto de partida para captar la atención del público, es necesario pensar en cómo se va a presentar su mensaje, de modo que mantenga una tensión entre la formación (o la *crítica* de la creencia generalizada de lo que es incorrecto) y la *acción* que desea que ellos tomen como respuesta a lo que usted les está enseñando.

No existe una sola manera de enseñar para que se dé la transformación. En mi opinión, la mayoría de las enseñanzas se centran en quién es usted y no en el estilo que usted usa para enseñar. Sin embargo, les voy a sugerir una *técnica de doce pasos* para ayudarle a ser un maestro más elocuente, en el contexto del ministerio al aire libre (una sinopsis de este modelo resumido en una página se encuentra disponible en www.outdoorleaders.com/resources).

    1) Siempre que se introduce un tema o se abre un diálogo en torno a un momento oportuno para la enseñanza, comience con una frase que sirva de *anzuelo de apertura*. Esta frase debe comenzar con algo relacionado a donde está su público a fin de

captar su atención.

2) Lo siguiente que debemos hacer es el declarar creativamente en una frase breve *¿por qué necesitan saber?* lo que estamos a punto de compartir con ellos. Esto atrae la atención especialmente de los alumnos con buena imaginación.

3) La siguiente cosa que debe hacer es *causar un pequeño desequilibrio* en el grupo. La mejor forma de lograr esto es compartiendo alguna ilustración novedosa (lección objetiva), o dando información que traiga una nueva perspectiva acerca de algo que les es familiar o conocido. Esta es la clave para agregar algún beneficio tangible de lo que ellos van a experimentar al recibir lo que están aprendiendo. Una de las formas en que se logra esto través del aprendizaje vivencial, es el crear un ambiente de aprendizaje en el que las personas tengan que cooperar unas con otras para interactuar con lo que se les está enseñando. De esta forma aunque se sientan un poco incómodos, se van a dar cuenta de que ellos están aprendiendo de la misma manera, junto con todos los demás.

4) A continuación, después de haber establecido los beneficios que se consiguen al aprender lo que está a punto de enseñar, proporcione una *Planificación anticipada al contexto* (como se discutió en el capítulo 7), a fin de sentar las bases para el trabajo necesario para aprender algo nuevo. Aquí usted les está diciendo simplemente lo que están a punto de aprender.

5) A este punto, proporciónele un problema *único a resolver que sea* relevante al tema. Esto facilita de forma considerable el pensamiento creativo que usted quiere ver fluyendo a través del grupo, mientras usted enseña este concepto nuevo. Cuando usted llega aquí, está listo para presentar al grupo algunos pocos principios (este sería la parte principal de su enseñanza). El resto de su proceso de enseñanza puede lucir algo como esto:

6) *Entrene*: elija hasta un máximo de tres puntos principales en su mensaje para mantenerlo conciso.

7) *Ilustre*: provea una ilustración o historia para demostrar un ejemplo de cada punto principal.

8) *Ejercite*: involucre a todos en una actividad en donde tengan

que participar activamente. Anime a los alumnos que demuestran su determinación al participar y aprender a que hagan observaciones de primera mano de lo que están aprendiendo.

9) *Interrogue*: Anime a los que aprenden de forma analítica a descomponer el principio, la historia o el argumento en varias partes para su entendimiento. Use preguntas inquisitivas para ayudar a los alumnos analíticos a verbalizar lo que han aprendido y en qué les gustaría utilizar sus conocimientos.

10) *Aplique*: (Conclusión para conectar todo de vuelta al tema) Facilite una reflexión acerca de la relevancia de lo que hemos aprendido hoy (alumnos sensoriales) en el caso de situaciones cotidianas. ¿Cómo puedo hoy ayudar a los participantes a experimentar una sensación de logro a través de un proceso de reflexión sobre la experiencia?

11) *Generalice y transfiera a actividades en el futuro*: ¿Cómo puedo motivar a los estudiantes y qué respuesta espero de ellos sobre el tema de hoy? ¿Cuáles son los posibles beneficios indirectos o beneficios a aprender de este conocimiento o habilidad? Esto llama la atención especialmente a los estudiantes dinámicos. Si ha hecho preguntas para ayudarles a expresar lo que han aprendido, y ellos son capaces de articular una aplicación, entonces ellos realmente han aprendido lo que usted se propuso enseñarles, lo han conseguido. ¡Celébrelo!

12) *Evalúe*: Dedique algún tiempo a evaluar a) sus fortalezas, b) las áreas en las que puede crecer, c) las preguntas que se plantearon que requieren que usted estudie un poco más para que, en la próxima vez que enseñe el mismo tema esté más preparado.

M – Memorize (Memorizar)

El salmista escribe: "En mi corazón he guardado tus dichos, Para no pecar contra ti" (Salmo 119:11); y "Los mandamientos de Jehová son rectos, que alegran el corazón; El precepto de Jehová es puro, que alumbra los ojos" (Salmo 19:8). Pedro exhorta a los creyentes a estar siempre preparados para dar a otros una razón de la esperanza y el gozo que experimentamos (léase 1 Pedro 3:15). Si se piensa en la mayoría de las profesiones, generalmente hay una expectativa de un conocimiento básico a fin de poder ejercer dicha profesión. Los médicos, abogados, ingenieros y arquitectos aún tienen un examen comprensivo en el que tienen que mostrar que tienen un amplio conocimiento relacionado con su campo de trabajo. Sin memorización no sería posible el ser útil en ninguna de estas profesiones de una manera adecuada, porque mientras que se ejerce en esos campos no siempre hay suficiente tiempo para referirse a un libro de estándares profesionales para resolver problemas, tomar decisiones o dar una orientación.

Aunque en mi opinión, el liderazgo al aire libre es un arte y no una *profesión* en el sentido tradicional de la palabra (porque nunca podría haber un examen estandarizado que exista como requisito previo para poder practicar el liderazgo al aire libre), ésta analogía todavía es buena para ayudarnos a comprender los beneficios de memorizar la Palabra de Dios. Al igual que en cualquier otro campo de trabajo, la vocación ministerial o cuidado del alma no puede ser practicada muy bien si siempre tiene que depender del manual. Hay una cierta cantidad de esfuerzo que se necesita invertir para desarrollar la confianza necesaria para practicar este arte ministerial. El memorizar las Escrituras es una disciplina importante para cualquier persona que es seguidora de Cristo. Sus beneficios son increíbles, tanto para la defensa en contra de la mentira y el engaño del mundo como para ser usada como herramienta ofensiva para interceder por otros con el poder del evangelio. Para poder pastorear bien a otros, tenemos que desarrollar el hábito de aprender la Escritura de memoria.

El memorizar la Biblia hace que la Palabra de Dios esté accesible en nuestras mentes y fácilmente disponibles para enseñar, corregir, reprender y capacitar a otros (léase 2 Timoteo 3:16). Al igual que las vocaciones nombradas anteriormente, todavía tendríamos que referirnos a nuestro "manual de trabajo" (la Biblia) para dar un repaso a los detalles. Pero lo más importante sobre la memorización es que, aun cuando usted no puede recordar las palabras específicas de un pasaje, probablemente usted podrá encontrar el capítulo o el verso. A mí no me importa si un abogado o un ingeniero tienen que referirse a un manual para corroborar su conocimiento, eso es natural en cualquier ser humano. Pero yo no me sentiría muy cómodo si tuviera que confiar la seguridad de mi familia a un médico que nunca aprobó su examen de idoneidad.

Debido a que vivimos bajo la gracia, nadie nos está obligando a memorizar las Escrituras o ni si quiera estudiarlas. Pero Santiago dijo que muchos de nosotros no debemos presumir de ser maestros de la Palabra, porque seremos juzgados más estrictamente que a los demás (léase Santiago 3:1). Si desea tomar la responsabilidad de dirigir a otros, le recomiendo que tome este manto de responsabilidad muy seriamente. Las disciplinas espirituales de estudio y memorización no han de ser una carga, sino una alegría. Maravíllese ante el privilegio que significa dirigir a otros espiritualmente. Esto nos lleva a una actitud de agradecimiento, lo cual alimenta la llama de la libertad para iser todavía más excelente (léase 1 Tesalonicenses 4:10, 1 Corintios 14:12)!

Escrituras para un estudio más profundo: Josué 1:8; Salmo 19:7-11; 119:9-16.

I - Inquire (Pedir)

Diariamente, Dios está invitando a cada uno de nosotros a *cultivar la tierra de nuestros corazones a través de una relación apasionada con Jesucristo*. De la misma manera que nosotros *no* estamos hechos para cesar de perseguir la relación que tenemos con nuestro cónyuge, si estamos casados, también no estamos diseñados para cansarnos de pedir a Dios. El prestarle atención a Cristo a través del compañerismo es un privilegio y un honor incomparable. No creo que sea una coincidencia que en Marcos 3:13, la primera marca de discipulado que Jesús resaltó fue que simplemente estaban llamados a "estar con él." Nuestro punto de partida como cristianos tiene que ser el estar sentados con Cristo: "y juntamente con él nos resucitó, y asimismo nos hizo sentar en los lugares celestiales con Cristo Jesús, para mostrar en los siglos venideros las abundantes riquezas de su gracia en su bondad para con nosotros en Cristo Jesús" (Efesios 2:6-7).

Vemos que Jesús alaba a María por su elección de sentarse a sus pies, mientras que reprende a Marta por elegir el mantenerse ocupada mientras él estaba en su presencia. Hoy en día, la formación espiritual es muy necesaria en el cuerpo de Cristo, así se garantiza que estamos formando nuestra identidad basados en *quienes* somos en Cristo, en lugar de lo que podemos *hacer* por él. La primera conduce a la sostenibilidad y la eficacia, mientras que la segunda nos lleva desgastarnos al punto de abandonar el ministerio. Liderar a otros mediante aventuras al aire libre, seguramente va a imponer un desgaste a su cuerpo, mente y alma. Así que la forma de permanecer sanos y alegres, independientemente de si las cosas van bien o no, es el elegir siempre lo que hizo María: "Pero sólo una cosa es necesaria; y María ha escogido la buena parte, la cual no le será quitada" (Lucas 10:42).

A - Artistry (Arte)

> "En ese momento me di cuenta de que la vida no es una obra de arte. Y que este momento no podría perdurar."
> Norman Maclean, *A River Runs Through It* (Un río corre a través de él)

Una obra de arte intrigante está colgada en la pared. Mirándola de forma reflexiva, uno se eleva fuera de la estrecha perspectiva de su circunstancia. Ella examina los más altos ideales que han desplazado el ajetreo de su alma. Este es el efecto que una pintura maestra al óleo puede tener en nosotros. Pero las relaciones no causan en mismo efecto que las obras de arte. Los momentos pasan, la gente sigue adelante. Usted no puede capturar la vida y colgarla en una pared; se trata de algo más orgánico que esto. Sin embargo, irónicamente, es precisamente debido a esta realidad que debemos llevar la vida más como un artista trata a su lienzo. El color y la textura sólo cobran significado cuando la mano del artista se mueve a través de la página hacia algo perceptible. Hay un método para el desorden.

Para crear algo se necesita mente y corazón. Mi enfoque al guiar a otros en el yermo es como el de un artista quien primero nos pinta un cuadro en la mente de cómo podría ser la semana que vamos a pasar juntos, en cuanto al desarrollo de nuestra relación con Dios y con otros durante el viaje. Como un lienzo, el paisaje nos está esperando para que caminemos por él. De la misma forma que se pinta un cuadro, los líderes de experiencias al aire libre tienen que mostrar el mapa de la ruta que ese grupo va a seguir, y que probablemente será recordada por el resto de su vida. Eso es mucho más valioso que un Rembrandt en la pared. Yo le oigo decir a mucha gente, después de pasar una semana en el yermo, que ésta fue la "mejor semana" de su vida. Así es como se siente una artista cuando ella pone su pincel en la mesa y camina hacia atrás con satisfacción para ver la historia que ella ha plasmado sobre el lienzo. *Así es también como una guía se siente cuando ella ha tratado su viaje con una racionalidad teológica y basada en la oración la cual la llevo a dirigir la experiencia.*

Si no disponemos de una *paleta teológica* en la cual meter nuestro pincel o para poner color en nuestra aventura, corremos el riesgo de limitar el recuerdo de nuestro viaje a puro sentimentalismo. Si uno piensa en los recuerdos más vivos de su vida, uno puede haberse convertido o en un sentimental, o puede haber sido profundamente transformado. El autor Norman Maclean, en la obra *A River Runs Through It* (Un río corre través de él), reconoce esto mientras él, su hermano y su padre disfrutaban juntos de un día de pesca inolvidable sentados en el yermo de Montana. En vez de tratar de contemplar este momento como una obra de arte que podría ser colgada en la pared, Norman reconoce que "este momento no podía perdurar." En lugar de conservar esa memoria como un mero sentimiento, él deja que este se convierta en algo mucho más grande para su alma. Más tarde, este momento le llevó a escribir la historia de su vida en una forma que podría impactar generaciones. El apóstol Pablo consideraba el lienzo de su ministerio de igual manera: "Hermanos, yo mismo no pretendo haberlo ya alcanzado; pero una cosa hago: olvidando ciertamente lo que queda atrás, y extendiéndome a lo que está delante." (Filipenses 3:13)

El impacto potencial que usted tiene como un guía espiritual de otros depende del cuadro que usted está tratando de pintar, y de las decisiones que usted toma para empujar hacia lo que está por delante. Al tener una visión por aquellos a quien está pastoreando, y al cuidadosamente confeccionar esas experiencias que juntos compartirán, usted está dejando algo mucho más grande que un lienzo colgado en una pared o una foto en un álbum. Usted está dejando un legado que puede afectar por generaciones después que usted ya no esté.

H – History Telling (Contar historias)

La mayoría de la gente que conozco no tiene un deseo insaciable de leer un libro que no tenga ficción y que sea histórico. Puede que uno de historia mezclado con ficción, pero la mayoría de la gente le aburre la historia. Esto es tanto triste como preocupante, si pensamos en cuánto que la historia ha dado forma a nuestras sociedades. Una de mis pasiones es la de tratar de averiguar cómo enseñar historia de una forma atractiva. Los líderes más influyentes a través de la historia han tenido un fundamento sólido en el entendimiento de los hechos históricos y de las consecuencias (tanto buenas como malas) de repetirlos.

Yo creo que la gente del posmodernismo es más propensa a ser atraída hacia la historia en reversa. Dicho de una forma simple, si podemos encontrar la manera de conectar acontecimientos y experiencias de hoy con las lecciones correspondientes de la historia del pasado reciente, entonces ellos estarán más aptos para entender cómo las lecciones de ayer han impactado nuestra situación actual. El enseñar historia comenzando con la frase "hace mucho tiempo" (comenzando desde el pasado antiguo hasta llegar a nuestros días) hace que la persona del posmodernismo se pierda en algún sitio en el tiempo cercano al tiempo del Faraón. Mentalmente ellos ya están desconectados antes que usted diga "El rey Tutankamón" (a menos que les cante la versión de 1979 *del programa Saturday Night Live* de Steve Martin y los *Toot Uncommons* quienes en realidad eran miembros de la banda *Nitty Gritty Dirt Band*). Eso podría mantener a la gente conectada con usted hasta la mitad de la Era de Bronce.

Como la mayoría de sus contemporáneos, el profeta Jeremías fue un gran estudioso de la historia. Los profetas tenían una comprensión firme de lo que el pueblo de Dios había hecho en el pasado, y las consecuencias que vinieron debido a las acciones de sus antepasados. Gran parte de la vida de estos profetas se les fue en anunciar lo que le iba a suceder a la gente, si no aprendían las lecciones de su historia y se arrepentían. Jeremías utiliza una miríada de lecciones objetivas basadas en la creación para enseñar a sus contemporáneos lo importante que es el aprender de la historia.

Es realmente espeluznante cuanta historia se vuelve a repetir. Necesitamos desarrollar más líderes cristianos de entre nuestra generación más joven que entiendan la historia lo suficiente como para prevenir que algunas partes de ella, tanto secular como de la iglesia, se vuelvan a repetir. Sé que algunas personas pueden pensar que se trata de un objetivo extraño el hacer que el aprendizaje basado en historia sea un resultado deseado en un *campamento en el yermo*. Pero considere lo siguiente: ¿En qué otro lugar las personas tienen suficiente tranquilidad y espacio libre para examinar las valiosas lecciones de la historia? Para demostrar el valor del destacar lecciones de la historia como un objetivo posible para su aventura al aire libre, permítanme darle un ejemplo de cómo se puede ayudar a la gente a aprender las lecciones de la historia en *reversa*. Esto es probablemente más adecuado para un grupo de participantes avanzado, pero si una de sus metas es desarrollo de liderazgo, este podría ser un tema conmovedor para discutir con personas que han sido profundamente afectadas por el pensamiento posmoderno:

1) Empiece con preguntas reales/pertinentes de hoy en día; las bandas o músicos que escriben letras reflexivas son un buen punto de partida. Piense en un grupo musical que a usted le gusta y comience con ellos. ¿Qué nos están diciendo estas letras? ¿Qué preguntas nos hacen? ¿De qué están protestando? Las letras de las canciones que los jóvenes escuchan le darán una pista de sus preguntas o preocupaciones persistentes.

2) Tome las preguntas o problemas contemporáneos y explore la historia en reversa para mostrar la realidad del pecado/depravación en la historia actual y reciente. Muestre cómo la depravación y el quebrantamiento espiritual de hoy están relacionados con el pecado en la historia reciente, y entonces siga moviéndose hacia el pasado para mostrar como los problemas que nos afectan hoy no son nada nuevo...; ellos son similares a los de hace un mes, hace un año, hace una década, hace un siglo, hace miles de años y desde el mismísimo génesis de la historia humana.

3) Ilustre: demuestre cómo una evaluación honesta de la historia en general durante los últimos cien años, y más allá, pone al descubierto la "necesidad" que toda persona tiene de arrepentirse y el por qué la sangre de Jesucristo fue necesaria. El mundo está patas arriba y necesitamos un Salvador.

4) Muestre cómo nuestros "deseos" más profundos de hoy sólo se encuentran en Cristo (el Rey), y en el contexto bíblico de comunidad (su Reino).

5) Presente la idea de que Jesús nos ha extendido su gracia, y tenemos que extender esa misma gracia hacia los demás. Todas las personas están en proceso; la historia nos enseña que el pecado y la depravación son una parte de la humanidad debido a la caída del hombre. No deje que eso le golpee con desesperación, sólo espérelo y sea parte de la solución hoy, no del problema. Esto no va a desaparecer hasta que Jesús regrese.

6) Aplique formas en las que podemos morar en Cristo, para que no repitamos las historias negativas de la historia. Dé una visión grande y positiva de cómo, a través de la fe, las

disciplinas espirituales, la adoración frecuente en comunidad y nuestro sometimiento a la Escritura y a aquellos que están en autoridad, la iglesia puede realmente servir como sal y luz para el mundo. Esta es la realidad.

Esta es una forma de cómo ayudar a las mentes posmodernas a ver como la historia ha conformado nuestro hoy en día. Usted también puede hablar acerca de la Escritura de esta forma al contar la historia de Dios en reversa (desde hoy hacia el Génesis). Una manera en la que yo intento hacer esto en los campamentos es mediante la creación de "historias de la vida," para darle a cada uno una oportunidad durante el viaje para compartir qué los ha formado y los ha hecho quienes son hoy. Usualmente le damos de veinte a treinta minutos a una persona para que comparta su historia, y luego otros veinte a treinta minutos de preguntas del grupo relacionadas con lo que compartieron para conocerles aún mejor. Esto nos ayuda a ver la historia de la vida de las personas, tanto del presente como del pasado. Si usted tiene cristianos participando en el viaje, ellos probablemente hablarán de su necesidad de tener un Salvador y de como Jesús ha sido la respuesta a sus anhelos. Para las personas que no han entregado sus vidas a Jesús, el compartir historias de la vida es una buena forma para sentirse valorados y amados por lo que son. Esto también les ayuda a ver más claramente qué es lo que le ha dado forma a su vida, y les da un espacio para considerar honestamente si ellos están verdadera mente contentos sin Cristo.

La aventura es verdaderamente una invención de Dios. La Biblia claramente afirma que los conceptos del ministerio y liderazgo al aire libre se originaron con Dios mismo. No todo el mundo acepta mi declaración de que Jesucristo es el fundador de liderazgo al aire libre, pero independientemente de las convicciones propias de cada uno sobre el origen de este querido y amado campo del ministerio, espero que cualquiera que lea estas páginas sea capaz de humildemente permanecer en asombro ante aquel quien amorosamente escribió el Libro de liderazgo al aire libre, aquel quien tanto nos ama que hizo la tierra para que la exploráramos y la disfrutáramos, Jesucristo: "Porque en él fueron creadas todas las cosas, las que hay en los cielos y las que hay en la tierra, visibles e invisibles; sean tronos, sean dominios, sean principados, sean potestades; todo fue creado por medio de él y para él." (Colosenses 1:16)

Con humilde gratitud le ofrezco estas palabras finales del autor C. S. Lewis, uno de los pensadores más grandes y valientes de este siglo: "Apunte al cielo y la tierra le será arrojada. Apunte a la tierra y no obtendrá nada." Mi esperanza y mi oración es que todos los que caminen por senderos de yermo pristino sean movido a adorar al Creador de estos parajes magníficos y de gran belleza. Después de todo, él merece nuestra humilde reverencia:

"He entendido que todo lo que Dios hace será perpetuo; sobre aquello no se añadirá, ni de ello se disminuirá; y lo hace Dios, para que delante de él teman los hombres." Salomón (Eclesiastés 3:14)

EPÍLOGO

Vivimos en un mundo cada vez más urbanizado. Tres quintas partes de la población mundial probablemente vivan en vastos paisajes urbanos para el año 2030. Demográficamente hablando, muchas de las experiencias cotidianas de la gente no incluyen tiempo a solas o espacio suficiente para disfrutar la música de su Creador.

La Biblia demuestra que el entorno físico de la creación que Jesús diseñó magníficamente desde antes de la eternidad, fue su aula más ampliamente utilizada para ilustrar las verdades de su Reino tanto a sus amigos, como a las multitudes. No es de extrañar que fuese el Maestro de las ilustraciones de la creación, puesto que ¡él es el autor de la creación! Desde el momento en el que Dios creó el mar y la tierra, las plantas, los animales y los seres humanos, él comenzó a elaborar la *plataforma* en la que las experiencias transformadoras al aire libre de la Biblia ocurrirían. Él siempre ha planeado utilizar estos espacios y paisajes para enseñarnos algo. Y eso no ha dejado de ocurrir desde la ascensión de Cristo. La creación aún nos está llamando hoy en día.

Es difícil para nosotros que vivimos en el hemisferio occidental comprender cuánto "la tierra" formó la identidad de los antiguos hebreos. Incluso hoy en día, los pueblos orientales se identifican intensamente con sus tierras. Sin embargo, los pueblos occidentales han sido forjados por una historia diferente, por lo tanto, tenemos la tendencia a pensar más en el desierto como una *metáfora*. En vez de tomar las historias bíblicas de manera literal, luchamos con aceptar la realidad de que la mayor parte de estos eventos transformadores de la Biblia ocurrieron en el desierto, no en un sentido metafórico, sino en el sentido literal, es decir, al aire libre del desierto.

El aire libre es algo más que una metáfora, ¿no? Es un lugar para experimentar tantas cosas: el aire fresco, los sonidos de las aguas de un arroyo o de las olas del mar, el canto de los pájaros, los estruendosos truenos, destellos de luces, desafíos físicos, dormir bajo las estrellas, vivir en comunidad, acampar con pocas cosas, escalar picos, remar en una tormenta y atravesar un cañón desértico. La Biblia es como una pantalla gigantesca para ver cómo muchos de los líderes más memorables fueron transformados por medio de aventuras en el desierto o al aire libre.

Con frecuencia encontramos consuelo en las metáforas, pero malestar en la *realidad*. Es fácil compartir con un amigo una "experiencia personal en el desierto" (refiriéndonos a algo emocional o espiritual que hemos estado sintiendo), pero ¿cuántas veces realmente *nos retiramos para experimentar* una verdadera experiencia al aire libre? La creación es un lugar para la transformación, no sólo una metáfora para describir nuestras luchas personales en esta vida. El desierto puede ser utilizado como una metáfora para nuestras pruebas espirituales, pero me atrevo a afirmar que la metáfora del desierto cobrará un sentido más significativo en su vida espiritual, si realmente pasa tiempo al aire libre de vez en cuando. Hay algo especial acerca de convivir al aire libre con el propósito de conversar con el Todopoderoso.

Este libro es sólo el comienzo de una conversación mucho más extensa que es necesaria en la actualidad. Al igual que con cualquier esfuerzo teológico, nos estamos adentrando en un mar de posibilidades, así que creo que probablemente he planteado tantas preguntas como las respuestas que he tratado de dar. C.S. Lewis dijo una vez, "Sin salir al mar, [no] llegará a ningún lugar con tan sólo mirar mapas. Ni tampoco estará muy seguro si sale al mar sin un mapa."[205] Espero que este libro le inspire a usted y a otros también, a zarpar con valentía hacia un mar de posibilidades en su esfera de influencia, bien sea en el mundo de los negocios, en la iglesia, en el ministerio de jóvenes, en las misiones, con sus colegas o con sus hijos. Y como C.S. Lewis sabiamente nos exhorta, mientras zarpe en nuevas formas de hacer discípulos, asegúrese de

EPÍLOGO

que esté tenazmente aferrado al mapa de la Palabra de Dios para mantener su curso.

Sinceramente espero que algunos de los que lean este libro, vean otras maneras de mejorar este joven pero creciente campo del liderazgo cristiano al aire libre. Necesitamos más libros, artículos, intercambio de ideas, redes de interconexiones, y expansión de la visión de por qué este campo de ministerio es necesario, tanto en el mundo cristiano como en el secular. El tener un fundamento teológico sólido de por qué el ministerio al aire libre sí funciona, le ayudará a compartir esta visión con otros. El poder articular la visión rápidamente, de manera sencilla y lógica enfatizando el liderazgo cristiano, le podría ser muy útil a otras personas que no entienden su valor. Debemos ser capaces de responder bien a las preguntas de la gente. Tenemos que sobresalir en lo que hacemos para que no haya ninguna diferencia entre el nivel de excelencia que buscamos, comparado con el de nuestros amigos seculares que practican el liderazgo al aire libre. La falta de excelencia es un mal testimonio, y el mundo rápidamente lo nota.

Yo animo a aquellos líderes que se identifican con este estilo de ministerio, y su relevancia para el ministerio de jóvenes y otros tipos de ministerios, a que se consideren a sí mismos como *pioneros*, así como lo hicieron los primeros peregrinos que descubrieron los Estados Unidos de América. Ellos creyeron firmemente en que su función era la de servir a las generaciones futuras, sentando las bases para que otros caminaran sobre ellas. A medida que exploramos el campo de liderazgo cristiano al aire libre, nosotros también somos simples bases. Yo creo que aquellos que tomen esta actitud influenciarán a muchos. Los límites de lo que pueda lograr para la gloria de Dios serán mucho menores, si no le da importancia a quién recibe los créditos sobre los logros y éxitos en nuestro campo. Necesitamos jugadores del equipo cuyo objetivo sea sólo darle la gloria a Dios, simple y sencillamente.

Entre las metáforas utilizadas por Tolkien en *El Señor de los anillos: El retorno del Rey*, está la señal de fuego sobre las Minas Tirith, que fue encendida para convocar a los guerreros de Rohan a que den su apoyo en un momento crucial. Si se siente llamado al liderazgo cristiano al aire libre, bien sea en poca o en gran manera, le invito a que encienda la señal de fuego en su iglesia, organización o universidad para impartir una visión de ministerio con un enfoque más vivencial. Que sea usted parte de una cadena de señales de fuego que se extienda a través de ambos hemisferios, para poner en marcha un retorno masivo del evangelismo típico de Jesús, evangelismo hombro-con-hombro, con aventuras, vivencial y relacional.

CITAS EN INGLÉS

[1] Aland Kurt, ed., *Sinopsis de los cuatro evangelios*, American Bible Society, 2001

[2] De las 366 pericopas en los evangelios, 276 de ellas contienen algún aspecto de la enseñanza de Jesús. Estas 276 las podemos dividir de la siguiente manera: en espacios interiores (43 pericopas), al aire libre (142 pericopas), ubicación desconocida (91 pericopas). Mas de la mitad de las enseñanzas de Jesús ocurrieron al aire libre. De las cuales el 89 por ciento ocurrienron en las afueras de la ciudad y 11 por ciento fueron al aire libre, pero dentro de la ciudad. Solamente un 16 por ciento de sus enseñanzas describen en el texto un ambiente de espacio cerrado. De sus enseñanzas a puerta cerrada, el 69 por ciento ocurrieron en alguna casa o espacio habitable, el 25 por ciento en las sinagogas y menos del 5 por ciento ocurrieron en algún otro edifico o en el palacio de Herodes. No estamos seguros de la ubicación del 33 por ciento de las enseñanzas de Jesús. Una sinopsis de estos pasajes, está disponible en: www.outdoorleaders.com/resources

[3] Starbuck, Edwin D., *The Psychology of Religion: An Empirical Study of the Growth of Religious Consciousness*, quoted in Joseph Kett, *Rites of Passage: Adolescence in America 1790 to the Present* (New York: Harper & Row, 1977, p. 62)

[4] Benson, Warren, and Senter, Mark, editors, *The Complete Book of Youth Ministry*, Chicago: Moody Press 1987, 62.

[5] Ibid., 64.

[6] Mathews, Basil, and Mott, John R., *World Citizen*. New York: Harper & Brothers, 1934: 96

[7] Benson and Senter, *The Complete Book of Youth Ministry*, 64.

[8] Clark, Francis E., *Christ and the Young People*, New York: Revel, 1916, 14.

[9] Ibid., 11.

[10] Ibid., 12.

[11] Benson and Senter, *The Complete Book of Youth Ministry*, 67.

[12] Ibid., 67.

[13] Ibid., 69.

[14] Ibid., 69.

[15] Clark, Chap, *Hurt: Inside the World of Today's Teenagers*. Grand Rapids: Baker Academic, 2004, 171.

[16] Yung, Hwa, Some *Challenges for Leadership Development for Mission in East Asia*, Transformation, 21/4 Oct. 2004, 234-237.

[17] Global Training Network: http://www.globaltrainingnetwork.org/resources/gtn-brochure/, accessed November 5, 2010.

[18] Johnson, Todd "World Christian Trends 2005," IFMA/EFMA, St. Louis, September 2004, p. 5.

[19] Neill, James, and Dias, Katica, "Adventure Education and Resilience." *Journal of Adventure Education and Outdoor Learning* 2, no. 1 (2001): 41.
[20] Klatzky, R.L., (1975). *Human Memory: Structures and Processes*. San Francisco: W.H. Freeman & Co.
[21] Lewis, C.S., *Surprised by Joy: The Shape of my Early Life*. London: Harcourt Brace & Company, 1955, 16.
[22] Philips, J.B., *Ring of Truth: A Translator's Testimony*. London: Hodder and Stoughton, 1967, 54.
[23] Swift, Fletcher Harper, *Education in Ancient Israel: From Earliest Times to A.D. 70*. Chicago: The Open Court Publishing Company, 1919, 60.
[24] Ibid., 60.
[25] Ibid., 85.
[26] Ibid., 85.
[27] Hinsdale, B.A., *Jesus as a Teacher and the Making of the New Testament*. St. Louis: 1895, 16.
[28] Clark, Chap. *Hurt: Inside the World of Today's Teenagers*, 171.
[29] Visit www.outdoorleaders.com/resources for the catalogue of passages.
[30] Funk, Robert W., "The Wilderness." *Journal of Biblical Literature* 78, no. 3 (September 1959): 209.
[31] The Wilderness Act was passed by the U.S. Congress in 1964 and continues to be the guiding piece of legislation in the United States for all wilderness areas. It is also referred to by many other developed countries as a helpful guide. The Act defines Wilderness as follows:
   1) lands designated for preservation and protection in their natural condition...Section 2(a)
   2) an area where the earth and its community of life are untrammeled by man...Section 2(c)
   3) an area of undeveloped Federal land retaining its primeval character and influence, without permanent improvement or human habitation...Section 2(c)
   4) generally appears to have been affected primarily by the forces of nature, with the imprint of man's work substantially unnoticeable...Section 2(c)
   5) has outstanding opportunities for solitude or a primitive and unconfined type of recreation...Section 2(c)
   6) shall be devoted to the public purposes of recreation, scenic, scientific, educational, conservation, and historic use...Section 4(b)

In other words, the wilderness is a place where one's senses indicate he is surrounded by the pristine natural world, i.e., the sounds, smells, and view tell him he is *surrounded by the God-made rather than the manmade*.
[32] Funk, Robert W., Full quote: "It should be stressed at the outset that 'the wilderness' often bears a non-local, mythical sense in primitive Near Eastern mythologies and that this meaning is carried over in part into Biblical thought. In the latter it is also developed as a theological phrase with reference to Israel's original encounter with a rebellion against Yahweh. It is not, however, a question of either/or...the question...therefore, is whether this topographical-mythical-theological

CITAS EN INGLÉS

phrase was localized in proximity to the holy land and the holy mountain, Zion."

[33] McCloskey, Michael J., and Spalding, Heather, "A Reconnaissance-Level Inventory of the Amount of Wilderness Remaining in the World." *AMBIO* 18, no. 4 (1989): 222.

[34] Orr, James, M.A., D.D. General Editor, "Entry for 'DESERT.'" "International Standard Bible Encyclopedia." <http://www.searchgodsword.org/enc/isb/view.cgi?number=T2652>. 1915. Many of the Hebrew language concepts discussed in this section are guided by Orr's exegetical expertise on these Hebrew terms for "wilderness."

[35] Orr, "Entry for DESERT'." 1915. Note these other verses where *jeshimon* occurs in biblical poetry: (Psalms 78:40; 106:14; Isaiah 43:19,20).

[36] Thayer and Smith. "Greek Lexicon entry for Eremos." "The New Testament Greek Lexicon." <http://www.searchgodsword.org/lex/grk/view.cgi?number=2048>

[37] Ibid.

[38] Louw, Johannes P., and Nida, Eugene A., editors, *Greek-English Lexicon of the New Testament Based on Semantic Domans, Second Edition*. New York: United Bible Societies, 17.

[39] Sarna, Nahum, *The JPS Torah Commentary*, ed. Sarna, Nahum (Philadelphia: The Jewish Publication Society, 1989), 290-91.

[40] Ibid., 84.

[41] Coleman, Robert, *The Master's Way of Personal Evangelism*, p. 79-80. See also Mark 2:1-12, Matthew 9:1-8 and Luke 5:17-26.

[42] Cowan, Rebecca, "Stress Camping Experience." *YouthWorker Journal*, no. 2 (Summer 1985): 45.

[43] Bruce, F.F., *The New International Commentary on the New Testament*, edited by Gordon D. Fee, *The Epistle to the Hebrews; Revised*. Grand Rapids: Wm. B. Eerdmans Publishing Company, 1990, p. 108-109.

[44] Derby, Josiah, "The Wilderness Experience." *Jewish Bible Quarterly* 26, no. 3 (1998): 194.

[45] Ibid., Deuteronomy 8:3-4 recounts the miracle that the Israelite's clothing did not rot and their feet did not blister.

[46] Bruce, F.F., *The Hard Sayings of Jesus*. Downers Grove: Intervarsity Press, 1983: 26.

[47] Jordan, Clarence and Doulos, and Lane, Bill, *Cotton Patch Parables of Liberation* (Scottsdale: Herald Press, 1976), 20.

[48] Stein, Robert, *An Introduction to the Parables of Jesus*. Philadelphia: The Westminster Press, 1981: 67.

[49] Dodd, C.H., *The Parables of the Kingdom*. (New York: Charles Scribner's Sons, 1961), 5.

[50] Trench, Richard, *Notes on the Parables*. (Grand Rapids: Zondervan Publishing House, 1948), 15.

[51] Ibid., 5.

[52] Dodd, *The Parables of the Kingdom*, 7.

[53] Trench, *Notes on the Parables*, 11.

[54] Knowles, Michael P., *Challenge of Jesus' Parables*. Grand Rapids: W.B. Eerdmans Publishing Company, 2000: 286.

55 Lockyer, Herbert, *All the Parables of the Bible*. Grand Rapids: Zondervan Publishing House, 1963: 18.
56 Ibid., 17.
57 Editor, "Historical Voices on Learning from Creation," *Green Cross*, April, 1996.
58 Ibid.
59 Ibid.
60 Seitz, Oscar Jacob, "Love Your Enemies, the Historical Setting of Matthew 5:43f, Luke 6:27f." *New Testament Studies* 16 (October 1969): 39.
61 Dallas Willard, *The Spirit of the Discipline: Understanding How God Changes Lives* (New York: HarperCollins Publishers, 1988), 77.
62 Foster, Richard, *Celebration of Discipline: The Path to Spiritual Growth* (New York: Harper & Row Publishers, 1978), 2.
63 Beames, Simon, "Critical Elements of an Expedition Experience." *Journal of Adventure Education and Outdoor Learning* 4, no. 2 (2004): 153.
64 Bonhoeffer, Dietrich, *The Cost of Discipleship*. New York: Macmillan Publishing Co., Inc, 1963: 241.
65 Ibid.
66 Scaer, Peter J., "Jesus and the Woman at the Well: Where Mission Meets Worship." *Concordia Theological Quarterly* 1, no. 67 (January 2003): 15. John 4:31-34 says, "The disciples urged him, 'Rabbi, eat.' But he said to them, 'I have food to eat which you do not know.' So the disciples said to one another, 'Could someone have brought him something to eat?' Jesus said, 'My food is to do the will of the one who sent me and to finish his work.'"
67 Tiede, David L., "Luke 6:17-26." *Interpretation* 1, no. 40 (January 1986): 64.
68 Creighton, Lacy. *American Society of Missiology Series*, eds. Gerald H. Anderson, Robert T. Coote, Norman A. Horner, James M. Phillips, *Mission Legacies; Biographical Studies of Leaders of the Modern Missionary Movement* (New York: Orbis Books, 1994), p. 363.
69 Knowles, *Challenge of Jesus' Parables*, 301.
70 Sarna, Nahum, *The JPS Torah Commentary*. Edited by Nahum Sarna. New York: The Jewish Publication Society, 1989: 113.
71 Beames, "Critical Elements of an Expedition Experience," 150.
72 Kellert, Stephen R., Yale University; *A National Study of Outdoor Wilderness Experience*. School of Forestry and Environmental Studies, 1998: 29.
73 Ibid., 30.
74 Bonhoeffer, *The Cost of Discipleship*, 231.
75 Dodd, C.H., *The Parables of the Kingdom*. New York: Charles Scribner's Sons, 1961: 9. This pertains particularly to
the employer who pays the same wages for an hour's work.
76 Dodd, *The Parables of the Kingdom*, 10-11.
77 Bruce, F.F., *The Hard Sayings of Jesus*: 211. "We are not afraid when the earth heaves and the mountains are hurled into the sea: so Psalm 46:2, NEB, describes a real or figurative convulsion of nature which leaves men and women of God unshaken because he is their refuge and strength."

CITAS EN INGLÉS

[78] Jeremias, Joachim, *The Parables of Jesus*. (New York: Charles Scribner's Sons, 1962), 21. Italics added.

[79] Hunter, Archibald, *Interpreting the Parables*. Philadelphia: Westminster Press, 1960: 14.

[80] Ibid.

[81] Cheston, Sharon E., "Spirituality of Encouragement." *Journal of Individual Psychology* 56, no. 3 (Fall 2000): 302.

[82] Berleant, Arnold, "The Wilderness City: An Essay on Metaphorical Experience," A. Haapala, ed., *The City as Cultural Metaphor: Studies in Urban Aesthetics* (Lahti, Finland: International Institute for Applied Aesthetics, 1998): 31.

[83] Coleman, *The Master's Way of Personal Evangelism*: 139-140. See also Acts 9:1-31; 22:1-21; 26:1-18.

[84] Zuck, Roy, *Teaching as Jesus Taught* (Grand Rapids: Baker Books, 1995)

[85] Coleman, *The Master's Way of Personal Evangelism*: 99. See also Matthew 8:5-13 and Luke 7:1-10

[86] Noebel, David,. *Understanding the Times: Collision of Today's Competing Worldviews*. Manitou Springs: Summit Press, 2006: 16.David Noebel, book

[87] Patricia Doucette, Patricia,. "Walk and Talk: An Intervention for Behaviorally Challenged Youths." *Adolescence* 39, no. 154 (Summer 2004): HTML, http://web24.epnet.com/citation.asp?tb=1&_ug=fim+0+cp+1+dbs+reh%2Crfh%2Crlh/ (accessed 11/14/2005).

[88] Rebecca Cowan, Rebecca,. "Stress Camping Experience." *YouthWworker Journal*, no. 2 (Summer 1985): 42.

[89] Ibid., 43

[90] Wangerin, Walter Jr., *Whole Prayer: Speaking and Listening to God*. (Grand Rapids: Zondervan Publishing House, 1998.

[91] Bruce, F.F. ,*The New International Commentary on the New Testament, The Epistle to the Hebrews; Revised*, 136.

[92] Bounds, E.M., et al., *E.M. Bounds on Prayer* (New Kinsington: Whitaker House, 1997), 76. Bounds indicates he is drawing his theological view from James 4:2-3.

[93] Knowles, *Challenge of Jesus' Parables*, 297.

[94] Ibid., 298.

[95] Beames, "Critical Elements of an Expedition Experience," 150-151.

[96] Scaer, Peter J., "Jesus and the Woman at the Well: Where Mission Meets Worship," *Concordia Theological Quarterly* 1, no. 67 (January 2003): 18.

[97] Murray, Andrew, *With Christ in the School of Prayer; George Muller, and the Secret of His Power in Prayer*. http://www.ccel.org/ccel/murray/prayer.html, accessed 5 Nov. 2010: 99.

[98] Bruce, A.B., *The Training of the Twelve* (New York: Hodder and Stoughton, 1871), 100.

[99] Coleman, Robert, *The Master Plan of Evangelism* (Grand Rapids: Fleming H. Revell, 1963), 27.

[100] Barclay, William, *The Master's Men*. (Nashville: Parthenon Press, 1959), 18. "The Galileans have never been destitute of courage" (Josephus, Life, 17; Wars of the Jews 3, 32).
[101] Coleman, *The Master Plan of Evangelism*, 53.
[102] Barclay, *The Master's Men*, 19. See also Luke 22:8.
[103] Ibid., 19. See also John 6:66-69.
[104] Ibid., 21. The Great Promise: "Thou art Peter, and upon this rock I will build my church" (Matthew 16:18), The Great Rebuke: "Get thee behind me, Satan" (Matthew 16:22-23; Mark 8:32-33).
[105] Ibid., 23-24. Regarding the Great Commission: "It was Peter who was the first to enter the tomb and find it empty" (John 20:6), regarding the Great Realization: (Acts 10).
[106] Ibid., 31.
[107] Ibid., 31, 39.
[108] Ibid., 41-44.
[109] Ibid., 42. See also John 1:40-42.
[110] Ibid.
[111] Ibid.
[112] Ibid., 49.
[113] Another example of this principle is found in Jesus' response to John the Baptist when from prison he sent his disciples to ask Jesus, "Are you the one who was to come, or should we expect someone else?" (Matthew 11:3).
[114] Ibid., 50.
[115] Ibid., 48.
[116] Bruce, A.B., *The Training of the Twelve* (New York: Hodder and Stoughton, 1871), 19-20.
[117] Ibid., 100.
[118] Betz, Otto, *What We Know about Jesus* (Philadelphia: Westminster Press, 1968), 75-76.
[119] Ibid.
[120] Coleman, Robert, *The Great Commission Lifestyle: Conforming Your Life to Kingdom Priorities* (Grand Rapids: Fleming H. Revell, 1992), 59.
[121] Bruce, A.B., *The Training of the Twelve*, 29.
[122] Coleman, *The Great Commission Lifestyle: Conforming Your Life to Kingdom Priorities*, 58. See also Matthew 9:37,38.
[123] Bruce, *The Training of the Twelve*, 180.
[124] Ibid., 112-113.
[125] Ibid., 35-36.
[126] Coleman, *The Master Plan of Discipleship*, 31.
[127] Coleman, *The Master Plan of Discipleship*, 56-57.
[128] http://en.wikipedia.org/wiki/Anchorite
[129] Merton, Thomas, *The Wisdom of the Desert: Sayings from the Desert Fathers of the Fourth Century*. New Directions, 1960. Print: 3.
[130] O'Hannay, James, *Wisdom of the Desert* (Las Vegas: IAP, 2009). O'Hannay (All four points are ideas drawn from excerpts from pages 10-14).
[131] Bratton, Susan, *Christianity, Wilderness, and Wildlife: The Original Desert Solitaire* (Scranton, Pa: University of Scranton Press, 1993), 244.
[132] O'Hannay, *Wisdom of the Desert*, 11.
[133] Ibid., 18

CITAS EN INGLÉS

[134] Nomura, Yushi, and Nouwen, Henri J. M., *Desert Wisdom: Sayings from the Desert Fathers* (Maryknoll, N.Y: Orbis Books, 2001), 68.
[135] Regnault, Lucien, *The Day-to-Day Life of the Desert Fathers in Fourth-Century Egypt* (Petersham, Mass: St. Bede's Publications, 1999), 240.
[136] This information can be found in *Paradise of the Holy Fathers*. (This is a reprint of a translation of an ancient syriac manuscript made by E. A. Wallis Budge, curator of Egyptian and Assyrian Antiquities in the British Museum, and first published in 1904): http://evlogeite.com/?p=224.
[137] Ibid. (This list is a direct quote from this resource originally published in 1904.)
[138] Mott, 96.
[139] Hendricks, Howard, *Teaching to Change Lives* (Portland: Multnomah Press, 1987), 13.
[140] Morosco, Robert E., "Matthew's formation of a Commissioning Type-Scene Out of the Story of Jesus' Commissioning of the Twelve." *Journal of Biblical Literature* 103, no. 4 (December 1984): 542.
[141] Keijo Eriksson, "In Search of the Meaning of Life: A study of the Ideas of Senior Compulsory School Pupils on Life and its Meaning in an Experiential Learning Context." *British Journal of Religious Education* 22, no. 2 (Spring 2000): 120.
[142] Ibid.
[143] Ibid., 122-123
[144] Borrie, William, and Roggenbuck, Joseph, "Providing an Authentic Wilderness Experience? Thinking beyond the Wilderness Act of 1964." In *Coalition for Education in the Outdoors Third Research Symposium Proceedings held in Bradford Woods, IN, January 12-14, 1996*, edited by Aldo Leopold Wilderness Research Institute, 34-44 : U.S. Department of Education Educational Resources Information Center (1996): 35.
[145] Ibid., 36. Quoting Henry David Thoreau, 1854.
[146] Rickelle Smyth, interview by Ashley Denton, April, 2004, email.
[147] Borrie, William T., and Roggenbuck, Joseph W., "Providing an Authentic Wilderness Experience? Thinking beyond the Wilderness Act of 1964." In *Coalition for Education in the Outdoors Third Research Symposium Proceedings held in Bradford Woods, IN, January 12-14, 1996*, edited by Aldo Leopold Wilderness Research Institute, p. 34-44: U.S. Department of Education Educational Resources Information Center (1996): 37.
[148] Cara Alexander, interview by Ashley Denton, April, 2004, email.
[149] Holly. Mountain View Backcountry, Fort Collins, CO: June 2010.
[150] Riley. Mountain View Backcountry, Fort Collins, CO: June 2010.
[151] Borrie and Roggenbuck, "Providing an Authentic Wilderness Experience? Thinking beyond the Wilderness Act of 1964," 37
[152] Andy. Mountain View Backcountry, Fort Collins, CO: June 2010.
[153] Luckner, John L.; Nadler, Reldan S. *Processing the Experience; Strategies to Enhance and Generalize Learning*. Dubuque: Kendall/Hunt Publishing Company, 1997. Quoted in *Outdoor Leadership: Theory and Practice*: Bruce Martin, Christine Cashel, Mark Wagstaff, Mary Breunig: Books. 258.

154 Farrell, Greg et. al., *Roots: From Outward Bound to Expeditionary Learning*, ed. Emily Cousins (Dubuque: Kendall/Hunt Publishing Company, 2000), 79-81.
155 Petzoldt, Paul, et. al., *The New Wilderness Handbook* (New York: W.W. Norton Company, 1984), 56.
156 Ibid., 57.
157 Martin, Bruce et. al., *Outdoor Leadership Theory and Practice* (Champaign: Human Kinetics, 2006), 182.
158 Petzoldt, *The New Wilderness Handbook*, 57.
159 Brett DeYoung, "Wilderness Camping and Leadership Development" (Master's thesis, Cincinnati Bible Seminary, Cincinnati, Ohio), 1987: 4.
160 Norman Rose, "Moral Development: The Experiential Perspective," *Journal of Moral Education* 21, no. 1 (1992): 33.
161 Bratton, Susan, *Christianity, Wilderness, and Wildlife: The Original Desert Solitaire*. (Scranton, Pa: University of Scranton Press, 1993), 244
162 Cashel, Christine et. al., "Personality Preferences of Outdoor Participants," *Educational Resources Information Center*, 1996. http://www.eric.ed.gov/ERICDocs/data/ericdocs2/content_storage_01/0 000000b/80/22/f4/ee.pdf. (Accessed January 25, 2006): 138.
163 Swift, *Education in Ancient Israel: From Earliest Times to A.D. 70*, 26.
164 Stein, Robert, *The Method and Message of Jesus' Teachings* (Louisville: Westminster John Knox Press, 1994), 7. The biblical reference is Mark 6:35-36.
165 Ibid., 15.
166 Carlston, Charles E., "Proverbs, Maxims, and the Historical Jesus." *Journal of Biblical Literature* 99 (1980): 88-89, Quotation from Pascal, *Pensees* VI: 380.
167 Chambers, Oswald, *My Utmost for His Highest* (Grand Rapids: Discovery House Publishers, 1935), October 1.
168 Nash, Roderick Frazier, *Wilderness in the American Mind* (New Haven: Yale University Press, 2001), 125.
169 Editor, "Historical Voices on Learning from Creation." *Green Cross*, April, 1996, Creation Care Publication: 1, quoting Thomas Aquinas.
170 Brahler, Gwen, and Denton, Ashley, and Fuchs, Greg, *Rocky Mountain Region Backcountry Trail/River Reference Manual*, 2001: 15, quoting *Survival in the Wilderness*.
171 Aristotle; cited Diogenes Laertius, *Lives*, V. 18.
172 Bias, cited in Diogenes Laertius, *Lives*, I.88.
173 *Discourses*, I.xxiv.2.
174 *Discourses*, I.xxiv.2.
175 Publilius Syrus, *Sentences*, [B] 87.
176 Marcus Aurelius, *Meditations*, XI.18.8.
177 Pindar, Olympian *Odes*, VI.101.
178 Publilus Syrus, *Sentences*, [A] 11). Cf. Also Eccl 5:9; 7:12; 10:19.
179 Publilius Syrus, *Sentences*, [B] 75.
180 Publilius Syrus, *Sentences*, [A].
181 Bion, cited in Diogenes Laertius, *Lives*, IV.49.
182 Stein, *The Method and Message of Jesus' Teachings*, 20.
183 Coleman, *The Master's Way of Personal Evangelism*, 89-90. See also John 9:1-38.
184 Stein, *The Method and Message of Jesus' Teachings*, 21.

CITAS EN INGLÉS

[185] Knowles, 291.
[186] Ibid., 294.
[187] Stein, *The Method and Message of Jesus' Teachings*, 21.
[188] Ibid., 22.
[189] Bailey, Kenneth E., *Poet & Peasant and Through Peasant Eyes*. 2 vols. (Grand Rapids: William B. Eerdmans Publishing Company, 1999), 133.
[190] Waetjen, Herman C., "The Subversion of 'World' by the Parable of the Friend at Midnight." *Journal of Biblical Literature* 4, no. 120 (2001): 713.
[191] Hovelynch, et. al., "Laughter, Smiles and Grins: The Role of Humor in Learning and Facilitating." *Journal of Adventure Education and Outdoor Learning* 3, no. 2 (2003): 181.
[192] Ibid., 178.
[193] Ibid., 181.
[194] Ibid., 178.
[195] Zuck, Roy, *Teaching as Jesus Taught* (Grand Rapids: Baker Books, 1995), 174-175. All fifteen of these examples are referenced by Zuck.
[196] Stein, *The Method and Message of Jesus' Teachings*, 12-13.
[197] Ibid., 13-14.
[198] Ibid.
[199] Ibid.
[200] Ibid.
[201] Ibid.
[202] Ibid.
[203] Caneday, A.B., *He Wrote in Parables and Riddles: Mark's Gospel as a Literary Reproduction of Jesus' Teaching Method* (Orlando: Evangelical Theological Society Papers. Theological Research Exchange Network, 50th National Conference), p. 37. Italics added.
[204] http://www.imdb.com/title/tt0082158/quotes?qt0456355, accessed 11/4/2010. Chariots of Fire quote (1981).
[205] Lewis, C.S. *Mere Christianity* (New York: HarperSanFrancisco, 1996), 154-155.

www.ingramcontent.com/pod-product-compliance
Lightning Source LLC
LaVergne TN
LVHW041538070426
835507LV00011B/819